eye

守望者

——

到灯塔去

他为拉美人也为全世界读者讲述拉丁美洲的故事。加莱亚诺讲出来的故事有一种独特的魔力，这种魔力并不来自魔幻的情节——"魔幻"是一个被中国书商的广告宣传滥用的词，成了给拉美文学定型的标签——而是来自他自创的叙事风格，一种跨越文学体裁的边界、向文学正统发起挑战的叙事方式，讲述的是真实发生的历史：个人的历史，被忘却者的历史，被侮辱者和被损害者的历史，群体的历史，国家的历史。读者可能会对他引用的经济学数据提出质疑，可能会对他阐发的政治观点持有异议，但很少有人否认他驾驭文字、编织故事的能力。

这本传记让我们了解到，原来加莱亚诺在很小的时候就显露出讲故事的才能了——"他从小口才就好，总是能吸引听他说话的人，让大家全神贯注"。儿时的爱德华多·加莱亚诺说起话来让他的一众家人和亲戚全神贯注，成为大作家后的加莱亚诺则能让全世界的读者都全神贯注。我曾经在视频网站上看过加莱亚诺主持的电视节目，他坐在一张写字台前朗读自己写的故事，一口优美的拉普拉塔河口音的西班牙语，舒缓的节奏，简洁而意味深长的话语，仿佛整个世界都随之安静下来了。

在拉巴斯庄园里，小爱德华多过着无忧无虑的生活，还没有认识到这个世界的苦难。在这本书中我们可以看到，我们的叙事人走上创作之路后，从"休斯"变成了"加莱亚诺"，也与他那个源自大不列颠帝国、在南美殖民地上发了财的父系"休斯"家族渐行渐远。朋友送给他的雅号"意识形态穆拉托"是富有意味的——这不仅是说，加莱亚诺吸收了各种思想，不至于成为一个为了捍卫"纯正"思想而陷入教条主义的左派，也暗喻加莱亚诺是一个混血儿，虽具有

加莱亚诺传

Galeano

APUNTES
PARA
UNA
BIOGRAFÍA

〔阿根廷〕

法维安·科瓦西克 著

鹿秀川 陈豪 译

南京大学出版社

拉丁美洲的叙事人

张伟劼[①]

　　巴尔加斯·略萨曾写过一部题为《叙事人》的长篇小说,讲的是一个说故事的人的故事。主人公是一个秘鲁白人,在离开都市前往秘鲁亚马孙雨林地区的旅行中接触了原住民,由此迷恋上了他们的文化,竟毅然决然地抛弃了城市生活,加入了亚马孙土著人的部落,在他们的生活中担任"叙事人"这一神秘要职——他游走在雨林的各个角落,为散居各处的族人讲述古老传说,而这个在现代化进程的威胁下濒临灭绝的部族,在某种程度上就靠着叙事人讲故事的活动维系他们的存在、他们的族群认同。在"叙事"(narración)和"民族"(nación)之间,似乎存在某种天然的联系。说故事不仅有消遣娱乐之用,更有维系一个命运共同体之用。

　　在我看来,爱德华多·加莱亚诺就是一个拉丁美洲的叙事人,

---

① 张伟劼,西语文学译者,现任教于南京大学西班牙语系并担任系主任。著有《帝国的遗产》《吉他琴的呜咽:西语文学地图》,译有《燃烧的原野》《镜子:照出你看不见的世界史》《银儿与我》《假证件》等。

纯正的欧洲移民血统，却自己给自己输入了深肤色人的血液，与拉丁美洲千千万万的印第安人和非洲黑奴的后代取得认同，讲他们的故事，为他们讲故事，也为他们发出呐喊。长期以来，拉丁美洲的社会是分裂的，不同肤色的人群之间互相不了解乃至互相仇视，他们甚至不了解自己也厌恶自己。作为叙事者、写作者的加莱亚诺致力于让拉丁美洲人互相认识并认识自己。

面对一个充斥着暴力与不公的世界，有的作家选择背过身去，遁入书斋，在文字里构建一个虚幻的平行世界，有的作家则选择像堂吉诃德那样走出书斋，披挂上马，游走四方，直面苦难，用文字挑战这个世界并试图改造这个世界。加莱亚诺无疑属于后一种。这本传记让我们看到，出于家庭原因，加莱亚诺很早就步入社会，见识了既精彩又阴暗的社会生活。在历练中，他成长为一名优秀的新闻记者，奔走不歇也动笔不歇。可能会令很多中国读者感到意外的是，记者加莱亚诺第一次离开南美洲的远行，竟然就是来到距离乌拉圭极为遥远的中国！我们在这部传记中可以读到，加莱亚诺始终是带着新闻从业者的眼光来观察和记录1964年的中国的。他绕开导游给他预设好的采访路线，选择他真正想要对话的人来做访谈，以此书写真实的中国。他赞成社会主义革命，同时始终保持批判的姿态，敢于揭露革命中不尽如人意的地方，说出自己反教条主义、实事求是的观点。有了走南闯北、环游世界的经历，加莱亚诺讲出来的故事要比那些躲在书斋里的作家更接地气，更具人生的厚度。后来的流亡生活非但没有让加莱亚诺消沉，反而使他的故事具有了更高的美学水准。从新闻记者到流亡作家，再到流亡归来后的"散步作家"和社会活动家，加莱亚诺一直在讲故事，讲他个人经历的故事,也讲全球各地的故事,但主要还是讲拉丁美洲的故事。

威廉·狄尔泰在提到传记文学时写道:"任何一个历史性人物的生命历程,都是由各种互动过程组成的系统;在这种系统之中,个体感受到来自历史世界的种种刺激,因而是由这些刺激塑造的,然后,这个个体接下来就会对这种历史世界施加各种影响。"在这部传记中,我们读到的不仅有加莱亚诺的生命历程,也有乌拉圭乃至整个拉丁美洲的历史进程。加莱亚诺和他所生活的世界与时代是互相影响的。和大多数拉美人一样,加莱亚诺从小也被动地接受了天主教教育。阿根廷哲学家恩里克·杜塞尔曾在分析拉丁美洲的文化结构时指出,拉丁美洲文化价值观的最根本的核心不是别的,正是有千年历史的犹太-基督教文化。天主教的思想观念和精神特质渗入拉美人意识的深处,即便他们转变成彻底的无神论者,其反对天主教的方式也带有天主教徒的色彩。如传记中所述,加莱亚诺在年少时是狂热的天主教徒,深受神秘主义的影响,他认为这种狂热"也许是某种超然的需要",并且承认"这种对某些问题的答案半信半疑的寻求一直伴随了他整个青春年少时光"。在后来的岁月里,他把这种堂吉诃德式的激情投入对公平正义的追求中,乌托邦取代了上帝,创造一个更美好的世界成为他的执念。他的激情燃烧的青春岁月恰好碰上了拉丁美洲意识勃发的年代——20世纪60年代,他也以自己的文笔有力地参与塑造了拉丁美洲认同,特别是《拉丁美洲被切开的血管》和《火的记忆》(三部曲)这两部书写拉丁美洲"被劫持的记忆"的巨著。通过这部传记我们可以了解到,在古巴革命点燃整个拉丁美洲革命热情的那些年间,看似偏居一隅的乌拉圭也热血沸腾起来,《前进》周刊——其命运与加莱亚诺的新闻职业生涯紧密相连——成为西语世界中报道拉丁美洲资讯、传播拉美本土思想、探讨拉丁美洲革命可能性的重要阵地。我们也能看到,在那个时候,存在一个拉丁美洲知识分子共同体,这个共同体不仅包括哥伦比亚的加西亚·马尔克斯、秘鲁的巴尔加斯·略萨、墨西哥的卡洛斯·富恩特斯和阿根廷的胡里奥·科塔萨尔这四位"文学爆炸"的主将,也包括像加莱亚诺和他的老师卡洛斯·基哈诺这样的媒体人兼作家,以及像劳尔·森迪克这样的拿起武器去斗争的左翼知识分子。这些共同体成员之间互相声援,频繁互动,为着共同的信念——解放拉丁美洲而团结在一起。我们在这部传记中尤其可以了解活跃在拉普拉塔河沿岸——主要是蒙得维的亚和布宜诺斯艾利斯这两座南美大城市的拉美知识分子共同体成员。他们共同经历了火热的革命年代、之后的独裁军人暴政、悲凄的流亡岁月,以及民土回归后展开的呼吁惩治有罪军人的斗争。今天已经没有如此规模、如此有影响力的拉美知识分子共同体了,甚至连"拉丁美洲"都仿佛成了一个过时的概念——从墨西哥到阿根廷,似乎是出于对全球化带来的同质化的抗拒,抑或出于比以往更为复杂的地缘政治利益需要,人们更倾向于强调自己的民族-国家身份,拉丁美洲共同体的理想似乎已经随着古巴革命理想的幻灭而消失了。今天这些讲西班牙语和葡萄牙语的国家是真的走上了通向繁荣的自由之路,还是依旧在为加莱亚诺所痛批的"依附"(Dependencia)命运的怪圈中循环呢?

作为加莱亚诺作品的中文译者之一,我曾经与加莱亚诺先生有过短暂的电子邮件交流。《镜子:照出你看不见的世界史》一书的简体中文版在 2012 年年底出版后，我告诉加莱亚诺先生这个好消息，他回信说希望能得到一本样书。纯粹是出于好奇，我把他发来的邮寄地址输入谷歌地图看了看实景照片，那是位于地球另一端的一个看上去宁静温馨的中产街区，在那条街道的边上还停着一辆中国产的 QQ 汽车。这本传记的叙述让我脑补了这位拉丁美洲叙事人历经人生苦难与荣耀后宁静温馨的晚年生活场景：从家里出来后，带着他的爱犬"摩根·加莱亚诺"往下走八个街区，来到蒙得维的亚老城区的巴西人咖啡馆，与老朋友们打招呼、聊足球、喝兑了利口酒的咖啡，半晌之后走出咖啡馆，再走几步路就到了海滩，又遇上一帮老朋友……接着他在海风中慢慢地踱回家去，一路上，或许他会回想起一生中走过的那些地方，包括中国的大地，或许他会构思一个新的小故事，然后把灵感记在随身携带的小本子上。今天，蒙得维的亚的街道上再也看不到这位老人的身影了，不过他一定早就知道，只要人们继续阅读或聆听他的文字、他的故事，他就一直在。

2019 年元月于南京仙林

献给陪伴我一生的妻子格拉迪斯

献给我的孩子们:戴维、弗朗西斯科和玛利亚·克拉拉

目　录

致　谢

感谢 B 出版社，感谢西尔维娅·伊特金和耐心的杰西卡·布伦施泰因主编，他们从我工作伊始到结束，始终理解我的困惑并支持我正确的观点。

感谢 TEA 校长费尔南多·冈萨雷斯，他也是我的同事兼好友，感谢他在我踏上这段好运之旅时对我的支持。

感谢那些以交谈或是沉默的方式跟我合作，又或是处于外围来帮助我的朋友们，所有人都出现在了这本书中。当然，我需要将他们罗列出来：爱德华多·加莱亚诺、玛利亚娜·马克塔、孔拉多·休斯·阿尔瓦雷斯、托马斯·休斯、罗赫略·加西亚·卢波、何塞·迪亚斯、安赫尔·罗科、格洛丽亚·达莱桑德罗、比森特·西多·莱马、米格尔·安赫尔·巴斯特涅尔、阿尔韦托·斯蓬博格、伊尔玛·卡佩利诺·德·莫亚诺、卡洛斯·玛丽亚·多明格斯以及豪尔赫·鲁菲内利。还有来自古巴的罗伯托·费尔南德斯·雷塔马尔、西尔维娅·希尔、帕基塔·阿马斯·丰塞卡，来自危地马拉的塞萨尔·蒙特斯，来自乌拉圭国家图书馆的卡洛斯·利斯卡诺、阿莉西亚·费尔南德斯、安娜·伊内斯·拉雷·博尔赫斯、希梅纳·戈索。此外还有拉克尔·加西亚·博尔萨尼和克劳迪娅·希尔曼，她们对爱德华多·加莱亚诺以及乌拉圭《前进》周刊做出了非常好的研究及分析。还要感谢马塞洛·马萨林诺以及 TEA&Deportea 学校的档案处。感谢来自乌拉圭人物报刊出版机构和乌拉圭作者数字图书馆的阿图罗·罗德里格斯·佩索托和约纳坦·贝内利。还要感谢蒙得维的亚《缺口》周刊的伙伴们，他们为我解开了疑惑，搜集了资料和书籍，容忍我为了创作这部作品，而离开了布宜诺斯艾利斯通讯员的岗位。我尤其需要感谢的是《缺口》周刊档案处的马蒂亚斯·克拉伦塞，她非常耐心地将加莱亚诺的稿子扫描到了杂志上。感谢埃斯特·加蒂和赫拉尔多·加蒂，我在蒙得维的亚的那段日子他们给我提供了帮助。感谢伊沃内·特里亚斯，她无私地提供了参考书目。感谢萨穆埃尔·布利塞恩，他对原文做出了不可或缺的增补和修改。

感谢我的父母玛丽亚和阿尔弗雷多，感谢他们从过去到现在一直以来的支持。

除此之外，作者将对以下 13 章的内容承担全部责任。

引　言

　　这本书的创作经历了不少困难和挫折,但在新闻行业,这并不能成为我们停滞不前的借口。我们确实也没有停下脚步:这里为大家呈现的便是一部试图捕捉 20 世纪最重要的拉丁美洲记者的生活画面的作品。

　　出于本书主角个人的一些原因,我们无法直接从他那里获得鲜活的第一手资料,当然我们对此表示尊重。在介绍《拉丁美洲被切开的血管》和《火的记忆》作者的资料里,也遇到同样的情况,只能说他本人更愿意保持沉默。不过,沉默也代表着一种声音,而拒绝和否认本身也是数据和新闻,我们可以结合其他的各种不同来源的资料,比如文章、口头的证词、视频等,创建一份类似纪年表的记录,让人们了解爱德华多·加莱亚诺出生和成长的背景和环境。

　　最初,我的想法是创作一部属于新闻业和全人类的传记,毕竟加莱亚诺的书在全球范围内都有着重要且深远的意义,至今仍不断再版,并被翻译成 20 多种语言,吸引着世界各地的读者。我们绘制出这样一个纪年表(其实从出版角度来说,应该也算一部未被授权的传记),目的就是让作为记者和作家的加莱亚诺全方位地跃然纸上,让大家对他有更多的了解。毕竟,人类总会受其居住的空间和时间所限制。正如戴维·比尼亚斯所说:"'否定'是改变事物的首要条件。"许许多多出现在书中的"否定"也都是本作的主角。在这 14 个月的创作征程中，有过很多犹豫质疑的声音，但最终它们都选择了为我们能够聚沙成塔贡献力量。

这部传记想要解释某种现象，比如清晨六点，为什么有一位 15 岁的少年一边等待着那辆将要载他去往大城市的火车，一边全神贯注地读着一本讲述不属于他那个年代的故事的书，而书的作者可能是他的祖父。从这个意义出发，我们发现爱德华多·加莱亚诺是我们无法回避并且必须去记录的作家，因为他让人们了解历史，让人们懂得如何用语言让沟通变得可能。

虽然在准备这场书之盛宴的时候，我们似乎会觉得还少了点什么配料，但我坚信，我们的目标已经实现。

第一章

在世界的这个角落

乌拉圭——加莱亚诺出生的地方

"乌拉圭,绝无仅有",乌拉圭的政治家总是对自己国家在20世纪中叶取得的稳定和发展感到无比自豪。而这一切要从19世纪末欧洲移民踏足拉普拉塔河流域说起,他们中的一些人是为了寻求更好的未来,另一些人则是为了逃脱禁锢社会革命思想的牢笼。这其中不乏逃离饥荒和战争的工人、农民和知识分子。当时的红党领导人何塞·巴特列·奥多涅斯正好利用了这一契机,推行国有化政策、建立社会福利制度,保障了这些新劳工移民的利益。同属红党的议员埃弗拉因·冈萨雷斯·贡齐也曾反复强调"乌拉圭,绝无仅有",即便是在"二战"期间,乌拉圭从繁荣稳定走向世界新秩序下的经济崩溃之时,这句话都还被乌拉圭人一直挂在嘴边,似乎仅仅靠着它,日日迫近这个国家的重重危机就能烟消云散。

乌拉圭不仅仅是一个国家。对于大多数南美人来说,她就像印刻在这个地区的一个标记,远超出她本身的国土面积,随时寄发着某种美好的回忆。于保守的右派而言，乌拉圭是美洲的瑞士；而在进步的左派看来，她则是自己造就的缩小版古巴。生意人在乌拉圭看到了赚钱的契机，而邻国的执政者则为不断流入乌拉圭这块金融要地的外汇头痛不已。英国王室把乌拉圭看作巴西和阿根廷之间的"缓冲国"①，这使她在19世纪中叶得以实现与两国的贸易往来。而政治流亡者则认为乌拉圭是能够帮助自己逃避迫害的容身之地，比如为了逃出胡安·曼努埃尔·德·罗萨斯恐怖统治的布宜诺斯艾利斯诗人埃斯特万·埃切维里亚和弗洛伦西奥·巴莱拉，再比如阿根廷庇隆执政期间曾逃亡到蒙得维的亚的反庇隆主义政治家阿尔弗雷德·帕拉西奥斯和劳尔·达蒙特·塔沃尔达。

拉普拉塔河连接了乌拉圭和阿根廷，也让两国彼此分离，瓜拉尼人称之为"彩色鸟儿之河"，它成了爱德华多·加莱亚诺描写、绘画的创作象征，也成了他在属于自己的自由之国驰骋飞翔的栖息之地。

20世纪的现代乌拉圭诞生之前，何塞·赫瓦西奥·阿蒂加斯曾在这片土地撒下联邦制的种子，他是第一个真正意义上的乌拉圭领袖，领导了乌拉圭的独立运动和第二次乌拉圭战争②（1851年结束）。加莱亚诺常常借助阿蒂加斯的力量，激发自己那属于南美克里奥尔人③的反抗和追求自由的灵魂，尤其是面对强权统治的政治制度之时。阿蒂加斯是19世纪的革命者，他将这片土地上的原

---

① "缓冲国"指夹在两个对立的或潜在敌对的强权国家之间的国家，它的存在可避免两国之间的冲突。——译者注

② 又叫 Guerra Grande，直译为大战争。——译者注

③ Criollo，指出生在拉丁美洲而双亲来自西班牙的白种人。——译者注

住民视为自己的同伴和朋友,力求推行第一次农业改革。在改革中,他担任拉普拉塔河联邦的总督,并推动建立联邦制下的克里奥尔新政府,使得联邦各省之间享有平等的权利。英雄们的响亮名字能够多次在拉丁美洲的历史上唱响,似乎正得益于恰卢亚人①特有的永不屈服的精神。

"这世界已没什么希望可言。"加莱亚诺如此定义自己出生的那个年代。1939 年 9 月 1 日,随着德国纳粹入侵波兰,第二次世界大战进入白热化阶段,一年后,加莱亚诺出生了。曾经的乌拉圭安稳而宁静,城市里交纵着石铺路,人口急剧增长,但这安宁因 1936 年西班牙内战爆发而被打破。城市与乡下的生活方式奇特地交汇混合,形成了乌拉圭中产阶级的雏形。

这便是当时的乌拉圭,"大战争"早已成为历史,人们在每日的报纸上、截来的欧洲短波电台中以及蒙得维的亚街头咖啡馆的评论里得到些许关于"二战"的消息。何塞·巴特列·奥多涅斯在 20 世纪初通过结合社会主义和进步主义思想,在外围独立的资本主义中建立了乌拉圭这样一个独立的南美政权,但在 1929 年遭受华尔街金融风暴的冲击后,蒙得维的亚人民一夜之间回到现实。

这里似乎很像 19 世纪末人文主义思潮澎湃高涨的老巴黎咖啡馆。在蒙得维的亚老城中心,在七月十八日大道,不断有消息在人们的桌间流传。加莱亚诺在回忆早期自己为社会主义周报《太阳报》写评论时曾这样说道:"我是听着咖啡馆里老人们的聊天长大的,他们所说的那些话可以算是我走上专业之路的基础。"

"支持西班牙共和派的人在自由广场的索罗卡瓦那咖啡馆相

---

① 拉普拉塔河北部的原住民。——译者注

聚。他们争吵不休，像是自己投身战争一样，但很快他们又言归于好，相拥离开。而政客和戏剧家则更喜欢图皮南巴咖啡馆。"加莱亚诺如此回忆他在蒙得维的亚市中心咖啡馆的每一晚，回忆着属于他的"爱与战争的日日夜夜"。

这种交杂着信仰、激情和爱意的气氛可以追溯到19世纪末，并一直延续到1950年。在那个时期，工人、妓女、吉卜赛人和赌徒处于蒙得维的亚社会的底层。郊区的角落里留有这座大城市唯存的光亮，照亮那些被现代化的盛宴驱逐之人，他们都憧憬着未来会有一片属于自己的天地。郊区无疑是最适合艺术家创作的空间，他们将零碎的场景拼凑成舞台，用来观察世界的苦难和美好。贫穷，虽是勒住艺术家脖颈的缰绳，却总是激发出历史上最优秀的文学作品和诗歌，当然，在蒙得维的亚也不例外。

胡安·卡洛斯·奥内蒂也是在这些咖啡馆里开始了他的写作生涯，卡甘查广场①周边便是他的阵地，附近有电影院、书店，还有新闻通讯社——位于那个区域最高建筑的顶层。加莱亚诺把奥内蒂和弗朗西斯科·埃斯皮诺拉看作他文学世界的导师，他把自由之地的发现归功于他们，只有在这里，鲜活的言语才能传播，无须审查，真实而本色，随时被值得拥有的人带走，如同妖娆魅惑的女人。在那个年代，社交生活都是在咖啡馆和俱乐部里展开的，对于乌拉圭"45一代"的诗人和作家来说，那里是他们职业成长之地，因为只有在那里，书籍才可以自由流通，人们才能够自由分享他们的生活经历与故事。来自伊比利亚半岛的移民曾切身感受过西班牙内战带来的苦痛，这种苦痛在咖啡馆的桌间传递，大家责骂着弗朗西斯科·佛朗哥，也申斥着保守帝制的复辟。

---

① 也称自由广场。——译者注

自由广场的索罗卡瓦那咖啡馆容纳了为数众多的加利西亚无政府主义者和社会主义者，他们设法团结自己共和派的同伴，以共同抵抗佛朗哥主义。他们一边为逝去的共和国而哭泣，一边想象着纳粹分子残酷统治下的欧洲是如何阴云密布。还有坐落在七月十八日大道与安第斯大街交汇处的拉希拉尔达咖啡馆，那里是诗人和音乐家们的固定集会地，他们在此展示自己的作品，在心底默默地期待着可以一跃成名。世界知名的探戈曲《假面舞会》便是1916年应其创作者赫拉尔多·马托斯·罗德里格斯的要求，由罗伯特·菲尔波乐团在这里首演。20世纪初，这些咖啡馆里日日夜夜进行着关于现代主义和新先锋派的争辩。这种艺术和创新的精神常常受到一本名叫《电影·广播·时事》的杂志的关注，也正是在这本杂志上，阿尔杜罗·德斯波伊和少年奥梅罗·阿尔西纳·德芬内开始合作撰写影评。

近半个世纪之后，玛丽娅·埃斯特尔·吉利奥和卡洛斯·玛丽亚·多明格斯对早已定居马德里的胡安·卡洛斯·奥内蒂进行访问，当被问及想回到生命的哪一刻或是哪个地方重度半个钟头时，他毫不犹豫地回答说："那当然是回到地铁咖啡馆的时光"……和"占据整个旧吧台的快乐的吉卜赛人"一起。① 在地铁咖啡馆、蒙特雷小窝咖啡馆，奥内蒂总是和大部分新兴的西班牙移民待在一起，这些人大多是为了躲避佛朗哥拥护者的子弹、折磨而逃到乌拉圭的。捍卫共和国的人群中有无政府主义者也有共产主义者，当然也不乏蒙得维的亚的先锋诗人和只为寻求一处安身之地的西班牙人。

① 玛丽娅·埃斯特尔·吉利奥、卡洛斯·玛丽亚·多明格斯，《夜的构建——胡安·卡洛斯·奥内蒂的一生》，南方人物传记丛书，行星出版社，布宜诺斯艾利斯，1993年。

其实,话语和文字只不过是那些身无分文的梦想家来咖啡馆和餐厅的一个借口而已。服务员给他们赊账,地球也仍在日夜不歇地转动,好像存在另一个平行世界,在那里,一切梦想和渴望都早已实现。加莱亚诺、奥内蒂和埃斯皮诺拉笔下有多少人物、地点和场景是在这些咖啡馆里诞生的?他们自己坦言,他们笔下的整个世界都诞生于此。

"我将这些长久地保存在记忆里,木制的或是大理石的桌子,喧闹的交谈声,昏黄的光影,弥漫着灰蓝烟雾的空气,烟草和新煮咖啡的芳香:一开始可能还想要抵抗这种气味的侵袭,却最终被浓烈的烟酸和咖啡酸所征服。"加莱亚诺曾如此写道。① 在他最好的作品里,你都能发现蒙得维的亚咖啡馆的身影,还有那些美好的言论和故事,经过酒精蒸馏设备的过滤,回荡在木制桌椅碰撞的声响中。正是在这充满争辩、激情和创造力的空间里,加莱亚诺开始了与新闻的接触。也正是在同样的桌椅上,加莱亚诺与人对抗争执,而这些最初的"对手"几年后却都成了他的"战友",他们共同为著名的《前进》周刊写作,在那里,年轻的爱德华多·加莱亚诺受到了神话般的人物卡洛斯·基哈诺的关注和指导,成长为主编。

对于加莱亚诺、奥内蒂以及常徘徊于这些咖啡馆的作家马里奥·贝内德蒂来说,记忆中的蒙得维的亚总有种忧郁而虚幻的味道。而站在这座城市之外去看,她和她的居民就像一面悲伤的镜子,持续而永恒。这是她生来即有的特性吗?她总想赋予她的儿女思乡的情怀吗?难道不正是这种情怀造就了整个乌拉圭文坛吗?在加莱亚诺之前,早有诸多文人大家在此情怀中成长,比如他

---

① 爱德华多·加莱亚诺,《爱与战争的日日夜夜》,目录出版社责任有限公司,布宜诺斯艾利斯,1984 年。

的文学之父奥内蒂,还有费利斯韦托·埃尔南德斯、多明戈·波尔多里和伊德阿·比拉里尼奥,这只是那些无法被遗忘的名字中的一小部分。如果我们回顾过去,也许还能偶遇这种忧郁情怀的一些痕迹。比如从16世纪葡萄牙人侵占巴西开始,西斯普拉丁省①的居民被迫武装或是撤防,为自己的土地而战斗;比如伴随着雷动的鼓声从遥远的非洲传来的奴隶制的哀吟;再比如更晚些时候,旧大陆的新移民带着他们所谓的西方文明到达蒙得维的亚港口,也带来了乌拉圭民族最终DNA中的忧郁。失去了属于自己的那片土地,思乡情怀怎能不深藏于心呢?

19世纪西班牙、意大利、英国和德国移民者分别以他们各自的方式到达蒙得维的亚,带着各自的语言和完全不同的习俗,试图在这里建立一个农牧业国家,但由于工业革命影响的不断扩展,现代化在这片土地上初露头角。这些移民中,一些是因为工业扩张、人口增长和死亡率下降等而来到这里,另一些则是因为受到政府的迫害而逃亡至此,这些政府视卡尔·马克思、弗里德里希·恩格斯、米哈伊尔·巴枯宁和皮埃尔·约瑟夫·蒲鲁东提出的新思想为眼中钉,只因为他们反对新兴的资本主义。诸如"社会革命""劳工工会化"或最基本的"劳动权利"等概念通通被视作搅乱社会秩序的思潮,因为这些国家虽然已决绝地离开君主专制的道路,却从未试图改变或是解决主要劳动阶级的合理经济地位的问题。法国、大英帝国、沙皇俄国和德国对于社会革命分子的压迫尤为残酷。19世纪末,这些来到蒙得维的亚的移民平均年龄不到30岁。

---

① Provincia Cisplatina,原巴西南部省份,后脱离巴西并入阿根廷,导致巴西向阿根廷宣战。——译者注

　　和英国王室的良好关系使乌拉圭变成了为蓬勃的工业革命提供原材料的基地，而一些制冷企业和阿根廷新兴的手工产品制造商也开始出口自己的产品到南美这片土地。大英帝国在乌拉圭所得的利益不再是军事武装力量所带来的，取而代之的是崭露头角且茁壮发展的自由贸易。

　　从 1865 年开始，乌拉圭政府开始被红党所领导。红党是乌拉圭独立以后最强势的两大政治派别之一。尽管早在 1825 年 8 月 25 日乌拉圭就已宣布独立，但其残酷的内部战争却持续不断，直到 1904 年 9 月 1 日，时任红党领袖和总统的何塞·巴特列·奥多涅斯在马索耶尔战役中打败了白党领袖阿帕里西奥·萨拉维亚，战乱才算平息下来。无尽的鲜血在这片土地的历史里流淌，将她铸成英雄及和平的国度，吸引了无数南美的游客。那其实是工业现代化的一次胜利，而它所战胜的正是农民和贵族阶级。

　　佩佩·巴特列①，朋友、战友们都这样称呼他，在历史上曾两次成为这个国家的总统，分别是在 1904—1907 年及 1911—1915 年。之后接替他的仍是红党人士，均采取相对缓和的措施，以避免欧洲战乱对南美造成的政治和经济威胁。当时，出口市场的多样化帮助乌拉圭开始进行羊毛、谷物和肉类的贸易，使其在经济危机的冲击下得以幸存。因此，继巴特列之后的几任红党政府带领乌拉圭平稳度过了第一次世界大战。直到 20 世纪 30 年代，形势才有所改变。

　　巴特列时期乌拉圭所取得的繁荣稳定很大程度上吸引了欧洲的移民，他们多是为了躲避疟疾和饥饿，或是为了从欧洲各国为反对左派思想支持者而实施的政治和劳工迫害中逃出来。对于乌拉

---

① 佩佩是何塞的昵称。——译者注

圭劳动力市场来说，这些欧洲移民的抵达是一次强有力的冲击，而就乌拉圭本国而言，无论是统治者的言论还是具体的施政措施都在强调吸引欧洲移民，这不仅是为了促进人口的增长，更是为了更好地融入当时全球不可逆转的工业化进程中，而工业化恰恰也是人类想要结束战乱和灾祸都应跟随的潮流和方向。

"一战"期间巴特列再次当选乌拉圭总统。他绝对是一位超级领袖，而他的执政战略眼光也绝不限于他在位的几年。他采取的政策巩固了乌拉圭的领土完整。这个刚刚懂得只有实现生产多样化才能在新世纪的秩序中保有一席之地的国家也因为巴特列执政有了最早的劳工保护法，工人们的生活质量得以改善。

19 世纪末巴特列重组红党，并被任命为该党领袖，从此帮助乌拉圭走向现代化道路。因为他所在政府的努力，当时的一些自由主义者称政治金融稳定的乌拉圭为"南美小瑞士"。但和其他拉美国家的政局一样，这一时期的繁荣稳定也将由巅峰走向谷底。

何塞·巴特列的本领在于他能把 20 世纪初的那些年头化作适时的黏合期，让对经济管理持不同意见的对峙党派的内部政治冲突与社会对政府机构必须帮助国家生存下去的需求保持平衡。当然，不能忽视的还有他对国际格局的正确认识，比如大不列颠帝国逐渐衰落的地位，以及相应的冉冉上升的新力量——美国。

"1904 年，他的执政才刚刚开始，白党就因城市和农村经济社会一体化带来的本质冲突发起了一场新的暴动。1898 年战争开始后，古巴市场对于肉类的需求的大量减少以及巴西废奴之后市场的逐渐关闭宣告了乌拉圭首要出口产品的没落，同时，全球对农牧业的出口提出严格的新要求，比如提升牲畜肉类的品质并采取适当新技术用于肉类的储存和运输。在 1905 年首批制冷设施诞生之前，这次肉类危机的爆发加快了反对现代化创新的农牧供货主和强烈呼吁改革的工业部门(包括一些进步的庄园主,其中大部分为外国人)之间的决裂,因为改革就意味着国家统一管理和加强政府干预的必要性。萨拉维亚和巴特列分别代表了前后两种不同的利益,由于过渡时期的特殊性,加之双方都坚守各自立场不愿退步,武装冲突便不可避免地发生了。"阿根廷记者胡安·奥多内在一篇文章中这样写道。①

阿帕里西奥·萨拉维亚是白党最后一任领袖,代表农牧社会秩序所形成的旧派乌托邦主义,这正好和何塞·巴特列所领导的渴望现代化和工业化的红党形成对立。

"此外,邻国统治政府并没有对白党的暴动产生怀疑,而是采取中立的态度。当时的阿根廷总统胡利奥·罗卡和巴西南部里奥格兰德地区的领袖若昂·弗朗西斯科·佩雷拉·德索萨之所以支持萨拉维亚,是因为他们把他看作依附英国旧秩序的坚定捍卫者,他们声援他对抗共和新秩序,是因为这种新秩序将使乌拉圭政府变得不可征服,既与当地的权贵利益相冲突,又与依靠国外势力的阶级有摩擦,除此之外,在巴特列的领导下,还将非常有可能通过法律途径干涉资本和劳动的关系。前一任胡安·林多尔弗·奎斯塔斯政府不断镇压工人罢工,而巴特列却站出来竭尽全力为工人说话并证明罢工的合理性。"②乌拉圭从古至今一直都面临着邻国的施压,要么是领土被侵占,要么是主权落入他国之手。"东方人从不屈服于折磨或锁链,没有哪种铁镣可以禁锢人们对自由的渴望。"民间乐队"木头之上"1985年曾在蒙得维的亚的舞台上这样吟

① 胡安·奥多内,《巴特列——乌拉圭的民主》,选自《美洲历史》(第12分册),拉丁美洲出版中心,布宜诺斯艾利斯,1971年,第一版,1984年,第二版。
② 同上。

唱过,那时的乌拉圭尚未完全恢复民主。这个"东方民族"对自由的向往和她反叛的灵魂好像飞跃了那个时代深层次的社会想象。

乌拉圭人好像具有反叛和抗争的基因。巴特列总统的逆流之战就好似这种基因的代表。他签下了《天天日报》的一个专栏,用笔名在专栏里与民众讨论自己的政府以及反对派的行为和决议,甚至鼓动公民和日报的读者挑战自己的权威,一方面为乌拉圭人民谋求更好的生活,另一方面则是为了维护自己的权力。我从巴特列自己创建的《天天日报》的某一期里摘取了一段话,从中能看出巴特列的反抗精神:"我们支持罢工。如果哪一场罢工发生了,并且是经过深思熟虑后发生了,且在一定程度上取得某种成功,能够持久地将上雇主们一军,我们便可以说:这就是弱者变强的方式,与其哀求公正,不如正当地要求。"

这就是 20 世纪很多乌拉圭人的标记,即进取和公正的灵魂,而我们的爱德华多·加莱亚诺正是他们中的一员。不知是不是 19 世纪末 20 世纪初拉普拉塔河流域的大批移民带来了这种反叛的基因。这些移民中的绝大部分来自西班牙的工人阶级。20 世纪 90 年代《缺口》周刊有过这样一次对话,当时负责"世界版"的记者,同时身兼主编,之后又担任该周刊总编的我们挚爱的老吉列尔莫·冈萨雷斯,曾半开玩笑半挑衅地对我说:"西班牙移民在这里促使了工人运动的产生并巩固了工人运动,因为他们冷酷而顽固,这是流在加利西亚人、拉曼查人和安达鲁西亚人血液里的,幸好意大利人都去了布宜诺斯艾利斯。"他大笑起来。

1929 年,何塞·巴特列的去世使红党陷入困境,也使整个乌拉圭沉浸在深深的不安气氛之中。面临世界经济危机却失去了强有力的领袖,乌拉圭人民同他们的邻居们一样开始进入困难时期。

1930 年 9 月,何塞·费利克斯·乌里布鲁将军推翻了阿根廷总统伊波利托·伊里戈延的统治，寻求新建一种政治经济模式，在社会集团概念的基础上重新将潘帕地区拥有土地的寡头集团推上政权巅峰。根据经济学家、历史学家亚历杭德罗·霍洛维兹的分析，这是懦弱无能的资产阶级在危机中应对全球经济再分配而采取的手段。

乌拉圭在到达繁荣稳定的巅峰之后，于 20 世纪 30 年代受到"一战"后华尔街金融危机和西班牙内战爆发引起的法西斯势力壮大的影响。即便是当时全国最传统的家族企业，比如休斯集团（加莱亚诺直系亲属的企业），也感受到了危机带来的震颤，虽然情况还没到最糟的时候。

"巴特列的去世也带走了乌拉圭的繁荣。作为原材料和食品供应国，乌拉圭在世界经济体系里一直以来占据附属地位，表面看来安全又稳定，但在 1929 年世界经济'大萧条'开始后，'一切生命之源都被截断'，乌拉圭的经济地位受到猛烈冲击。商品价格下跌、关税壁垒抑制了出口贸易，而传统的采购中心只能依靠自己的方式去刺激和保护生活必需品的生产。英国为英联邦国家实施了商品特别价格及特惠关税政策，以此断绝与拉丁美洲经济附属国，尤其是那些农牧业产品出口国的关联。这场危机无疑撼动了当时情况已脆弱不堪的乌拉圭。出口和消费过剩、生产停滞及公共开支过大都造成了严重的经济失调，为了给公共工程建设、政府工业部门的不断扩建以及巴特列时期政治经济支柱产业提供资金，海外信贷被无限制滥用，这在更大程度上加剧了乌拉圭的经济失调。"[1]历史学家胡安·奥多内在其著作《巴特列——乌拉圭的民

---

① 胡安·奥多内，《巴特列——乌拉圭的民主》，选自《美洲历史》（第 12 分册），拉丁美洲出版中心，布宜诺斯艾利斯，1971 年，第一版，1984 年，第二版。

主》中这样分析 20 世纪初过渡时期的乌拉圭。

在巴西,也正是在 1930 年 11 月发生了军事政变,加图里奥·瓦加斯上台,之后统治巴西长达 25 年。圣保罗州和米纳斯吉拉斯州的寡头集团爆发了严重的政治冲突,废除了当时当选的总统朱里奥·佩莱斯德斯,并成立了军政府,将大权移交加图里奥·瓦加斯。同样,华尔街经济危机带来的后遗症也在巴西之后的政治、社会和经济发展中反复发作。

1931 年 3 月 1 日,乌拉圭红党的另一位领袖接任了总统的位置,他就是加布里埃尔·特拉,而他的政治和经济主张并不总是和巴特列一致。在战胜了同党派的佩德罗·迈尼尼·里奥斯之后,特拉通过取得多数投票获得了大权,但他统治下的宪法制乌拉圭仅存续了两年的时间。1933 年特拉发动了军事政变,而他建立的军政府一直延续到 1938 年他的连襟阿尔弗雷多·巴尔多米尔上台。1934 年,特拉颁布的新宪法生效,直至四年后,巴尔多米尔当选,而当时却并无白党(又称民族党)人士,甚至红党内部主流派——巴特列主义者参选。

1940 年,巴尔多米尔以这样的方式开启了军政府统治阶段,他的军政府受到了警察和侦察兵的拥护。巴尔多米尔在 1933 年曾担任国防部部长,这对 3 月 31 日发生的针对特拉总统的暴动有着决定性的作用。他上台后解散了议会,并开始对新闻出版业实施严格的审查制度。数年之后,左翼分子讥讽地将这场警察和侦察兵发起的暴动认定为独裁,而且利用政府的镇压性质和"三月"这个单词的发音,称暴动的当天为乌拉圭历史上"第一次三月独裁"。

和阿根廷一样,乌拉圭在特拉统治时期经历了极为糟糕的几年。1935—1938 年,乌拉圭在政治上与大不列颠帝国和新型强国美国结盟。1935 年,乌拉圭与英国签订协议,确定以实物偿还债

务,主要包括煤炭和罐装肉制品。同年,乌拉圭与当时西方国家的
噩梦——苏联断交,一并断绝关系的还有西班牙共和国政府,以此
宣告拥护长枪党法西斯主义的立场。1936 年,乌拉圭认可弗朗西
斯科·佛朗哥的独裁统治。特拉对欧洲独裁者的拥护使其最大限
度地获得了意大利法西斯分子和德国纳粹分子的资金支持,用于
建设博内特湖的水电大坝。

1939 年 9 月 1 日凌晨四点,德国的"石勒苏益格-荷尔斯泰因"
号军舰在突击了波罗的海上维斯特布拉德半岛的波兰军资储备
地,由此德方宣告战争开始。德国纳粹突袭波兰,历史学家们认为
这是"二战"武装冲突的开端,之后第二次世界大战全面爆发;此次
行动也成为彻底改变 20 世纪后 60 年间各国之间权力关系的开端。

和拉丁美洲的其他国家一样,从参战的人员及其领土来看,乌
拉圭和这场欧洲的军事冲突并无关联。但美国不断对其施压,要
求其提供支持和食物供给。"二战"中乌拉圭的不参与和中立立场
似乎强化了自己收容和庇护的责任,就像 19 世纪那些曾给予被迫
害者帮助的国家一样。这一特点更加突出了乌拉圭中立领土的思
想,正如她所得的名号"南美小瑞士"。乌拉圭人在拉普拉塔河口
海战中将这种精神发挥到极致。

这次海战发生在蒙得维的亚海岸地区,并迅速使乌拉圭人从
面对战争的昏睡状态中清醒。当时,战火离蒙得维的亚港只有 20
公里的距离。1939 年 12 月 17 日,德国军舰"格拉夫·斯佩"号进
入拉普拉塔河河口,被英国的舰队发现,该舰队由"阿贾克斯"号、
"阿基里斯"号和"埃克塞特"号组成。尽管德国海军进行了殊死搏
斗,但还是被英国舰队打败。当时已加入同盟国的乌拉圭总统巴
尔多米尔给了德国海军 72 小时,让他们进入蒙得维的亚港修整后

再出发。72小时刚过,这艘德国军舰再次出发想要驶离海港,但还未等其驶出蒙得维的亚港海域,就发生了爆炸,舰体断裂并沉没。舰长数日后饮弹自尽。关于这支舰队的传说之后便流传开来。有的版本说舰上的很多士兵最后回到了欧洲战场的前线,也有的说其中的一些士兵在布宜诺斯艾利斯登陆并成了间谍,还有一些士兵逃到阿根廷内陆,远离了战争带来的创伤,并得以重建家园、重拾人生。无论怎样,乌拉圭政府都坚定地维持了自己中立的态度,没有屈服于同盟军所施加的巨大压力。

20世纪40年代时,乌拉圭人民仍时常忧伤地回忆起原属于他们的那个繁荣而稳定的国度,回忆起佩佩·巴特列在位时的景象。然而,第二次世界大战结终了一个时代,新的世界秩序即将诞生,这对于一个为了自保而早已习惯亲英的国家来说难免意味着某种焦虑和苦恼。

正是在这个年代,爱德华多·加莱亚诺出生了,在尚未有大发展却也不完全窘迫的蒙得维的亚。这座城市好似在慢慢地醒来,犹如世外仙人一般,唯一要做的便是永远保持自己的这种平静安宁。而与此同时,世界旧工厂却喧闹轰鸣,好像随时都会分崩离析。并且,永远如此。

第二章

色彩斑斓的岁月

童 年

1940 年 9 月 3 日,爱德华多·赫尔曼·玛丽亚·休斯·加莱亚诺出生了。他是爱德华多·休斯·罗森和利西亚·埃斯特·加莱亚诺·穆尼奥斯夫妇三个孩子里的长子。爱德华多·加莱亚诺继承了意大利、西班牙、威尔士和德国四地的血统。根据加莱亚诺一位匿名的近亲、另一位提供很多回忆资料的远亲以及他的一些朋友给出的证据,他是休斯家族在乌拉圭的第五代人,加莱亚诺家族的第六代移民。

按他自己的说法,爱德华多从小就有一个"欢乐""平凡"又"野蛮"的童年,一直生活在波西托斯区①的郊外。那个年代,他的出生为家庭增光添彩了不少。1942 年,他的弟弟吉列尔莫出生;两年后,也就是 1944 年 11 月 8 日,他最小的妹妹玛蒂尔德也降临到这个家庭。

---

① 拉普拉塔河沿岸。——译者注

那些年,虽然"二战"在当地已经造成了一些不安,但蒙得维的亚仍然处在何塞·巴特列总统带来的社会改革的影响之下。以农牧业为主的乌拉圭继续向因为纳粹而满目疮痍、几成废墟的欧洲提供物资支援,不过并没有放弃自己长久以来所秉持的中立外交态度。这事实上再次掀起了蒙得维的亚街头咖啡馆里那些不羁的人群日夜论战的热潮。

那时,红党仍然领导着政府,虽然实际情况是他们与巴特列思想相背而行,日渐倾向于德国纳粹和西班牙佛朗哥主义,在独裁专制道路上越走越远。左翼分子也植根于各界行会和城市工会中,其中银行从业人员、码头工人和运输公司员工势力尤其强大。这是无政府主义行会坚实的根基和社会主义及共产主义政党的壮大所带来的,而两方针锋相对,争夺欧洲社会民主思潮和日渐稳固的苏联布尔什维克主义的代表权。可以说,"二战"结束之前,乌拉圭的天空乌云密布,而加莱亚诺则将此看作唤起他觉醒的警钟。

然而,由爱德华多带领的休斯·加莱亚诺家族的三兄妹依然流淌着荣耀的血液,在乌拉圭这片狭小的土地上,他们印刻着上层阶级的标记。即便在21世纪,总统候选人和政党领导人仍喜欢用阶层属性来将自己与他人区分开来或是寻找认同,民众则用"自由右翼"或是"人民左派"来称呼他们,不难想象在20世纪50年代,这种阶层的界限更是无比清晰。

休斯·加莱亚诺家族住在波西托斯区何塞奥索里奥大街的一座大宅子里,离蒙得维的亚动物园仅几个街区。这里也是爱德华多·休斯·罗森和利西亚·埃斯特·加莱亚诺·穆尼奥斯结婚头几年所住的地方,三兄妹也是在这里相继出生的。20世纪40年代末,乌拉圭中上层阶级就这样过着田园牧歌般的生活。

"爱德华多长着一张英国人的面孔,远远地看去,他和他的弟弟吉列尔莫确实算是家族里的绅士。"休斯家族的亲戚们回忆道。爱德华多自己也承认,他血液里流淌的欧洲种族的大融会,让他成了拉丁美洲土地上的克里奥尔人。回首从独立战争前就开始的加莱亚诺的父系和母系族谱,你会发现这棵家族之树的枝叶和顶冠是如此茂密,甚至连接了蒙得维的亚和布宜诺斯艾利斯两座城市。休斯和加莱亚诺家族与莱安德罗·戈麦斯军官①和弗鲁克托索·里韦拉领袖②的后代、罗德里格斯·拉列塔家族③、马丁内斯·德·胡斯④、苏马兰⑤、比列加斯⑥、阿塞韦多·迪亚兹⑦、加西亚·阿罗塞纳、伊鲁雷塔·戈耶纳⑧、索里利亚·德·圣马丁⑨、卡卡尼奥⑩、祖贝布勒甚至布尔里奇⑪家族都有着千丝万缕的联系。

爱德华多在一所英国学校接受世俗教育,虽然他的整个家族都是虔诚的天主教徒,并且一直给他灌输宗教思想甚至是神秘主义思想。他所就读的艾维学校,也就是今天的波西托斯走读学校,是当时保有理想的诸多中产阶级家庭都会为子女选择的学校。爱

---

① 乌拉圭军官和政治家,他因 1864 年派桑杜围城期间的英勇防守而为人所铭记。——译者注
② 乌拉圭政治和军事人物,1830—1834 年担任乌拉圭总统,之后于 1839—1843 年、1853—1854 年两次出任乌拉圭总统。——译者注
③ 乌拉圭政治人物家族。——译者注
④ 阿根廷政治人物,1976—1981 年担任阿根廷经济部部长。——译者注
⑤ 阿根廷外交官。——译者注
⑥ 阿根廷军事人物。——译者注
⑦ 乌拉圭作家、政治家和记者。——译者注
⑧ 乌拉圭刑法律师、教师和企业家。——译者注
⑨ 天主教乌拉圭史诗诗人。——译者注
⑩ 阿根廷律师、历史学家和政治家。——译者注
⑪ 阿根廷军事家、商人和政治家。——译者注

德华多一直在那里学习,直至初中二年级辍学,一方面由于他本人对于刻板的知识灌输并无大的兴趣,另一方面则是因为他父母离婚导致了家庭分裂,恰恰也是这两个方面开启了爱德华多日后的职业生涯。

　　爱德华多·休斯·罗森生于 1918 年,2003 年 3 月 27 日去世。他和利西亚·埃斯特·加莱亚诺·穆尼奥斯——家人和朋友都称她为"甜筒"——有三个孩子。两人的婚姻关系仅维持到最小的女儿玛蒂尔德上学便终止了。之后休斯·罗森与耐莉·拉莫斯结婚并生下两个孩子,一个叫耐莉,另一个叫特迪,但好景不长,几年后,他们的婚姻关系也最终走到了尽头。再之后,休斯·罗森又与涅韦斯·伊莎贝尔·戈伊托组建了家庭,生了一个孩子,名叫华盛顿·爱德华多。

　　爱德华多·加莱亚诺的爷爷叫爱德华多·胡安·休斯·戈麦斯,他是孔拉多·休斯·拉克的第 8 个孩子,也是家里年纪最小的孩子,1844 年出生于利物浦。孔拉多是休斯家族创始人理查德·班尼斯特·休斯·米尔斯唯一的儿子,父亲临时回英国办事,他便因此机缘出生在了自己祖国的土地上。孔拉多 1872 年 7 月 14 日在蒙得维的亚和布兰卡·戈麦斯·布里托结婚,由此这位英国人的后代和红党领袖莱安德罗·戈麦斯算是攀上了关系。1865 年,莱安德罗受命前去保卫派桑杜城并战死沙场,休斯家族最终在那里的一个大庄园成就了自己的家业,而几乎一个世纪以后,爱德华多·加莱亚诺成了庄园的主角,并在自己的作品中重现了那段时光。

　　爱德华多·胡安·休斯·戈麦斯是孔拉多和布兰卡·戈麦斯的儿子,他们代表了当时已发展成熟的第一代中产阶级家庭,又叫

"小康家庭"或"名流家庭"。他们的族谱可以追溯到遥远的欧洲，追溯到那些为寻求更美好的前景而冒险起航来到美洲这片土地上的先行者。爱德华多·胡安·休斯·戈麦斯生于 1889 年 6 月 23日，死于 1957 年，当时年仅 17 岁的爱德华多·加莱亚诺已加入乌拉圭社会党，这对于整个家族来说是不可原谅的错误。爱德华多·胡安与 1892 年出生的玛蒂尔德·罗森·雷加利亚结婚不久，年仅 28 岁的玛蒂尔德便香消玉殒。而他们唯一的儿子爱德华多·休斯·罗森之后给他们生了三个孙子(女)，长孙便是爱德华多·加莱亚诺。

作为老理查德·班尼斯特优秀的接班人，爱德华多·休斯·罗森，也就是爱德华多·加莱亚诺的父亲，日夜与农作生活相伴，畜牧业的劳作任务尤其繁重。"但因为他生性爱玩爱闹，所以对继承家业并推动家业的壮大缺乏兴趣。"他们的几位近亲在蒙得维的亚的一家酒吧曾这么回忆道。① 实际上，他更想在畜牧业、农业及渔业部担任农村地区的牲畜和肉类监察员。有了国家部委监察员的工资，他就能体面且富足地在 1950 年的乌拉圭生活，而当时的社会结构已经开始出现动摇的迹象。毫无疑问，最先感受到这种动摇的一定是社会最脆弱、最底层的群体，而当时的政府却毫无察觉。

利西亚·埃斯特·加莱亚诺·穆尼奥斯，也就是"甜筒"小姐的家族就没有这么传奇了，至少据历史记载或者据她丈夫所说是这样的。她是红党领袖弗鲁克托索·里韦拉的后代。虽然同样来

---

① 笔者 2014 年 8 月 12 日在地中海咖啡馆采访贡萨洛·休斯·阿尔瓦雷斯及孔拉多·休斯所得。

自一个富裕的上流社会家庭，却远没有休斯家族那么光彩熠熠又宏伟富丽。利西亚的母亲是一个性格强势的女人，根据爱德华多·加莱亚诺的记载，她叫埃斯特·穆尼奥斯·里韦拉，父母是埃马·蒙托罗·彭科和赫瓦西奥·穆尼奥斯·里韦拉，爷爷是乌拉圭第一任总统、红党创始人弗鲁克托索·里韦拉将军。里韦拉曾经与何塞·阿蒂加斯并肩作战，开启了军事和政治斗争。埃斯特·穆尼奥斯在六个孩子中排行老五，出生于19世纪末，她的丈夫叫爱德华多·加莱亚诺，最终她把自己的外孙也命名为爱德华多·加莱亚诺，这便是我们所熟知的著名作家和记者。加莱亚诺和埃斯特·穆尼奥斯大约是20世纪头十年的中期在蒙得维的亚结的婚。这是加莱亚诺的外公大致推测所得，具体的日期我们已经无法得知了。

爱德华多童年有很多时间都在一座类似博物馆的大房子里度过，这座房子的历史与19世纪中期乌拉圭的法制化进程息息相关。德国商人赫尔曼·维克托·罗森·雷加利亚1918年与玛丽亚·萨拉·罗德里格斯·拉列塔结婚，玛丽亚乃名门之后，是几位知名的罗德里格斯·拉列塔的奶奶。这几位罗德里格斯·拉列塔是20世纪70年代军事独裁统治下秃鹰行动的受害者，曾被长期非法囚禁于布宜诺斯艾利斯弗洛雷斯塔区的奥尔莱迪秘密监狱。

赫尔曼与玛丽亚夫妇的房子大致位于蒙得维的亚老城五月二十五日大街428号，正是在这个房子里，19世纪中期"拉普拉塔上流社会茶话会"拉开了帷幕。早年间，这个房子可以算是蒙得维的亚城里最奢华的房子之一，它距马蒂斯教堂（今称马蒂斯大教堂）和1830年7月18日颁布乌拉圭第一部宪法的广场仅几步之遥，1830年，它变成了商人安东尼奥·蒙托罗的个人财产。一年后，蒙托罗将房屋的装潢作业委托给建筑工人何塞·托里维奥。经过装饰改造,这座房子尽管外观上已经与以往大不同,但仍然能算得上是蒙得维的亚老城最豪华的建筑之一,它因为大量使用当年盛行的大理石材料,后来便被人们称为"大理石宫"。所有的装饰细节在那个年代都是极其奢侈的。20世纪初,赫尔曼购得此房,他因此进入上流阶层。1958—1962年,这座建筑被重新装潢,有了新的名字——"浪漫主义博物馆",并开始成为国家历史文物。"那是我外祖父母的家。我不愿回到那里,因为我更希望把它放在心底深处,就好像它永存在我的记忆里一样。到处都是雕塑与挂毯,那张高高的床,我看见外祖母躺在上面,额头上盖着土豆片,那是她治头疼脑热的土法子;也是那张高高的床,我在那儿给外祖母送终。"爱德华多在迪·坎迪亚的采访中这么回忆道。①

但是直到今天,最让整个休斯家族的后代骄傲的先辈和榜样,还是那位知道抓住时机出生的英国人——理查德·班尼斯特·休斯。这位老一辈的先锋和爱德华多·加莱亚诺除了是血亲(属于父系这边)之外,还有诸多相似之处。他们都是开拓者,不同时代、不同社会的开拓者。对他们来说,如墓地般寂静是不可能的,因为冒险才是活着的氧气。一个像海盗,而另一个是追求民族自由的解放者。放在各自的背景下,他们不同的身份却似乎有着相同的内涵。

休斯家族在2010年建立了一个网站,向世界展示家族第一位开拓者理查德的光辉形象。这位先锋于两百年前的1810年诞生于遥远的英格兰,之后成为历史上身无分文来到美洲创造财富和

---

① 爱德华多·加莱亚诺,《我对于写作这个行业有信仰,我坚信无须出卖良心或者租借灵魂也可以写作》。塞萨尔·迪·坎迪亚对爱德华多·加莱亚诺的采访,《寻求》周刊,蒙得维的亚,1987年10月22日,第32—33页。

获得家族社会地位的英雄榜样。的确,他的一生正好和19世纪动乱的美洲以及为工业革命而寻觅原材料的旧欧洲的历史纵横交织。

1810年5月27日,拉普拉塔革命者决定驱逐西班牙驻布宜诺斯艾利斯总督巴尔塔萨·伊达尔戈·德·西斯内罗斯,以费尔南多七世的名义建立临时政府,同一时间,在遥远而强盛的利物浦,理查德·班尼斯特·休斯出生了。这似乎预示着他出生在一个特殊的时期,也出生在一个特别的国家,只要心有坚持,就注定会成为拥有财富的冒险家。而他的确下定了决心。1810年的利物浦处于工业进步的全盛时期,急需各种劳动力和原材料用于发展纺织业。

年仅13岁时,小理查德便失去了母亲。他独自离开利物浦,踏上了成长和寻求冒险的道路。他计划的目的地是安的列斯群岛,对于一个英国人来说,这是效劳国王的不错选择,因为那时英国人民的目标是征服世界,为王室寻找财富。在海上攻击西班牙、葡萄牙和荷兰舰队并不是王室下达于他们船队的唯一命令。英国皇室的所有臣民都知道,他们所获得的战利品中的一部分必须交到皇室手中。在那个年代,这几乎是一种宗教法令。

就这样,年轻的理查德在今天我们所熟知的维尔京群岛的圣托马斯登陆,不远处便是圣多明戈岛——今天的多米尼加共和国所在地——也就是克里斯托弗·哥伦布新大陆发现之旅的首个到达点。不久之后,这里变成了威廉·沃克的战场,他用他的商业头脑征服了岛上的原住民,带领他们推翻了当时葡萄牙殖民者的统治,马龙·白兰度在吉洛·彭特克沃导演的电影《燃烧》中就饰演过这一角色。无论如何,年轻的理查德在一定程度上除了是一名新的登陆者,也是新大陆的发现者之一,当时的美洲还有很多宝藏等待欧洲人挖掘。早在法国人和海地人还在与西班牙殖民者争夺这一地区的统治权时,他就踏上了圣多明戈岛的土地。有关这一名门家族的逸事有很多,其中流传着这样一个版本,多多少少反映出当时这批冒险者作为开拓先锋的光辉形象:理查德到达美洲港口时,身上只带了一个手提箱,里面仅有少许衣物和一英镑,那晚,这样的他就睡在主广场的一条长凳上,登陆的港口就在不远处。

尽管当时的大环境下冲突持续不断,年轻的理查德还是开始了经商之路。他最初的想法来源于一位英国同胞的建议,是这位同胞带他进入了这个新世界,在这里,外交和生意可以齐头并进,除此之外,无限的风光也尽收眼底。理查德一路南下,到达里约热内卢,当时那里的一些大型商贸企业正在试图和欧洲宗主国进行生意往来,于是理查德便开始与这些大企业合作经商。历尽艰辛到达里约热内卢并不算是徒劳,那里大不列颠带来的影响已经渗透到与葡萄牙官员的贸易往来中,这些官员要比西班牙人开放得多。1829年圣诞节的那一天,理查德第一次踏入蒙得维的亚城,仅仅在数月之前,这个国家刚有了它的第一部宪法,并开始采用乌拉圭东岸共和国这一国名。就好像是他来了,国家便诞生了,这在一定程度上给这位东岸贵族增添了一层更为稀有珍贵的光芒。

当时,理查德应该已经意识到,蒙得维的亚甚至整个乌拉圭都是属于他的世界,至少在生意和个人发展上成就了他,可以说这里已经和这位英国人的命运紧紧相连。到1830年前后,理查德的另外两位兄弟也来到这个新兴国家的首都,与他一起建立了商业公司——休斯兄弟。他的后代都坚持认为,理查德是整个家族生意的来源与核心,他帮助家族的事业与当地的政治势力搭上关系。是他决定在蒙得维的亚建立公司的总部,布设生意网络,业务远及巴西的南里奥格兰德①和阿根廷首都布宜诺斯艾利斯。对于一个英国人来说,乌拉圭是开拓一项辉煌事业的理想且可行之地。虽身在蒙得维的亚,他却与当时胡安·曼努埃尔·德·罗萨斯领导的布宜诺斯艾利斯政府建立起了联系,并借助胡安·曼努埃尔·德·罗萨斯打破了由加斯帕尔·罗德里格斯·德·弗朗西亚领导的巴拉圭政府建立的商业壁垒。正如历史学家雷内·博雷托·奥瓦耶所说,他是乌拉圭河和巴拉那河流域商业开拓的先锋,几乎可以算是今天我们所熟悉的"五国水道"②开发的前身。

但当他刚刚北上过了亚松森,事情就不那么顺利了。罗德里格斯·德·弗朗西亚认为他是间谍,下令将他投入监狱,多亏了胡安·曼努埃尔·德·罗萨斯的亲信的干涉,他才重获自由并且面对面与弗朗西亚进行了谈判,试图在这片奔向大西洋的大河流域找到开启商业之路的通道。

理查德的形象伴随着他经济政治影响的扩大而日益伟岸起来。在布宜诺斯艾利斯,他成了证券交易所的发言人以及铸币局领导成员之一,并且加入了外国居民俱乐部。这个俱乐部成员都是上流社会人士,成员之间会聚在一起讨论和英国的贸易往来,他们非常欢迎理查德的加入。此外,我们不该忽视,理查德处在上层人士广受欢迎的年代,正好是拉普拉塔河流域和巴西境内政治动乱之时。政治帮派与代表着经济利益对立面的军事力量之间的长期冲突导致了第二次乌拉圭战争的爆发,从 1839 年一直持续到 1851 年 10 月 8 日胡斯托·何塞·德·乌尔基萨与曼努埃尔·奥里韦签订协议,协议中奥里韦承认溃败,在红党与联盟党联军及巴

---

① 巴西最南部的州。——译者注

② Hidrovía,即巴西、玻利维亚、巴拉圭、阿根廷及乌拉圭五国间的水道开发计划。——译者注

西军队的节节逼近下撤退。在拉普拉塔河上的这场战争中，理查德和他的弟弟托马斯扮演了怎样的角色呢？很显然，两兄弟所处的阶级得以幸存，依靠的是他们能够游走于两个对立势力之间的谈判功底。否则，人们可能无法想象休斯兄弟的分公司是如何先后在三个交战国的重要城市蒙得维的亚、布宜诺斯艾利斯和里约热内卢驻扎下来的。再看看战争结束后休斯家族的经济和政治实力都得到巩固，并开始了新一轮的生产、贸易和政治活动，我们便无须怀疑理查德出色的经营和谈判能力。

罗萨斯不仅邀请理查德在布宜诺斯艾利斯定居下来，还赠予他车辆，那辆车曾经载着这位执政者往来于阿根廷首都的一条条石铺大道上。但我们的这位商人却决定买下自己的土地，并根据当时社会的规定永久定居下来：组建家庭并在实际行动上开展进一步的商业活动。理查德拒绝了几位阿根廷朋友给他发出的定居圣达菲省南部的贝纳多图埃托的邀请，选择居住在派桑杜，成为乌拉圭公民。因为在畜牧业有着很高的名望，他于 1856 年买下了坐落在内格罗河沿岸的林康庄园，并且将它更名为和平庄园，这或许是为了纪念战争年代的结束，也是为了向自己开始走上庄园主道路的新时代致敬。这开启了他人生的新篇章。

在那个年代，原住民持续不断的突袭给人们带来了不安定感，这也是理查德最终选择派桑杜而非贝纳多图埃托的原因：乌拉圭的原住民几乎已被赶尽杀绝。

理查德购得的土地位于内格罗河与拉波恩河之间。在那里，理查德·班尼斯特开始从单纯的商业经营者转变为农牧业制造者。根据乌拉圭历史学家雷内·博雷托·奥瓦耶所述，理查德和他的兄弟们是乌拉圭最早在庄园周围布上木桩和铁丝网的人。木桩是他们直接从英国引进的。一个世纪后，音乐人达尼埃尔·维格里蒂在好友爱德华多·加莱亚诺——正是老理查德的后人——的支持和鼓励下创作了歌曲《冲破禁锢》①。而理查德的后人至今仍悉心保存着庄园残存的部分英国木桩。

　　作为庄园主,理查德·班尼斯持·休斯和他的兄弟们成功地引进了家牛的饲养和繁殖技术,他们还根据土质的不同,进行区别性的耕种,从而收获了优质的烟草、亚麻和小麦。经济上的成功让他获得了乌拉圭政治势力的首肯。加布里埃尔·安东尼奥·佩雷拉总统呼吁,让他与其他商界、贸易界和从事海上贸易的重要人士加入修改战后《海关法》的起草委员会。1858年,他成为中央银行账户委员会的一员,同时担任政府财政顾问委员会副主席,这一部门奠定了新乌拉圭政府的经济基础。他的事迹也自然成为拉丁美洲各民族独立解放运动最昌盛时期一位自由主义者的史诗。他的玄孙,爱德华多·加莱亚诺,在一百年后则成为另一个时代的史诗:那是为结束资本主义体系而斗争的时代,而这种体系却恰恰是理查德生前全力推行的。

　　时间来到1859年4月16日这天,理查德·班尼斯特·休斯买下靠近内格罗河的一块土地。他把整片苹果园捐赠给国家以建立"独立镇",1900年更名为弗赖本托斯城,也就是内格罗河省的首府。这位英国企业家与政治势力的紧密结合让我们不得不想到关于其商人身份的两个方面的问题。一方面,与政治势力如此亲密的来往可能是一种能够让双方互利共赢的机制的体现。右派人士总是自称"先锋精神"的代表,能够"温和对待进步主义"以及拥有"不屈服的灵魂"。而另一方面,其真正的内涵则与任何一位企业

---

① 原名是"A desalambrar",直译为"去掉铁丝网"。——译者注

家都拥有的雄心不谋而合，他们的确能发掘那些可以带来巨大财富和社会名望的商业机会。这也逐渐演变成一个良性循环，周而复始。

几个月之后，理查德开始与他的同乡威廉·海克罗夫合作，创建了一个大屠宰场，并在1863年转让给另外一些英国和德国商人，之后就变成了大家熟知的李比希屠宰场，好些年间还被称为安格鲁肉制品加工厂，"二战"期间李比希肉制品公司生产的肉类罐头远供到英国和整个欧洲。据历史学家雷内·博雷托描述，理查德和他的英国及德国合伙人心里有一个关于建筑事业的梦想，想要试图建立"南美最美城市"。渐渐地，他将想法付诸实践。因为屠宰场和其他一些建筑项目的成立和开展，加之第二次乌拉圭战争结束后欧洲人大量移民到拉普拉塔河流域，这一区域的人口逐渐开始聚集。1835—1842年，到达乌拉圭沿海地区，尤其是萨尔托和派桑杜两座城市的移民只有850名英国人，占这一地区移民总数的2.56%。而仅仅在1867年这一年，移民数量便增长了三倍。

为了进一步推动他的商业发展，理查德在胡安·曼努埃尔·德·罗萨斯的庇护下来到巴拉圭境内，发现了乌拉圭和巴拉圭河流的航行潜力。实际上，在1852年，当胡斯托·何塞·德·乌尔基萨着手成立阿根廷联邦时，他就预料到收不回布宜诺斯艾利斯港，所以罗萨里奥港成了阿根廷通向大西洋的主要出口。在这种情况下，理查德只好将瓜莱瓜伊丘港当作出口本地产品的主要阵地。而与之相呼应的河岸对面的阵地，就是不久之后的弗赖本托斯城。理查德显然是一位开拓先锋，当他还在脑中规划建立这座城市时，他就考虑到了种种因素：一家可以带来就业岗位并聚集人口的肉类制品厂，一个可以输出工厂产品的港口，比如让产品流向欧洲。一切都是这位企业家的完美布局。

　　根据雷内·博雷托所提供的论证和数据,这一项目可以算是那个年代乌拉圭最具雄心的工程之一。几位外国商人进行合作,试图创造价值 500 万比索的不动产生意。当时参与其中的有理查德、海克罗夫、英国人乔治·霍治斯金、爱尔兰人圣地亚哥·劳里和德国人奥古斯都·霍夫曼·克拉瑟曼。他们向另外一位开拓先锋、克里奥尔人的后代弗朗西斯科·哈维·马丁内斯·德·阿埃多购买了靠近弗赖本托斯的一个自然港口,于是这里便能和瓜莱瓜伊丘港交替互补使用,满载着乘客和货物的轮船从这里经过,连接了乌拉圭萨尔托与布宜诺斯艾利斯。但这项产业最终失败了,所有最初的合伙人都将自己的股份卖给了劳里,只有他坚持到 1893 年,直至离世,他一直是"独立镇"的象征,而 7 年后这里更名为弗赖本托斯城。

　　直至今天,弗赖本托斯城的中心地区还留有纪念劳里和理查德的街道。恰恰也是在这些街道上,在 2003—2007 年,爆发了几次游行,或支持或反对另一家具有代表意义的企业——芬兰纸浆生产公司波尼亚——的驻扎,就像 19 世纪末针对肉制品加工厂一样。爱德华多·加莱亚诺便是为保护环境而坚持反对立场的发声人。毫无疑问,理查德·休斯和爱德华多·加莱亚诺所代表的年代是不一样的,而无论二者中的谁都是时代的主角。先锋者,我们通常这样称呼他们。

　　然而,休斯·加莱亚诺和利西亚·埃斯特的婚姻出现了问题,最终离了婚。三个孩子都归"甜筒"小姐抚养。一个亲戚在 20 世纪 50 年代中期将蒙得维的亚郊区拉蒙迪奥拉区的一座房子转让给了她,那里靠近上流社会所在的波西托斯区。有很多西班牙人和意大利人在 20 世纪初移民乌拉圭,之后"二战"中又有很多人为逃离欧洲的灾难来到这里，而拉蒙迪奥拉区有着佩佩·巴特列影响下很好的政策环境，比如极高的社会容纳度及多元民族的包容性大空间。这个地区有着一种特殊的魅力，充斥着中产阶级的野心和进步的欲望，成为乌拉圭首都独一无二的地区。

"拉蒙迪奥拉区的居民基本都是中产阶级，人们大多勤劳节俭，但这里并不是'上流家庭'的所在地。如果你想进入上流阶层，可不能弄混了来到这里。显然，很多人定居在这里是假装不知这一点，但最终拉蒙迪奥拉区会让他们揭下面具。"一位休斯家族的人士这么回忆道。①

拉蒙迪奥拉区和西班牙语"捆扎猪肉"的发音很相似②，好像20世纪50年代意大利卖肉人努力挣钱想要为儿女们谋得一个好未来，这个区的居民也是为谋求生存而活着。当然，这个区住的还有来自意大利和加利西亚的蔬菜商贩、面包师傅以及杂货店老板，他们渐渐抛弃自己原本的行当，投身于开展新生意的冒险。这个凭借自身努力谋求美好未来的新阶级已经不再由原来的地主和出口贸易商人构成，转而变成了众多支撑国内市场的小商贩的组织，他们在这个国家，在诸如首都蒙得维的亚这样的城市里发展壮大。拉蒙迪奥拉区也成了波西托斯区的一面镜子。

就是在那里，"甜筒"和她的三个孩子——爱德华多、吉列尔莫和玛蒂尔德居住在胡利奥塞萨尔大街1114号的一座房子里。为了养家，她找了一份工作，在蒙得维的亚市中心的伊瓦纳书店，正对着公约大道。之后的很多年里，她一直是这个店的负责人，直至离开人世。20世纪50年代的乌拉圭总是滞后于战后世界的新动

---

① 笔者2014年8月第二周在蒙得维的亚进行的采访所得。
② 拉蒙迪奥拉区原名为 La Mondiola，捆扎猪肉西班牙语为 bondiola。——译者注

态,伊瓦纳书店可以算是学生、知识分子、记者、学者以及企业家获得世界上其他国家新消息的地方。除了书籍之外,它还是一些国际期刊的经销地,读者们得办理冗长而官僚化的订阅手续并且用美金通过乌拉圭中央银行支付定金,之后向相关出版商递交申请书,再经历数月的漫长等待,但最终只有幸运的读者才能得到他们想要的杂志。这些手续都是"甜筒",也就是爱德华多·加莱亚诺的母亲一手处理的,直至 1993 年去世那天,她作为书店的负责人仍在岗位上尽职尽责。

和其他人一样,与加莱亚诺的阳刚之气、坚定、健壮、充满征服欲恰恰相反的那种女性特征很早就作用在他的生命里。他的母亲和外婆强大的母性光辉影响着他,反而勾勒出他潜在的男性魅力。不仅是在他的生活中(虽然这点一直被谨守于沉默之中),甚至在他的每一部作品里,我们都能看到女性的中心地位,他试图诠释她们的语言、她们的行为,特别是他坚定维护女性立场的决心。

在自己的作品中,爱德华多·加莱亚诺总是带着爱意、带着童年的美好回忆描绘利西亚·埃斯特·加莱亚诺·穆尼奥斯,一位全身心照顾家庭的女性和母亲,一位阅读的爱好者。从爱德华多出生起,与利西亚一同出现在他生命里的还有他的外婆。1978 年,流亡在巴塞罗那郊区的加莱亚诺出版了《爱与战争的日日夜夜》,在这本书中,他用了整整三页的内容来讲述他外婆的故事。"从很小的时候开始,我就很黏她。她是个胖胖的老妇人……性格也很古怪,可以算是个有些霸道、独裁的女人,不过,对我倒是十分亲切,她教了我很多很多,不仅帮助我塑造自我,还引领我去发现世界。她聪明、知性并且热烈激昂,以至于医生都不允许她听广播新闻,因为她总会义愤填膺。"爱德华多在 1987 年接受塞萨尔·迪·坎迪亚的采访时这么回忆道。

　　"二战"打响一年后,战火纷争,爱德华多·加莱亚诺出生了,这种动荡不安的氛围以及整个世界彻彻底底的变化可以说预言和造就了这位未来的记者和作家。乌拉圭在这场战争中保持了中立,并且友好地对待遭受政治迫害的流亡者,但在蒙得维的亚人民的日常生活中仍然感受不到世界的变化。这种中立态度更加凸显了乌拉圭在英国感染下的自由精神——同样的精神我们在理查德·休斯身上也能看到,他可以算是最典型的代表之一——也是因此,南美土地上这个最年轻的国家在多年之后才开始受到世界新秩序的影响。这种世界新秩序包括了传统帝国被替代:大不列颠退出历史的舞台,而美利坚粉墨登场。这种变化对于乌拉圭意味着英国在其经济领域的影响逐渐消退,随之是乌拉圭产品在英国市场的没落衰退。乌拉圭哲学家阿尔韦托·梅托尔·费雷这样分析休斯家庭的没落:"世界经济的繁荣,尤其是朝鲜战争的爆发掩盖了这段历史中的一些核心事实:英国在乌拉圭和拉普拉塔河流域的影响逐渐消退。我们不再拥有安全感,不再抱有充足的信心去维持一个庞大而稳定的市场,在'世界市场'的大浪里,我们显得微不足道。当一个福利社会膨胀到巅峰时,我们的生产基础反而会变得越来越脆弱,商业化程度会变得越来越低。乌拉圭所拥有的那些传统优势逐渐丢失。一切都变得昏暗且不定,日渐颓废。1952 年宪法化后的 40 年间,乌拉圭慢慢消沉,经济上甚至几乎停滞不前。"①

　　战后的乌拉圭失去了英国市场的支撑。随着时间的流逝,世

---

① 阿尔韦托·梅托尔·费雷,《三国同盟与南方共同市场》,《〈前进〉周刊大事记》,1993 年 4 月,第 34—37 页。

界经济的摇摆不定所带来的全球性影响越来越迅速地扩大。

"家族的传承出于一些原因渐渐断裂。这其中最重要的也许是协调所有继承者的财产分配问题。这导致了每个人只顾着要求获得自己的份额,而没想到大规模的开发和生产要比这些小个体产量相加来得更可观。1000 公顷的生产土地要比将它分割成 10 个小庄园高产许多,更何况每个小庄园主还要各自决定生产些什么以及如何去运营。"一些休斯家族的继承者坦言,他们仍然劳作在一个半世纪前理查德——家族的先行者——开发的那片土地上。

这种在新世界秩序下经济保障的丧失,与诸多新兴国家登上世界舞台后宗主国和从属国身份地位的变化息息相关,这些新兴国家都要求拥有和维护各自的权利,这也意味着乌拉圭作为独立国家进入了一个适应新世界角色的历史阶段。除了各国的政权独立,20 世纪最大的特征就是帝国主义的衰退。"二战"刚刚结束,欧洲在非洲和业洲的殖民国家要求独立的热情就日益高涨。在法国内部就发生了一场由阿尔及利亚独立引起的反叛斗争,也许出生在这片殖民土地上的阿尔贝·加缪算是这场斗争最有力的讲述者。

除此之外,由约瑟夫·斯大林代表的苏联、富兰克林·德拉诺·罗斯福代表的美国以及温斯顿·丘吉尔代表的衰落的大不列颠帝国签订的各种条约,决定战后世界地图上出现了封锁东欧的"铁幕"和被禁锢的拉丁美洲——美国的后院。新的世界三巨头在雅尔塔所拍的照片传遍各地,历史从此进入新阶段。

"从很小的时候起,我就一直想象着人类失去的那些东西都会落到月球上。那些幻想、那些希望,是否都在那个世界等着我们?"因为一直被浓厚的天主教氛围熏陶着,9 岁的加莱亚诺一心想成为圣人。"我的童年一直与神同在,但这条路走起来似乎并不顺畅。"多年后加莱亚诺自己回忆道。

在拉巴斯庄园里一直飘扬着理查德·休斯的旗帜,在那个年代,庄园有一块地专门建了供整个家族及农活雇员居住的宅子,就像19世纪大部分的农村住宅一样,有十字架和步枪作为标志。离主建筑几步路的地方立着一座小教堂,全家人都会聚在这里祈祷,村里的牧师会来做弥撒,孩子们成年后通常会在这里结婚。多年后,这座教堂早已退出了历史舞台,爱德华多却仍常常前往此地,这里就像一份失色的回忆,记录着由强大的老理查德·班尼斯特开启的巅峰日渐衰落的过程。也只有走进那个泛着潮味的空间时,回忆才会浮现,阳光透过残剩的几扇摇摇晃晃的窗户投进来,祭坛、圣像和多年后仍被吟诵的祈祷文在光影中斑驳,就像宗教电影里的画面一样。这些场景给加莱亚诺罩上了一层金色的神秘面纱。12岁的他,每个周六的下午,都跪在木制的长凳中间,祈祷、请愿、沉思。

"我的童年很平凡,也很'野蛮',除了一点,那就是我深受神秘主义的影响。我曾经是狂热的天主教徒,而且经常做出些狂热的事情。我的父母都是天主教徒,但他们从未想过我会如此看重这件事情。"加莱亚诺后来这么回忆说。① 他把自己对宗教的狂热归结成"也许是种超然的需要"②,并且承认"这种对某些半信半疑的事情的求证一直伴随了整个青春年少时光"。

11岁那年,他第一次穿上圣餐仪式的服装——一套蓝色的西

---

① 1987年塞萨尔·迪·坎迪亚对爱德华多·加莱亚诺的采访,《寻求》周刊,1987年10月22日,第32—33页。

② 1987年塞萨尔·迪·坎迪亚对爱德华多·加莱亚诺的采访,《寻求》周刊,1987年10月22日,第32—33页。

装——之后,他的弟弟妹妹也是这样参加圣餐仪式的。不过,这场庄重的仪式没有给加莱亚诺"半信半疑的事情"一个明确的答案,在他青春期的后几年里,这些疑问还是一直围绕着他,甚至在他迈入青年后的头几年里,越积越多。爱德华多的好奇心引领他去寻找、发现、舍弃,寻找、发现、舍弃,就像一个良性循环,因为显然,对新事物、新发现的舍弃又会成为他的人生历练这个大融会里的新成分,伴随着他继续前进。永恒的空想主义带来的幸运使他可以超越障碍并勇往直前。"空想主义有什么用?"他自问自答,"用来前进啊。"

爱德华多·休斯·罗森一直为自己的长子——爱德华多——感到骄傲,在介绍他的时候,常常会特别强调他与吉列尔莫的不同之处。"这个孩子很聪明",他一边这样说一边指向爱德华多,"这个呢,有些笨",这是说吉列尔莫的,结束的时候还会来句"就是这样,每个家庭都一样……"①无论怎样,休斯·加莱亚诺家的三个孩子还是非常享受 20 世纪中叶他们在派桑杜的拉巴斯庄园度过的幼年时光的。"在庄园里畅快欢骑的那段日子应该算是我童年最幸福的光景了。"加莱亚诺自己回忆说②。

休斯家的表兄弟们回想起他时,都记得他和几位胆小的胖婶婶一起度过的下午。"爱德华多卡通画画得很好,字也写得很棒,在学校里总是拿高分,话也说得非常不错。他从小口才就好,总是能吸引听他说话的人,让大家全神贯注。"休斯家一个如今已经和加莱亚诺没了来往的表兄这么回忆道。"一到夏天,我们总是去派

---

① 2014 年 8 月笔者对休斯家族的一位匿名亲戚的采访中收集的口述材料。

② 1987 年塞萨尔·迪·坎迪亚对爱德华多·加莱亚诺的采访,《寻求》周刊,1987 年 10 月 22 日,第 32—33 页。

桑杜,到家族的拉巴斯庄园避暑。有一个暑假,大概是我们十四五岁的时候,婶婶当时邀请了她的一些朋友来家里喝下午茶。他们给大人们上了茶,给小孩们倒了牛奶。爱德华多是我们当中最大的,所以他获得特权可以进入大人们聊天的大厅。大家开始喝茶时,爱德华多便跟她们聊起天来,他说世界上最重要的东西是自由的爱情和婚前性行为。你可以想象,所有的女士都惊愕不已,婶婶也不例外。爱德华多喝完茶,请了安,便出来继续跟我们喝牛奶。"休斯家的另一位表兄回忆说。[①] 这个场景很好地描绘出加莱亚诺的个性和自信,一个毫无困难就可以直面伦理道德的某些荒诞面的少年,这些荒诞随着时间的流逝早已分崩离析。

绘画这一才能可以说伴随了加莱亚诺一生,其实他从童年开始就展现出过人的天赋。"那些在庄园度过的午后,我们所有的表兄都要聚在一起玩耍,拜托爱德华多给我们画正经的肖像画或者稍带丑化意味的漫画像。我们中有个大眼睛厚嘴唇的男生,爱德华多把他画得惟妙惟肖,却透着当年(1954 年)红极一时的墨西哥歌手玛丽亚·费力克斯的种种特征,造成了那位表兄极大的不悦。从这件事就能看出年少的爱德华多·加莱亚诺俨然已有了辛辣且有些尖刻的批评眼光。"这位休斯家的表兄继续回忆说。

然而随着时间的流逝,爱德华多与大家庭之间的关系越来越淡。而关系这种事往往是乌拉圭媒体关注的焦点。爱德华多·加莱亚诺在迪·坎迪亚对他进行的采访中澄清了这一点。"当时家里的经济条件不太好,但是一些传统的经营方法还在发挥余温。家里人都认为,那是对辉煌过去的一种典藏。我的父亲出生于条件较为困窘的一个族系里。所有的家族都一样,一些族系的发展

---

① 2014 年 8 月在蒙得维的亚的采访。

总是比另外一些要繁荣很多。而我的父亲,就经济方面而言,可以说是时运不济。"至于人数众多的休斯直系那一支亲戚,爱德华多坦言他们并没有什么联系,虽然之前彼此也并无怨恨和冲突。"我不会去看他们。我不是那种很依赖家庭的人,跟他们有钱或者没钱没什么关系,主要是我不太信任这种非人为选择的关系,而家庭血缘便是这种关系中的一种。我只信自己做出选择的关系,不信基于生物或者出生原因而早已注定的关系。"

加莱亚诺回忆说,这段在宗教神秘主义熏陶下以寻觅人生答案和"超然存在"为目标的童年时光在他 13 岁那年终止了。不过在这之前,天主教的炽热一直包裹着他。"在我床后的墙壁上贴着耶稣和国家队球员的画像,而在我的体内,这两种激情也是共存的。有时候,当大家都已入眠,我会跪在小石粒上祈祷,就像忏悔仪式一样。那个时候的我非常确定自己将来会成为一名神父。奇怪的是,当时的我是最普通不过的小男孩的样子。和所有的乌拉圭男孩儿一样,我热爱足球。在拉蒙迪奥拉区,年少的我们总是组队比赛,不亦乐乎。"[1]

加莱亚诺放弃对上帝的信仰大概发生在他 14 岁那年,没有什么特别的原因,他这种盲目的热忱便悄然终止了。"那一年我突然弄丢了上帝,好像衣服口袋破了个小洞一样,上帝就这么从我身上溜走了。然而,带着半绝望的心情,我没有停止对某些问题答案的寻觅,并且这种寻觅一直持续在我的整个青春期里。"但如今的加莱亚诺身上仍有一种对思想诚实的尊重和对宗教热诚的情感认同。"对于没有上帝的弥撒我依然是很愤怒的,这说明那些教徒,

---

[1]　引自塞萨尔·迪·坎迪亚的采访文。

人虽在仪式上,心里却没有信仰。"他对迪·坎迪亚说道。可以说,在那样的加莱亚诺身上,对激情和活跃思想的救赎及对虚伪和谎言的愤恨都从未停止过。这一点从他在之后的作品中总是强调用文字来讲述事实的重要性也能看出。形容词和名词的关系,就像调料和主菜的关系一样。

无论是乌拉圭还是年少的爱德华多·加莱亚诺,都没能在第一时间明白当时所发生的变化。对于乌拉圭农牧生产者而言,失去英国市场无疑是个无法消化的难题。休斯家族,按迪·坎迪亚的说法,这个"传统农牧业"贵族家庭,也受到了重创,尽管政府层面开展了一系列的改革,包括两部新宪法的诞生,甚至在1958年,白党作为统一的政党,重新回到执政位置上承担起在战后的浪涛中为国家掌舵的重任。白党有个专门的农牧产业部,是由农村行动联盟的会长贝尼托·纳尔多内领导的。它算是新世界秩序下受影响最大的部门,因为很难找到接下来五年中产品可以投放的市场,这间接地损害了农村行动联盟的利益。于是,这个部门开始为联合政府领导人路易斯·阿尔韦托·德·埃雷拉服务。自1865年红党执政起,这是白党首次在国家政权独立后登上领导舞台。然而,这种幸运很快便不复存在,更别说保守派统治下的国家不可避免地会遭遇的种种矛盾和碰撞。休斯家族也开始分割家族产业,试图在国家经济政策引导下寻求新的道路。就是在这个大变样的国家里,爱德华多·加莱亚诺醒了。无论是政治还是经济上,加莱亚诺都经历了几年窘困的时光。而个人问题上,父母的离婚也是对他成长的一大推力。热忱信仰天主教的日子里的神秘主义为他带来了追寻不止的精神,而正是这种精神为他开辟了成为记者的道路。对于新问题答案的追寻一直持续在他的整个青春时光里。

第三章

好奇之作

青春期

1950 年 7 月 16 日，乌拉圭国家足球队在巴西世界锦标赛决赛中以 2∶1 战胜了东道主，获得了冠军。典型的大卫勇战歌利亚的故事。[①] 自从乌拉圭领袖佩佩·巴特列去世后，这个国家似乎渐渐被遗忘，一度沉沦于世界的巨变中。而足球的战绩似乎又让它日益复兴起来，就像埃弗拉因·冈萨雷斯·贡齐所称的那样，"乌拉圭，绝无仅有"。一切都变得有可能，脚下的路也逐渐打开。"二战"结束后，世界因雅尔塔会议的利益分配而发生了很大的改变，拉普拉塔河流域的农牧产品出口商自 19 世纪末以来所采用的经营模式无疑滞后了许多。新诞生的全球领袖们重新规划了世界政治格局。

20 世纪 50 年代，从童年向少年过渡的爱德华多经常和他的邻居朋友们在蒙得维的亚老城的街道上踢球，在世界的一个角落聆

[①] 《圣经》中的故事，用以形容"以小胜大""以弱胜强"。——译者注

听别人讲述第二次世界大战是如何结束的。年少的爱德华多会用他探寻世界的特殊视角去发现事实、发现人、发现战后拉丁美洲的境地。

爱德华多童年的最后时光是在拉蒙迪奥拉区度过的,他读的是波西托斯区的艾维英国学校。但他在那儿只待到初中二年级,"之后我就再也没学习过了",爱德华多1987年在接受他的前同事、《前进》周刊记者塞萨尔·迪·坎迪亚的采访时这样坦言。他自己多年后也承认,年少时很大程度上受神秘主义的影响,而且热诚地追求着所谓的超然存在,其实除了对自身纯净完美一致性的渴望,痛苦和圣洁也无数次源于同一个母体。

因为美国的本国领土并没有受到战争的肆虐,所以它决定支持同盟国,共同对抗纳粹领导的轴心国,可以说对"二战"的胜利起到了至关重要的作用。对广岛和长崎投下的两颗原子弹可以算是人类历史上最为猛烈和残酷的打击了。美国为了对抗日本帝国而用轰炸机采取的进攻行动给后代留下的不仅是军事上的印迹,更多的是一种反思,由此,世界范围内通过文化、社会活动来呼吁和平的声音也越来越响亮。

战争结束,人类进入了新时代。世界三巨头,美国总统富兰克林·德拉诺·罗斯福、英国首相温斯顿·丘吉尔和苏联共产党中央委员会总书记约瑟夫·斯大林,打败了纳粹,以胜利者的姿态出现在世界人民面前,并决定"瓜分天下"。1945年,众所周知的冷战拉开序幕。欧洲因为意识形态的冲突,在地理上也划分成完全不同的两部分,壁垒分明。为了明确阵营的对立,丘吉尔和斯大林分别用自己手中的筹码去和罗斯福调解。战争结束,纳粹被粉碎,美国替代英国,适时地登上了西方领袖的地位,而英国也因此结束了它的昌盛时期,开始没落。

斯大林率领胜利的苏联红军试图超越丘吉尔,大不列颠帝国曾在四百年间长居世界强国之列,而如今它不失颜面地让位于他国。恰恰是英国所拥有的传统优势和美国的支持让英国顺利度过了战后的转型期。因为尽管美国开始主导西方国家,英国却一直以来享有很多特权,这是在它正式承认世界早已改变之前便由来已久的。

14 岁的爱德华多·加莱亚诺已经放弃了对上帝的信仰,但是他对于解答人生疑问的热诚追寻却从未变过。初中二年级时,他不再研究所谓的“永恒”。父母的感情危机让经济本来就出现问题的家庭雪上加霜,情况非常不稳定。那个时候,作为长子的爱德华多决定辍学工作,帮助家里维持生计。

那些年里,休斯·加莱亚诺一家搬了好几次家,三个孩子是在何塞奥索里奥大街出生并长大的,到 1948 年时,举家搬迁到了三个街区开外的地方。最终在 1952 年,他们搬进了胡利奥塞萨尔大街 1114 号的一座两层的老宅子里。1955 年,爱德华多·休斯·罗森和利西亚·埃斯特·加莱亚诺·穆尼奥斯离婚后,利西亚带着三个孩子继续在那里生活。

也是在那时,爱德华多开始工作,维持家里的生计,帮助母亲养育吉列尔莫和玛蒂尔德。他的第一份工作是在一家叫乌尼克撒 03 的杀虫剂生产公司,负责分拣和运送货物。“我在那里工作了几个月,那时我有一辆很知名的飞渡牌电动车,我每天骑着它穿梭在大街小巷。”加莱亚诺在一次采访中这么告诉莫里西奥·罗森考夫,那是蒙得维的亚城市电视台的一档节目,叫《精彩别错过》。①

  但离开学校踏上工作岗位并没有让年少的爱德华多停止对真理、榜样和正确道路的激昂追寻。20世纪50年代,出身于乌拉圭中产阶级却资源匮乏的年轻人脑中常常萦绕的是什么问题呢?他们想要得到的答案又是什么呢?在通往成熟的道路上,所谓的青春无知又体现在哪里呢?

  也是在1954年,爱德华多在朋友吉列尔莫·希夫莱特的带领下开始了解乌拉圭社会党。多年后他自己也坦承,政治影响给他带来的力量已经替代了宗教信仰。不知何故,当人类的欲望超越日常生活的变迁而进入某种博弈时,这种替代也算是证实了这两者之间的关系。同一时期,战后的意大利出现了记者乔万尼诺·瓜雷斯奇(愤怒的反共主义者)所写的传奇故事《堂卡米洛》,并在20世纪50年代末期被搬上银幕。该片讲述了一个小镇的教区牧师堂卡米洛和共产主义市长裴伯内之间所发生的争执。故事里有很多幕呈现的都是快被击垮的堂卡米洛进行反击并获得了最后的胜利,这重申了作者所想表达的对天主教的狂热。两个人物都面临着拯救小镇人民于危难之中这样一个极端的情况,两人的共同之处要远远大于他们的分歧。对于宗教信仰和意识形态两种立场的热忱生动形象地出现在小说这个平面中。加莱亚诺从一个立场逐渐过渡到另一立场与这两个意大利人物形象不无关系。在政治激情和宗教信仰中都存在某种思路和理念,那便是虔诚地将自己奉献给某种至高无上的集体事业。

  就这样,他开始在乌拉圭社会党周刊《太阳报》上创作漫画,那

---

① 2004年8月15日星期日,蒙得维的亚城市电视台一档节目中莫里西奥·罗森考夫对加莱亚诺的采访。

时希夫莱特已经在那里刊出了自己最早的一些简讯报道和文章。《太阳报》当时由阿尔杜罗·杜布拉领导，他是一位老战士，也是一位社会主义领袖，与社会党的标志性人物埃米利奥·弗鲁戈尼关系密切。"即便我们没有实权，杜布拉也是个鼓舞人心的人物。他总是激励我们向前，"多年后希夫莱特说道，"杜布拉给我们指明了道路，告诉我们应该往什么方向追寻。因此，我们写了很多当时的国际事件，之后还为了致敬侯赛因·图尔基报道了阿尔及利亚战争。他当时在社会党总部发表了一次重要讲话，向世人讲述阿拉伯世界正在经历着什么，以及法国殖民主义对阿尔及利亚的压迫。"①

在漫画创作中，加莱亚诺开始了战斗，并逐渐转向写作之路。"关于戏剧、工会新闻、政治等，当你还是个孩子的时候，你所写的东西越厚颜，你便越觉得兴奋。"在另外一次采访中加莱亚诺坦承。②他的前同事、《前进》周刊的记者塞萨尔·迪·坎迪亚在1987年《寻求》周刊的采访中讲述说，年少的加莱亚诺在《太阳报》开始写作时，"我早已耳闻他有着超越自身年龄的成熟。'他是个非常能干的人。'——一个《太阳报》的同事这么告诉我——'他可以画出或者写出任何你要求的东西，工会或者艺术、足球，甚至政治问题都不在话下，除此之外，他还帮助协调报社的杂事。说实话，他没做过什么特别出彩的事儿，但确实能帮你不少。'"③

每周日下午，他都会去位于蒙得维的亚市中心的"人民之家"，那里是乌拉圭社会党的总部，直到今天那儿还保留着加莱亚诺的

① 2013年11月13日，7N周刊，第33期，吉列尔莫·希夫莱特的采访报道，《当伦理高于言论》。

② 1992年12月笔者在蒙得维的亚对爱德华多·加莱亚诺的采访。

③ 引自塞萨尔·迪·坎迪亚的采访文。

位置。他总是坐在二楼的某一处创作漫画。"如果我没记错的话，我画的第一幅是（安德烈斯）马丁内斯·特鲁埃瓦，他是当时乌拉圭的总统（1951—1955）。"加莱亚诺数年后回忆说。[1] 在与油墨、铅笔和画笔做伴的工作中，还有两人也常常伴他左右，在之后的岁月中，他们对加莱亚诺，甚至对整个乌拉圭，可以说是举足轻重的。其中一个是比加莱亚诺大15岁的劳尔·森迪克，他幽默风趣，给加莱亚诺带来了很多漫画创作的灵感。每当加莱亚诺提笔作画的时候，森迪克总是拿他的画、拿当周国内外政坛的话题人物来说笑。"很多时候，我的画都是在他的那些谈笑风生中诞生的，可以说劳尔的打趣和玩笑是我创作的推手。"森迪克学习法律，在蒙得维的亚的一家律师事务所工作，同时也是内政部学生联合会的成员。他1944年从西北部的弗洛雷斯省首府特立尼达搬迁至蒙得维的亚。因为学生联合会成员身份的关系，他开始接触社会党，比加莱亚诺还要早几个月的时间。数年后，森迪克成了图帕马罗斯民族解放运动的发起人和领导者。

那时的每个星期天下午，爱德华多都在为接下来一期的《太阳报》思索并创作绘画作品。但很多次，他也默默参加了劳尔·森迪克和埃米利奥·弗鲁戈尼之间的论战，后者无疑是当时乌拉圭社会主义的伟大领袖，一位74岁的英雄。然而，面对前辈的言论，森迪克并不胆怯，他勇敢地驳斥说乌拉圭已经进入了危机时代，政府似乎倾向于使用专家治国策略和镇压手段，导致国家处于极为困难的境地，当前所需要的是左派的力量。"他们的争论迸发了火花，而我，则静静地听着，将这一切融入我的画中。"加莱亚诺之后回忆说。

---

[1]　引自塞萨尔·迪·坎迪亚的采访文。

就这样一下午的时间过去了，高昂的情绪也渐渐冷却，弗鲁戈尼看看手表，然后跟加莱亚诺说："天色晚了。"之后他们便一起去看电影。不知出于何种原因，弗鲁戈尼早已习惯将十四五岁的加莱亚诺带在身边，像带个小跟屁虫一样，带他去看电影，而电影的名字往往是坐定位置后才知晓。"我们从来都不知道自己要看什么片子，一直要等到开始放映。弗鲁戈尼是美特罗和特罗卡德罗电影院的常客，他总是带着我去那儿。美特罗电影院的门卫是胡安·洛佩兹的哥哥，洛佩兹是 1950 年世界杯，就是决赛在马拉卡纳运动场举行的那一届，乌拉圭国家队的教练。"加莱亚诺回忆说。

"有一次我们看了索菲亚·罗兰 1954 年主演的《坏女孩》，散场的时候，一向如堂吉诃德般严肃的弗鲁戈尼突然对人群中的我嘟囔道：'你看到索菲亚的胸部了吗？真不得了！'"

对于加莱亚诺来说，弗鲁戈尼是他加入左派后的第一个政治榜样，十几岁的他一直崇拜这位长者。森迪克、希夫莱特以及阿尔杜岁·杜布拉都是之后左翼革命力量的新一代领导人，但他们和加莱亚诺年纪相仿，渴望相近。而埃米利奥·弗鲁戈尼，这位乌拉圭社会党的创始人和第一任总书记，则算是对这帮年轻人影响深远的一位重要人物。1904 年 12 月，他组织成立了社会工人中心，这是 1910 年建立的社会党的前身。他支持何塞·巴特列·奥多涅斯的领导，却坚持自己在社会问题上的立场，最终将自己的队伍建设成了阿根廷社会党的兄弟组织，他的角色就好似 1896 年以来阿根廷的胡安·包蒂斯塔·胡斯托。乌拉圭最犀利的文学评论家之一卡洛斯·雷亚尔·德·阿苏亚曾撰文指出弗鲁戈尼与马克思主义立场的不同之处。"'社会主义不是马克思主义的全部'，弗鲁戈尼一边这么说，一边赞赏着它与英国劳工主义意识形态相比所展现的不同之处。"①

　　1911年弗鲁戈尼当选蒙得维的亚议员,他是乌拉圭首个社会主义立法者,在议会中他致力于捍卫匿名投票权及妇女和外国人的权利。正如由胡安・包蒂斯塔・胡斯托领导的拉普拉塔河上的邻居们,他的首次斗争是为了在合法范围内为20世纪初政治和经济自由的祖国争取权利,建立拉丁美洲土地上的共和国。因此,40年间他一直在社会党内部起关键性作用,直到"二战"后,冷战以及在拉美、非洲和亚洲掀起的以革命胜利告终的人民起义之风将他从政坛中心驱逐出去。1946年,他访问苏联回国后突然觉悟了,因为他在那里看到了追求社会主义革命的人民大众的处境。"苏联人民的命运,尤其是他们的个人命运,被狭隘且狂热的伪集体主义所压迫,人民遭受着领导和管理整个国家的严苛制度的禁锢。"他在一本叫《红岩》的乌拉圭社会主义刊物上这样写道。古巴革命的胜利迫使弗鲁戈尼下台,1963年1月,因为和其他左翼集团的巨大分歧,他放弃领导自己建立的社会党。作为普通的老百姓,他在86岁那年着手组织社会主义运动,这是一个真正的社会主义意识形态的组织,性质和阿根廷阿尔弗雷德・帕拉西奥斯领导的组织一样。处于生命最后一刻的他被描画成堂吉诃德那般大无畏的英雄形象:1967年他极有尊严地拒绝了豪尔赫・帕切科・阿雷科,这个几乎独裁统治着乌拉圭的政治家试图从自己的前战友手中夺过具有历史意义的社会党总部,交还到当时由弗鲁戈尼发起的声势大起的社会运动组织手中。"这并不是解决与其他左翼势力的分歧的机会,我们也不会承认这是执政党或者任何政府机构的裁决结

————————————

① 卡洛斯・雷亚尔・德・阿苏亚,《当代乌拉圭散文选集》(第一卷),共和国大学出版社,蒙得维的亚,1964年。

果。我们绝不接受以镇压的方式给我们带来的任何利益,也绝不容忍任何会侵犯公民基本权利的行为。"①加莱亚诺一直将弗鲁戈尼铭记于心,尽管事实上在之后政治纷乱的年代,他跟随着那帮社会主义年轻人也慢慢疏远了这位前辈。国际国内发生的变化让年轻的加莱亚诺对20世纪中叶的世界产生了极大的兴趣,他想要知晓更多的世界味道、世界色彩,也想挖掘更多的疑惑和确信。青春的急迫让他无法静待一个如堂吉诃德身处的那般倒退的年代。

　　1954年6月27日,卡洛斯·卡斯蒂略·阿马斯将军推翻了危地马拉总统雅各布·阿文斯的统治。这场军事政变拉开了危地马拉军事运动的大幕,随着时间的推移,这个以生产香蕉闻名的国家频繁发生军事政变危机,直至20世纪80年代末期。但是,这一政治进程有着非常久远且复杂的根源,也对20世纪后半叶中南美洲其他国家的政治运动产生了很大的影响。加莱亚诺将这一系列事件作为标志,用以解释那个年代拉丁美洲暴力运动的频发——游击战的兴起和暴力镇压的独裁统治代替了民主政权。在《拉丁美洲被切开的血管》一书中,他大量描写了新殖民主义的形式,最先讲述的便是美国联合果品公司和美国海军为维护商业利益强行进入中美洲地区的历史事件。

　　阿文斯垮台五年后,菲德尔·卡斯特罗和埃内斯托·切·格瓦拉领导的哈瓦那古巴革命取得了胜利。而卡斯蒂略·阿马斯军事政变爆发的时候,切·格瓦拉也恰巧身处危地马拉。他当时正周游拉丁美洲,到达那里时,危地马拉是"二战"后首个开启一系列温和的社会改革的国家,在美国和苏联的冷战对峙下,它将美国认

――――――――――

① 《前进》周刊,1967年12月22日,星期五。

作自己的守护者,也同时被华盛顿认领为后花园,实际上这片土地变为了私人和殖民者所有,尽管当时联合国已经成立,但鲜有相关规定可以约束这一情况。这便是《雅尔塔协定》签订后两大政治势力对抗下的世界新秩序,之后的冲突、游击战和入侵事件也都是分别以这两大政治势力为名由而发生的。

1944 年 12 月 17 日至 19 日,胡安·何塞·阿雷瓦洛在危地马拉首次民主选举中当选,而十年后,危地马拉发生了政变。阿雷瓦洛的个性也预示着拉丁美洲地区各国登台的政治领袖将会发生巨大的变化。他生于 1904 年,是一名教师,并在阿根廷图库曼大学获奖学金学习,也是在那里,他受到了学生运动和 1918 年阿根廷科尔多瓦大学新兴的大学改革的影响。他被定义为"精神社会主义者",带着政治学识,他和其他教员同伴们一起寻找摆脱豪尔赫·乌维科独裁的办法,这位乌维科在 1931 年将统治权交给另外一位军事将领拉萨罗·查孔。随着时间的推移,乌维科的专政开始激起人们的反抗,这支反抗队伍的头阵便是学生所发起的运动。尽管阿雷瓦洛因为自己的几本教育著作及在运动中的频繁现身已在危地马拉的教育界享有威望,但对于普通的人民群众来说,他仍然不为大家所熟知。1944 年年中前前后后的几个月时间里,街头的抗议活动有增无减,最终引发了"十月革命",当权政府别无选择,只好同意自由选举。全国知名高校和有影响力的大学生组成了人民解放阵线,并领导了抵抗运动。和人民解放阵线一起组织运动的还有由教员与温和派学者组成的民族革新党。人民解放阵线和民族革新党力求摆脱乌维科的独裁统治,寻找民主之路。阿雷瓦洛与他们志同道合,被其中的几位教员提名为 12 月选举的候选人。人民解放阵线和民族革新党共同通过了阿雷瓦洛的候选资格,他最终获得了 86% 的支持率,近 30.3 万张选票。

阿雷瓦洛在选举中获胜的消息很快传到了蒙得维的亚,登上了如今看来带有传奇色彩的《前进》周刊的封底,从 20 世纪 50 年代末期开始,加莱亚诺也正是在这本周刊展开了他的记者生涯。正如我们前面说过的,乌拉圭一直以来都对世界各地受政治压迫的流亡者张开双臂。乌拉圭媒体对于世界时事非常关注。《前进》周刊也不例外,这本由卡洛斯·基哈诺创办的周刊所遵循的内在价值便是宣扬反帝国主义的思想和世界主义的观点。用整版的封底报道危地马拉的选举事件这一举动让乌拉圭人民了解到,"中美洲最近最值得关注的这一时事"既不是任性也不是偶然。当时年仅 5 岁的爱德华多·加莱亚诺显然不会注意到这些报道,然而,透过他我们可以看到危地马拉的这次事件是如何产生深刻影响的。

萨尔瓦多也处于混乱割裂的状况,几个军事独裁集团相互斗争,轮番上台又垮台。自 1932 年起萨尔瓦多一直由马克西米利亚诺·埃尔南德斯·马丁内斯将军统治。1944 年 5 月,他似乎放松了自己的严酷统治,放弃支持其国防部部长梅伦德斯将军,因此梅伦德斯很快被莫利纳将军打倒,但之后阿吉雷将军通过内部政变又取代了莫利纳。"萨尔瓦多又回到阿吉雷峻厉的专制独裁下后,危地马拉却进入了一个新的政治时代。前者是倒退的时代,而后者则在历史进程中大步向前。"《前进》周刊在《又一场胜利的革命——专制 14 年后危地马拉民主选举政府》这篇文章中这样提到。①

从某种意义上来说,改革派出生的阿雷瓦洛可以算是 27 年后智利的萨尔瓦多·阿连德的前身,尤其是考虑到他在政治演变和国家体制上的贡献及其在冷战初期所站的阵营。爱德华多·加莱

---

① 《前进》周刊,1944 年 12 月 22 日,星期五,第 264 期,乌拉圭,蒙得维的亚。

亚诺认为他那个年代的乌拉圭人,便是胡安·何塞·阿雷瓦洛小心翼翼的领导下有着新型政治体验的拉美后代。

在执政期间,阿雷瓦洛建立了劳工部和危地马拉社会保障研究院,并于1947年颁布了《思想传播法》,废除了言论审查制度,将言论自由确立为危地马拉人民享有的宪法权利,今天再回首当年的审查制度,自然会觉得荒唐可笑。1949年,危地马拉劳动党成立并被合法化,至此它成为支持当局的最主要的政治势力,并最终与共产党合并。

新秩序刚刚登上世界的舞台,美国始终希望控制拉丁美洲国家的意识形态发展,避免它们向苏联看齐,在这种环境下,阿雷瓦洛政府毅然决然地走上了共产主义之路。1945年3月12日,美国《时代》周刊发表了一则简讯,当中揭露萨尔瓦多的最后一场军事政变得到了美国的跨国集团联合果品公司的支持。美国在拉丁美洲的影响从1898年美西战争中入侵波多黎各并对其进行殖民开始就从未消散过。19世纪以来,拉美人民在为民族独立做斗争的同时,美国的干预范围也在不断扩大,波多黎各的情况标志着当代政治模式的开启。美国以保护当地的美国民众及其利益为借口,以军事力量干预他国的政治与经济。

接任阿雷瓦洛的是雅各布·阿文斯上校,他是1944年革命运动的先锋之一,并由此上台执政,他在1950年11月10日和12日的选举中获得了65.44%的选票,成为总统。当时的危地马拉被其他国家和拉美左翼运动分子视为先锋,尤其被经济学家维克托·劳尔·阿亚·德拉托雷在秘鲁创立的美洲人民革命联盟所推崇。对很多旁观者来说,土地革命是阿文斯最具雄心的壮举,也是他在选举期最被看好的计划。当然,这也是美国垄断者最为害怕的部分,特别是被左翼势力描述为"帝国主义"新形势的美国联合果品

公司。这家公司成立于 1899 年,由两家在哥斯达黎加的美国企业
合并而成。像很多其他问题一样,土地革命由前前后后一系列的
历史事件串联而成并取得了一些成就,从而成为反帝国主义左派
的标志,并在爱德华多·加莱亚诺的《拉丁美洲被切开的血管》中
占据了不少的篇幅。[①] 在这里我们简要介绍下美国联合果品公司
的历史,如此一来,我们便可以了解一直以来美国私人经济利益是
如何与政府外交政策挂钩的,同时也能明白为什么加莱亚诺认为
华盛顿在那个社会动荡的年代扮演了非常重要的角色。热带贸易
和运输公司与波士顿果品公司都成立于 1871 年,前者为一个名叫
米诺·基斯的商人所拥有,而后者是企业家安德鲁·普雷斯顿的
公司,两家公司都从事开拓、运输和出口热带水果到美国的业务。
当时,基斯陷入经济困境,不得不寻求竞争对手普雷斯顿的帮助。
由此,美国在拉丁美洲土地上的第一家垄断性合并公司产生了,这
给当地政府和人民带来了很大的麻烦,同时也成为罗斯福总统"大
棒政策"的一面旗帜。作为一名共和党人,罗斯福在外交政策上是
很保守的,而相反,在内政上却非常激进,在其 1901 年至 1908 年执
政期间,因为他的保守主义,拉丁美洲吃尽了苦头。他在任时全力
支持美国的公司和公民。从一个典型的例子中我们就可以看出:
当时竣工的巴拿马运河连通了太平洋和大西洋,这为美国的企业
节省了航运产生的高额费用,在此之前,他们的出口路线是向南跨
过整个大西洋,经由智利最南端的合恩角,再由太平洋北上回国。

　　两家公司合并,至此,联合果品公司成立,它在热带水果,主要
是香蕉的播种、收割和销售上一直处于垄断地位,获益无数。它和

---

① 爱德华多·加莱亚诺,《拉丁美洲被切开的血管》,第二章"蔗糖国王和其他的农业君主",第
　　91—215 页,二十一世纪出版社,布宜诺斯艾利斯,第 38 版,1984 年。

中美洲国家政府相互勾结,将利益建立在剥削当地廉价劳动力的基础上,支持通过军事政变上台的独裁者,买卖官位,使经济利益达到最大化。

联合果品公司也长期勾结"香蕉国",襄助那些顺从美国政府和企业且易操控的政府班子上台。例如在危地马拉,它控制了整个国家的邮政系统,拥有相当大比例的铁路网,这为其由内陆向出海港口的贸易运输提供了极大的便利。为了确保垄断地位,它使用的手段之一是以非常低廉的价格购得土地,并以干旱或飓风破坏耕地为由,将这些土地闲置不用。这些土地常年没有耕种任何农作物,但因为归属于美国,所以本国其他公司和国外公司都没办法对其进行商业开发,甚至当地农民也没法靠其生存。这也是雅各布·阿文斯在选举期间宣称会解决的问题,他的想法是收回美国一直以来囤积的这些闲置着的颗粒无收的土地。《前进》周刊在封底对阿雷瓦洛上台的报道里写到美国跨国公司极具威胁性,这样的报道有着重要的意义。"乌维科独裁政府成立后的第一个行动便是对联合果品公司做出非常慷慨的让步,而这家公司可以说是在中美洲业务最大的公司……新政府不得不严格控制这种一味迎合、不负责任的政策,也面临来自美国公司,尤其是前面提到的联合果品公司所施的压力。众所周知,这在中美洲地区几乎可以算是不可能完成的任务。"[1]

早在加莱亚诺《拉丁美洲被切开的血管》之前,联合果品公司的臭名就已在文学作品中有所记载……1940年,哥斯达黎加共产党领导人,同时也是作家出身的卡洛斯·路易斯·法利亚斯完成

---

[1] 《前进》周刊封底文,1944年12月22日,第264期,乌拉圭,蒙得维的亚。

了他的小说《尤纳依妈妈》，尤纳依正是"来自美国"①的英语发音。法利亚斯曾在哥斯达黎加利蒙省的一家美国企业工作，也正是在那里，他见证了他们对当地工人的不公和压迫。

诺贝尔文学奖获得者、出生在危地马拉的米格尔·安赫尔·阿斯图里亚斯曾写过三部曲，1950年的《强风》、1954年的《绿色教皇》和1956年的《被埋葬者的眼睛》，联合果品公司便是这一系列作品的故事来源。他的同胞曼努埃尔·加利奇在1950年发表了作品《黄色列车》，小说主人公的原型便是深受跨国公司迫害的工人。直到1970年，当巴勃罗·聂鲁达发表诗歌《卡莱罗》（诗中的主人公卡莱罗是一位割香蕉的工人），这个主题才每次进入人们的视野，《尤纳依妈妈》也随之流行开来，一起被人们关注到的还有其他一些以联合果品公司为主要原型的小说作品。甚至在加夫列尔·加西亚·马尔克斯的《百年孤独》中，也能读到将拉丁美洲的苦难与贫困同美国跨国公司联系在一起的情节。那些年头可以算是拉丁美洲革命浪潮的巅峰时期，充斥着暴力压迫引起的冲突，最终被死亡、毁灭和对社会革命的希望的压抑所夷平。这也解释了后来讲述这家果品公司的作品重现生机的重要性。1970年前后，联合果品公司开始走下坡路，1975年更名，但最终也没能避免倒闭的结局。

1989年，墨西哥作家弗朗西斯科·马丁·莫雷诺在西班牙出版了《风的伤疤》，并以此作品在西班牙获得了金桂冠文学奖。这部小说以历史文献为基础，加以虚构和润色，讲述了联合果品公司在拉美垄断经营的种种故事。

从阿雷瓦洛的民主经验，到他的支持者之一阿文斯对这一经

---

① United，西语原标题为"Mamita Yunai"。——译者注

验的进一步确认和深化,战后的危地马拉开始成为拉丁美洲其他
国家的榜样。不得不提的是热衷于改革贫困地区的阿根廷旅行家
埃内斯托·格瓦拉·德·拉塞尔纳,四年后,世界各国媒体开始亲
切地称他为"切"。1952 年,他开始环游南美的旅行,先后游历了智
利、玻利维亚、秘鲁、哥伦比亚和委内瑞拉,通过对这些国家的贫困
处境、边缘化地位和剥削现象的了解,切·格瓦拉的政治感逐渐成
熟起来。第二次旅行时,他已经成为一名医生,危地马拉的革命经
验给他带来了巨大的震撼。1953 年 12 月 24 日,危地马拉已经有
了 9 年的社会改革经验,整个国家对政治的关注度颇高。拉美其
他国家的政客都纷纷踏上这片土地,想看看民主政府的发展经验,
也都期待立刻成为那个时代的改革者。也就是在那次旅行中,
切·格瓦拉遇到了秘鲁人伊尔达·加德亚,他的第一任妻子,一位
流亡者,美洲人民革命联盟成员,同时也是阿文斯政府的合作伙
伴;还认识了另一位流亡者,尼加拉瓜人埃德尔贝托·托雷斯,并
在他家结识了来自古巴的安东尼奥·尼克·洛佩斯,四年后,他正
是和安东尼奥一起乘着"格拉玛"号踏上了去古巴的革命之路,开
始与富尔亨西奥·巴蒂斯塔的独裁做斗争。切·格瓦拉还试图继
续医生的工作,但那些如寄生虫般的官僚并不能真正区分意识形
态的色彩,在他待在危地马拉的 9 个月期间无情地阻挡了他的行
医之路。危地马拉劳动党,也就是共产党,要求切·格瓦拉加入他
们才可以在当地工作,这让他觉得不可理解,尽管他对他们抱着支
持的态度。加莱亚诺自认为也具有切·格瓦拉的特点,这使得这
位乌拉圭作家表现出了对我们的阿根廷先锋的钦佩之情。他们都
将自由的灵魂化为文字、行动和著作,传于世人。

　　1954 年 6 月,卡斯蒂略·阿马斯上校发动政变,轰炸了首都危
地马拉城,格瓦拉立刻加入奥古斯托·塞萨尔·桑蒂诺的志愿军

队伍,宣称要用武力捍卫政府。最终,这场政变以对百姓的屠杀结束,联合果品公司以及"二战"英雄、当时的美国总统、共和党人德怀特·艾森豪威尔所支持的军政府上台。阿雷瓦洛的社会主义之梦、阿文斯温和的土地改革、格瓦拉及拉美邻国们对民主政府的美好期待,通通消失不见。不过透过此次事件,有两个人得以彻底觉醒,并且明确了自己未来的方向:格瓦拉离开了危地马拉,前往墨西哥,作为共产主义的难民躲避在阿根廷驻墨西哥大使馆里;而加莱亚诺也明白了这场军事政变会给 20 世纪的拉丁美洲带来历史性的改变。

1954 年 5 月,巴拉圭政权内部也发生变动,当时红党是唯一的执政党。这次事变将阿尔弗雷多·斯特罗斯纳将军推上政治舞台,直到 1989 年再次发生政变,他的统治才宣告结束。《前进》周刊在其总编卡洛斯·基哈诺的报道中选择了自己的立场。他于 1954 年 5 月 14 日发表社论,分析巴拉圭红党内部的政治情况。他这样写道:"我们将看到未来会赋予我们什么。但如果现在的制度不被清除,我们所等待的也不过是条死胡同,只有在所有政党和平共处及国家全面法治化的基础上,我们才能开辟一条真正的巴拉圭政治复兴之路。"①但阿尔弗雷多·斯特罗斯纳的上台并不影响工会和拉美左翼政党运动的开展。虽然危地马拉的新型政治明显有不足之处,其社会经验明显匮乏,而且美国政府明显暗中支援联合果品公司,但对于整个那一代人来说,这算是一种政治生活上的觉醒。爱德华多·加莱亚诺也不例外,他将自己的种种觉悟都写进了文字里。

① 《在巴拉圭》,载于《前进》周刊,1954 年 5 月 14 日,星期五。

"我们这一代带着这样的印记开始投身政治生活,心中有着无穷无尽的愤慨,却感到无能为力……我仍然记得在蒙得维的亚的那一夜,记得那晚狂怒的吼声、飘扬的旗帜,有一位稍显丰腴的演讲者沉着地给我们讲述着,讲述的却都是如火般的愤懑。'让我们来看看他们犯下的罪行……'这位演讲者就是胡安·何塞·阿雷瓦洛。当时我只有 14 岁,但那画面再未从我脑海中抹去。"

"多年后,阿雷瓦洛也变成了外交官。那是个危险的行当,做过的人都会后悔:他成了阿拉纳将军的大使,成了一手绞刑架一手持刀之人,成了危地马拉的殖民统治者,也成了刽子手的头头。当得知这一切时,我早已不是当年那个无知的少年,但那一刻的我,却真正成了被骗的小孩。"[①]加莱亚诺对于当时这些热潮的新闻报道成了他最早期政治行动方面的经历,这也开启了他从那时起延续终身的记者和杂文家身份。实际上,1970—1974 年,卡洛斯·阿拉纳·奥索里奥统治了当时的危地马拉,他是强硬派的军事代表,一直致力于结束危地马拉劳动党(PGT)组织的游击战和剿灭一些新近崛起的团体组织,如革命武装力量(FAR)和 MR - 13 组织(11月 13 日革命起义),其中 MR - 13 的诞生是为了纪念由容·索萨和路易斯·奥古斯托·图西奥斯·利马领导的反抗曼努埃尔·伊迪戈拉斯·富恩特斯独裁而进行的起义。这场起义最终以失败告终,但幸存者潜伏在丛林和山中继续开展了长达几十年的游击斗争。1968 年年底,被称为"东方胡狼"的阿拉纳向他的上级汇报说,该地区的所有暴乱分子已被剿灭一空。他的高效行动将他推上总统的宝座,同时上台的还有他的大使胡安·何塞·阿雷瓦洛。"他

---

① 爱德华多·加莱亚诺,《爱与战争的日日夜夜》,目录出版社责任有限公司,布宜诺斯艾利斯,1984 年。

们多年来用各种各样的借口将我驱逐在外。"阿雷瓦洛这么回忆自己1954—1970年被迫流亡在外的经历。"我的家族好友阿拉纳将军用尽方法才让我得以入境。当时国内那些与我对立的敌人都闭上了嘴，一声不吭，因为阿拉纳是个硬汉，他们都怕他。"阿雷瓦洛说道。[①]许多年过去了，当1986年自由派比尼西奥·塞雷索上台时，他非常清楚自己所赢得的一些选票得益于人们对20世纪40年代阿雷瓦洛政府的怀念之情。

加莱亚诺对阿雷瓦洛的批判不仅意味着一个年代的结束，也同时象征着拉丁美洲新阶段的政治和意识形态草图开始逐渐被新一代年轻人描绘成形，他们便是一些分析家口中的"新左翼分子"。

放弃宗教信仰，并开始产生对战斗的激昂情绪，这便是年轻的加莱亚诺日渐凸显的新面貌。当然，他也必须为了维持家庭的生计继续工作。他干的第二份工作和新闻行业没什么关系，是在银行里做学徒。这样的经历让他学会了记录，以自己敏锐的观察力，将一个职员日常生活中发生的事件与乌拉圭政治舞台的更迭、与整个国家的衰落联系起来。"乌拉圭，绝无仅有"，加莱亚诺耳边似乎开始回荡起这寂寞的语句，好像看见了流浪人皮耶罗[②]脸上挂着的那滴泪珠，那是每一个外国人都能看到的乌拉圭的忧郁。一副属于回忆的空洞神情，一段逝去的光阴。

刚满15岁，加莱亚诺就离开了杀虫剂厂，开始在银行做学徒，这意味着他成功踏入了"这个灰色国度中产阶级"的成人世界，马

---

① 《胡安·何塞·阿雷瓦洛预测比尼西奥·塞雷索将引导新局面》，何塞·戈马斯的采访报道，西班牙《国家报》，1986年1月17日，星期五。

② 乌拉圭音乐人海梅·罗斯曾创作过一首歌《为皮耶罗干杯》，歌词讲述的是独裁统治下流浪人皮耶罗的孤寂、焦虑以及在死亡边缘游走的生活状态。——译者注

里奥·贝内德蒂这么定义道。一切迹象都表明爱德华多·加莱亚诺开始正式踏上一个普通乌拉圭中产阶级该走的道路，就像他的父亲老爱德华多·休斯·罗森多年前开始为农业和畜牧业部工作时一样。但加莱亚诺内心那根紧张而不安的弦一直颤动着，他无法被束缚在蒙得维的亚市中心那张办公桌前。他自己也在一些文章中描写过当时的他是如何生活的："十三四岁开始，我便有了双重的需求，为了生活，也为了存在。一方面，我必须面对现实的挑战，我没办法在现实生活中得到自我认可，我一直在寻求改变。我想改变的并不是现实的窘困，那些年乌拉圭不算特别贫穷……我想改变的是那样一个没有冒险精神、失去激昂情绪、满是令人厌恶的平庸、因循守旧的社会。另一方面，那也是我自己内心的一种需求，我需要一种精神来替代上帝带给我的力量。与其说是寻找对世界的定义，不如说我在寻觅与世界的联系，对世界的认可。"①

然而，巴特列政府分崩离析，这一时期的银行业并不对加莱亚诺的胃口。他在那里忍受了近五年的时间，从一个只会端着咖啡穿梭在会议室服务领导的小跟班，一直干到穿制服系领带的柜员。乌拉圭的繁荣日渐消逝，开始进入新的世界秩序。冷战在一些小国家开始引起反弹效应，乌拉圭开始用"恰卢亚人的力量"②来表达自己的反抗精神，从无到有，绝地逢生。

作为银行职员、初露头角的社会主义战士和新闻业人士，加莱亚诺和大部分同龄人一样，急需满足自己内心的某种渴望，以打破

---

① 黛安娜·帕拉韦尔斯奇，《加莱亚诺的沉默、声音与文字》，伊比利亚美洲出版社，马德里，1995 年。

② 原文为 garra charrúa，直译为"恰卢亚的爪子"，这种比喻最早出现在 1935 年，当时乌拉圭的国家体育秘书长阿尔弗雷德·艾特强迪用它来描述乌拉圭球员在绝境中毫不气馁、继续奋战的精神。——译者注

那种"顺从不变的"社会模式。而在20世纪50年代那个环境下,对于很多人来说,能够看到外面世界的唯一途径便是阅读。人们通过看书读报了解到一些政客、工会以及咖啡馆里的积极分子的冒险和闯荡精神。无论时光如何流逝,加莱亚诺总能回忆起蒙得维的亚咖啡馆里的那种交流文化,并对那种氛围感激于心。就是在那里,他第一次报道了关于西班牙共和国及弗朗西斯科·佛朗哥的消息;也是在那里,他写出了自己最早的诗歌,有了一些想法和愿望,希望能发表好的作品,或是通过写作比赛赢些奖金,至少也要刻画出几个人物形象,等等。爱德华多·加莱亚诺常常激动地回忆起自己与老师胡安·卡洛斯·奥内蒂的每一次碰面,老师生来善于创作属于黑夜的角色,而且是被酒精、哭泣、怨恨和疯狂侵蚀的黑夜,那一个个人物在他的作品中被赋予了灵魂。另外一个对加莱亚诺以及他的作品无比重要的人物就是弗朗西斯科·帕科·埃斯皮诺拉,多年后加莱亚诺的新闻生涯可以说与弗朗西斯科的 生密不可分。

根据文学评论家、散文家安赫尔·拉马1973年所说,加莱亚诺成长于"当代美国叙事文学"作品中,代表作家有"欧内斯特·海明威、卡森·麦卡勒斯、J.D.塞林格、约翰·厄普代克"等。除此之外,加莱亚诺自己还强调"蒙得维的亚咖啡馆时光"对自己的发展的影响。虽然在美国文学史上这一代作家只是起着重振美国文坛的作用,但对于加莱亚诺和诸如阿罗多·孔蒂、鲁道夫·沃尔什、加夫列尔·加西亚·马尔克斯、奥内蒂本人和马里奥·巴尔加斯·略萨等其他一些拉丁美洲文人来说,他们可以说组成了"二战"后战胜国新诞生的文学派别,作为朝气蓬勃的一股政治、经济和军事力量,早已准备好为工业、技术和文化革命不断深入发展的新兴世界带来变化。到底是怎样一个国家,从20世纪初开始就自命为中美洲的主人,质疑1898年古巴战争中西班牙的殖民主义并且最终战胜了西班牙的军队?这些人究竟是怎么想的,为何总要征服或是军事干预别国?面对政府和领导的这些做法,美国的广大民众又是什么想法?除了"二战"以外,朝鲜战争以及之后的越南战争也给这个军事大国带来了失败的经历。在其国内,人民中开始出现反抗的声音和各种社会运动,知识分子也开始视反战为整个民族应有的生活方式。

这些新兴的小说题材通过《前进》周刊进入了加莱亚诺的视线,没过几年,他自己也成了这一传奇期刊的主编。文学和文化版面基本由三位作家和记者来共同负责,他们不仅对年轻的加莱亚诺产生了巨大的影响,甚至在整个拉丁美洲文学评论圈内也掀起了一股巨大的浪潮。胡安·卡洛斯·奥内蒂最早也是从主编做起,奥梅罗·阿尔西纳·德芬内负责影视评论,而卡洛斯·雷亚尔·德·阿苏亚则是文学评论员,他们三个是最早将美国文学艺术的新兴事物带入《前进》周刊的人。

与此同时,欧洲的作家和戏剧家还在试图弄明白纳粹主义如何从20世纪30年代初期起搅乱了整个世界、在40年代被毁踪灭迹,试图重新审视欧洲大陆这段历史性的崩塌。如果从西方的角度看,为了重组世界秩序,几乎所有的政治、经济、文化和军事经验都需要重构。那时,西班牙有一个纳粹分子浮出水面,那就是独裁统治者佛朗哥。此外,一个新的文明似乎随着苏联带来的社会主义而崛起,苏联也是"二战"的战胜方,又被称为"钢铁炼成的新巨人"。加莱亚诺在苏联"身上"也发现了不同的作者和阅读材料,了解到了世界上不同的观点。因为从青春期就开始工作,他累积了很多生活经验,加之乌拉圭这个沉浸在"顺从主义"和"冒险无能"的国家吹来了苏联的新风,一个激进的加莱亚诺很快就诞生了。

第四章

痛饮生活百味

青　年

　　对政治高涨的热情和对未知永恒的寻觅帮助步入青年的爱德华多形成了自己的价值观。年少时心中只有上帝和国家足球队的他,如今却只剩对后者的坚持。无论是那 11 个身着红白蓝三色球服在球场上奋勇拼搏的小伙子,还是那股能够默默决定整个人类命运的力量,都让加莱亚诺认识到集体对于行动和进步的重要性。许多年后,他的朋友奥斯瓦尔多·索里亚诺也说,足球是生活的最佳表演。集体活动,欢乐、失望、努力和伪装,直至达到目标、射门,这便是个人和集体所能获得的最高满足感。而队伍里的 11 名球员又有着分工,生活其实也是如此:一些人擅长进攻射门达到目标,一些人是为了断球、传球找到解决问题的路径,还有一部分则是为了奋勇截球,努力不让它从自己身边飞走。加莱亚诺在青年时期知晓了一位"二战"的幸存者,一位反抗法国殖民主义的阿尔及利亚人,他也非常热爱足球。"我所知道的关于人生的一切都源于足球",他便是阿尔贝·加缪,无政府主义作家、散文家和记者,

1957 年诺贝尔文学奖获得者。"很小的时候,我便从这项运动中明白了一个道理,那就是球永远不会从你希望的方向过来。这给了我人生很大的启迪,尤其是当我生活在大城市时,那里的人们并不总是像他们所说的那么正直和诚实。"他在获诺贝尔奖前曾这样讽刺地写道。足球的不可预测性如同生活的不可预测性,这些也同样存在于加莱亚诺的文字里,而恰恰是这种不可预测性被加莱亚诺看作生命力的象征。虽然加莱亚诺一直热爱着足球,但他坦称自己一直玩得不怎么好,不过在战后那些乌拉圭全国,甚至整个拉丁美洲的政治社会生活都被撼动的翻天覆地的岁月里,足球提高了他作为社会党一分子的战斗力。

想要了解乌拉圭青年和社会党激进化的原因,就必须关注世界和当地发生的一些事件。和拉丁美洲其他国家不同,乌拉圭政治和体制的演变一直是由集体运动推进的,个人英雄主义的作用微乎其微。虽然在历史进程中也出现了一些具有标志性意义的人物,但他们在政府行动中并未起到具有跨时代意义的作用。乌拉圭的巴特列主义不像阿根廷的庇隆主义或者巴西的瓦加斯主义,更不像巴拉圭的斯特罗斯纳主义。巴特列主义更不同于接下来几年统治乌拉圭的独裁政府,抑或意外出现在这个国家的联合政府。阿帕里西奥·萨拉维亚最终败在何塞·巴特列的手中,这便是 20 世纪初乌拉圭内战结束后的历史性时刻。这一历史进程也决定了如加莱亚诺一般的年轻人将采取怎样的激进方式、走怎样的道路、选择怎样的方向以及参照何种榜样。

1933 年,加布里埃尔·特拉发动政变,这是乌拉圭繁荣终结的标志,也是这个国家沦陷和幻灭的开端。"南美小瑞士"不得不开始认清自己的根源并不在阿尔卑斯山。1930 年民主选举中红党当

选,但特拉总是与党内领导人何塞·巴特列·奥多涅斯保持相对
独立,在两年的宪法执政期内,他所秉持的态度和采取的具体措施
都表现出自己与巴特列的意识形态渐行渐远。

　　1929 年年底,由华尔街引发的西方国家经济危机让美国损失
惨重,只剩下遍野的失业者和大量破产的企业。1930 年 9 月,阿根
廷第一个由全民投票选出的总统伊波利托·伊里戈延政府倒台,
同年 11 月 3 日,以圣保罗州和米纳斯吉拉斯州的精英政权交替执
政的旧共和时代在巴西政治革命中结束,加图里奥·瓦加斯接管
了临时政府。而在智利,华尔街危机对广大工人阶级造成极大的
冲击,从政府机构角度来说,它造就了一批在社会主义共和制与社
会主义人民联盟间摇摆不定的总统。作为农村人口大量转移到城
市的结果,无产阶级第一次在智利社会感受到自身存在的重要性。
巴拉圭和玻利维亚,这两个处于发展初级阶段的经济体,被加莱亚
诺认为是"南美最贫穷的国家"[1],两国不仅受到了经济危机的巨大
影响,甚至在 1932 年至 1935 年爆发了荒谬的边境之争——查科战
争。根据美国参议员休伊·朗的揭露[2],这场由美孚石油公司的利
益引起的两国冲突至少造成了成百上千人的饥饿和死亡。区域形
势发生变化,国家权力集团也随之改变。

　　在统治乌拉圭的两年间,特拉主义通过选民授权和机构政变
等方式帮助加布里埃尔·特拉继续掌握大权,并且制定了维护自
身权益的宪法。1933 年 3 月 31 日,特拉在其姐夫,当时的警察和
军队统帅阿尔弗雷多·巴尔多米尔的支持下解散了议会,并终止

---

① 爱德华多·加莱亚诺,《拉丁美洲被切开的血管》,二十一世纪出版社,布宜诺斯艾利斯,
　　1984 年,第 39 版,第 266 页。

② 同上。

了议会在国务管理委员会的职能作用,该委员会是在 1918 年宪法颁布后成立的机构,当时也是应公民投票选举要求而产生的。对于初露头角的乌拉圭左派来说,这场政变开启了"乌拉圭马西斯独裁"①,恰卢亚人带着点儿黑色幽默这么讽刺道。

正是在 3 月 31 日这天,特拉这位多多少少不太守规矩的红党人上台了,使得乌拉圭从巴特列的自由主义走向了保守的右翼主义,这个国家的很多问题自白党(又称民族党)和红党签订合约之日②起一直悬而未决,特拉的军事独裁政府决定成立国务管理委员会。自 1865 年推翻白党登上执政之位开始,一直到 1904 年在马索耶尔战役中打败白党领袖阿帕里西奥·萨拉维亚,红党的霸权地位似乎坚不可摧。白党人一直希望可以参与执政,但他们在选举中屡遭失败,未曾有过任何转机。因此红白双方达成协议,以确保相对公平的利益分割:国家的执政权由总统和 9 位国务委员共同行使。特拉的政变是推翻何塞·巴特列·奥多涅斯思想的开端,巴特列时期国家并非总统独权,而是完完全全的共同执政。特拉此举也意味着他开始背弃巴特列主义的红党,转而向专断执政迈进,由其引起的两党纷争和政权危机最终在 20 世纪 70 年代初爆发。

特拉政府在 1938 年垮台,接任他的是他的姐夫阿尔弗雷多·巴尔多米尔。巴尔多米尔的执政期正好与"二战"重叠,他通过结盟传统的巴特列派发动所谓的"光荣政变",试图将乌拉圭引回民

---

① 原文为 marzista。marzo 是 3 月的意思,政变发生在 3 月,特拉上台后,开始走法西斯(fascista)独裁道路,因此作者用了 marzista 这一结合了 marzo 和 fascista 两个词语的词。——译者注

② 巴特列上任后次年,乌拉圭内战再起,最终白党与红党订立合约,确认了彼此的势力范围。——译者注

主制度正常化的道路上。1942年2月，巴尔多米尔废除了议会，取而代之的是国务院，并颁布新宪法，试图恢复特拉独裁期间被践踏的政府权力。这是乌拉圭六部有效宪法中的第四部。然而，政治制度来来回回的更迭，不过是更好地表明了1929年以来在华尔街金融危机的全球影响下一个国家寻求出路的摸索罢了。

劳工部门通过罢工和动员活动等施加压力，力求恢复地位和重建工人的政治形象，十年后，他们确实开始在政治领域变得举足轻重。19世纪末，何塞·巴特列·奥多涅斯思路清晰，深知从农牧业经济向工业经济转型的必要性，他通过与劳工部门的互动引发了社会对其思想的极大兴趣。打破以农业和畜牧业为基础的根本经济框架，意味着给予劳工部门更大的发展空间，同时也为工业化转移更多的劳动力。大批移民从欧洲来到乌拉圭，将这批人发展成经济水平处于社会底层的潜在劳动力显得至关重要，因为他们为了谋生不得不出卖自己的劳动。

那些从蒙得维的亚港刚刚下船的新工人带来的不只有行李，他们满怀着能在这片陌生土地上有尊严地工作的希冀。"尊严"，来源于欧洲大陆流亡者间广为流传的无政府工团主义和社会主义思想。20世纪初，乌拉圭并没有有组织的工人运动，不过星星之火已经点亮，且迫切需要燎原。当时的一份活动概要里写道，相比工厂主，巴特列主义更保护劳工部门的利益。"工会运动由多家中央机构提供经费支持。同一个活动中甚至有多个工会，不同需求的工会间也存在极大的分歧和争议。"伊沃内·特里亚斯①和乌尼韦

---

① 乌拉圭记者。——译者注

辛多·罗德里格斯①在《革命者赫拉尔多·加蒂》②这本传记中这样写道。赫拉尔多·加蒂是现乌拉圭工人中心创始人之一，也是20世纪70年代爱德华多·加莱亚诺的革命伙伴。

巴特列亲工人阶级的做法多年后被社会主义派参议员阿尔瓦·洛瓦约鉴定为社会主义性质的官方政策走向③，这为后期劳工部门和论辩活动的产生铺平了道路。"乌拉圭地区工人联盟(FORU)成立于1950年，主要由无政府主义组织引导，以工会为职能单位，在社会主义者和基督教民主主义信奉者中有着广泛影响。何塞·巴特列·奥多涅斯的自由主义政策和他亲工人阶级的立法取向对乌拉圭地区工人联盟产生了深刻的影响。那个时期，很多协会应运而生，为人们讨论教育、自然和社会等话题提供了平台；类似于国际社会研究中心，有着大批知识分子、无政府主义者和社会主义劳动者的图书馆和研究机构也相继成立。"特里亚斯和罗德里格斯这样写道。④

未遭受任何政府的压迫、工人阶级自我抗争的辩论和实现其核心化的过程，使得他们开始有了为现有的及本质的问题进行对话的觉悟。辩论和对话的风气开始广传于乌拉圭工人组织和城市民众间。这是之后该国诸多重大历史事件的根源所在。也正是在这种氛围中，加莱亚诺在战后的蒙得维的亚渐渐长大。

---

① 乌拉圭革命家、革命运动研究学者。——译者注

② 伊沃内·特里亚斯、乌尼韦辛多·罗德里格斯，《革命者赫拉尔多·加蒂》，特里尔塞出版社，蒙得维的亚，2013年，第二版。

③ 阿尔瓦·洛瓦约在《前进》周刊1963年3月22日第1149期中写道："巴特列主义是彻彻底底的社会主义。"

④ 伊沃内·特里亚斯、乌尼韦辛多·罗德里格斯，《革命者赫拉尔多·加蒂》，特里尔塞出版社，蒙得维的亚，2013年，第二版。

随着第二次世界大战的结束和新的世界地缘政治版图的诞生，一方面，国家和地区集团的组合发生了很大的变化，另一方面，世界版图的改变给每个国家的内部政策带来的影响也不容忽视。拉丁美洲在雅尔塔会议中接到了成为美国"后花园"的任务，这样的划分使得斯大林领导的苏联宣称其对东欧和亚洲所有国家——它的卫星国——的公开引领。几年之后柏林墙的拔地而起似乎是当时国际分裂最好的象征。

当西欧忙于马歇尔计划基础上的重建工作时，南美洲在战后经历了几年的繁荣时期。马歇尔计划是由美国当时的国务卿乔治·马歇尔和他的合作伙伴威廉·克莱顿及乔治·凯南提出的。考虑到《雅尔塔协定》的内容，马歇尔计划不仅是对被纳粹侵害的战争受害国的援助，同时也有助于遏制苏联及"共产主义"的推进和发展。"共产主义"是哈利·杜鲁门总统和他的继任者德怀特·艾森豪威尔领导下的美国在外交政策上对苏联发展模式的定义。美国在宣传政策上监督着共产主义幽灵的存在，并且有着强大的支撑工具。1947年美国中央情报局（CIA）的成立便是几大核心工具之一，用以控制那些不听美国话的拉美国家以及扼杀共产主义的苗头。在这个意义上，危地马拉的情况便是他们的目标之一，当时的总统胡安·何塞·阿雷瓦洛1945年上台后便实施了20世纪新社会形势下的改革政策：充分考虑工人阶级和普通人民群众的利益。

作为拉丁美洲的边缘国家，加莱亚诺的家乡——战后的乌拉圭也遭受着《雅尔塔协定》后遗症带来的各种影响。1943年3月1日，由胡安·何塞·阿梅扎加和阿尔韦托·瓜尼领导的红党总统班子再次接管政府。白党的又一次失败却让一个人自此崛起并影响了接下来的整整十年，他便是路易斯·阿尔韦托·德·埃雷拉。

他不仅影响了白党内部,也对整个国家在新的全球形势下的发展道路和政策变革发挥了巨大作用,这其中包括他提出的人民自决及不干预原则。欧洲战后的一系列政治变化对乌拉圭产生了一些经济上的有利影响,加莱亚诺在好几篇报道中也承认了这一点。在所谓的"光荣政变"之后,红党再次回归乌拉圭历史舞台,政治路线回归传统。事实上,自加布里埃尔·特拉执政结束后,乌拉圭无论在政治形势还是经济发展上都呈现出改善的状态,并且得益于阿尔弗雷多·巴尔多米尔及接下来的胡安·何塞·阿梅扎加、托马斯·贝雷塔及路易斯·巴特列·贝雷斯等红党政府的变革,这种状态一直延续了下去,1951年新宪法改革中,联合政府的合法性重新得到了认可。

20世纪初,巴特列主义诞生时的分配计划经济重现江湖,不过这次在农业和畜牧业基础上对贸易和商业进行了严格的管制,税收政策却相对宽松。进口贸易中断,迫切需要国内产品来替代进口产品,这产生了较高的国内生产值,而向重建中的欧洲销售食品又产生了相应的外汇储备,这让乌拉圭的经济得到了发展。"在国内生产总值的增长中,工业占据了主导地位:1936年至1952年,制造机构数量增加了一倍多,工人数目也实现了翻番。从10549个生产点、23080名工人增长到65000个生产点和141000名工人。1941年到1945年,传统工业的年均增长率还仅有2.4%,新兴的极具活力的行业达2.7%,但在之后的三年内,第一产业的增长率迅速攀登到5.8%,而第二产业则高达13.2%。"①

① 卡洛斯·雷亚尔·德·阿苏亚,《埃雷拉——乌拉圭联合政府》,选自《二十世纪拉丁美洲历史集》(第29分册),拉丁美洲出版中心,布宜诺斯艾利斯,1984年。

这样的经济增长速度让政府的福利分配政策顺利恢复,相较之下,乌拉圭的发展速度与1943年政变后庇隆主义领导下的阿根廷相当。对于休斯家族来说,这是最后一次重现老理查德·班尼斯特·休斯建立的繁荣光景的好机会。爱德华多·休斯·罗森当时已经在农村地区机构担任监察员,他的侄子托马斯·休斯还能记起他定期来检查庄园的情景。"爱德华多(休斯)来了,他快速并且认真地做完了检查。我们是亲戚,没错,但这并不影响他的工作。他干完活儿后,我们就支起烧烤架,准备大吃一顿,而他每次来检查我们的庄园时,总会带上几瓶葡萄酒。"这是这个富裕家族最后呈现的一丝生机。尽管爱德华多·休斯已经基本离开了家族畜牧生产这个传统的行业,但家族的继承之大业他却不能掉臂不顾。按照传统,休斯家族开始分割家产。爱德华多·加莱亚诺年少时期常去的拉巴斯庄园因为大家在开发标准上的分歧而被废弃,直至1960年,残存的庄园被卖给了一对比利时夫妇,他们决定重新开发它,将其用作养牛场或是旅游场所。1969年,庄园的主人皮埃尔·维奥克斯和他的妻子玛丽·海琳将它按照旧时模样重新翻修,布置成了典型的殖民时期风格,甚至还重建了当年因为肃穆的氛围而吸引了爱德华多·加莱亚诺的老教堂。

"创建一座三百公顷、有着五个主人的庄园是一回事儿,而把它分割给五个人又是完完全全的另外一回事儿,因为每个人都有自己想得到的部分。也因为这样,拉巴斯庄园的神话结束了。"托马斯·休斯坦诚地说道。当时爱德华多·休斯已经是农业和畜牧业部的官员,他的工作性质致使他并没有参与到家庭利益纷争中,但从家族的先锋老理查德·班尼斯特的遗嘱中就能发现,休斯家族的贵族头衔和地位开始逐渐丧失。经济和政治的波动严重冲击了乌拉圭传统的家族产业,同时也预示着爱德华多·加莱亚诺在其新闻报道中熟练描绘的那个更加动荡的时代的渐渐到来。

随着本国工业的发展和国内生产总值的不断提高,劳工部门的期望和要求也在不断增长,当然经济也确实随之高速发展。不过,20世纪乌拉圭最有影响力的报刊媒体《前进》周刊——加莱亚诺曾经在此任职——的长期合作撰稿人、历史学家卡洛斯·雷亚尔·德·阿苏亚曾提到过一个有趣的现象:"当时法律的特点和属性以及当中的一些利益关系,都与一些平日不被关注的族群息息相关,他们是来自农村的劳动者,这无疑证明了并不总是施压机构,尤其是工会,获得了'征服'的优势。除了前面提到的改善外,社会平衡、阶级妥协、社会收入的再分配都使得乌拉圭经济和社会得到了复苏。同样,为了获得更多的选票,政治人物不得不推动政治也往这一方向发展。"[①]

卡洛斯·雷亚尔·德·阿苏亚指的是政府恢复了那些20世纪30年代因为特拉主义被撤销的法律条文,如1941年通过的劳动事故条例,1943年恢复的私营企业工资条例、家庭津贴和农村劳动者养老金条例,以及1944年通过的带薪年假、解雇赔偿和制冷业失业补偿条例。1946年,农村劳动者法规得以通过,1948年,国家垦殖研究所成立并启动,目的是消灭乌拉圭农业半封建结构的种种弊端。

在这样的背景下,乌拉圭国内的左翼分子成为社会斗争的主要组成部分,尤其是工会阵线扮演了不可替代的角色。如果说继承巴特列主义意味着马克思主义左翼政治有着强大的竞争力,那么为获得拥护和支持而进行的斗争也是极其重要的。1910年,埃

---

① 卡洛斯·雷亚尔·德·阿苏亚,《埃雷拉——乌拉圭联合政府》,选自《二十世纪拉丁美洲历史集》(第29分册),拉丁美洲出版中心,布宜诺斯艾利斯,1984年。

米利奥·弗鲁戈尼参与建立了乌拉圭社会党,其根基和路线与邻国阿根廷类似:以实证主义价值观看世界,在保证劳动条件的基础上谋求提高工人及其家庭的生活质量,帮助其妻子和儿女获得住房和社会福利保障。同年,在何塞·巴特列为社会主义分子、天主教徒和自由派敞开大门的全力支持下,并得益于白党的弃权,弗鲁戈尼成为乌拉圭第一个社会主义派议员。十年后,他在社会党第八次代表大会上以82%的压倒性得票率再次当选议员,这次大会依附于第三国际组织,并将社会党更名为共产党。之后,随着俄罗斯新的政治集团的组建,弗鲁戈尼退出第三国际,重新建立社会党,一切从头开始。进入20世纪50年代,随着共产党和社会党两党之间的差异不断增大及无政府主义集团的出现,这些组织之间无法达成统一,由赫拉尔多·加蒂、胡安·卡洛斯、阿尔韦托·梅乔索兄弟、莱昂·杜阿尔特及鲁本斯·巴尔克斯等人领导的一些团体在1956年10月要求替代议会。

由此,加莱亚诺应他的朋友吉列尔莫·希夫莱特的要求脱离社会党,这和领导人埃米利奥·弗鲁戈尼及与巴特列主义相关的政治行动、意识形态不无关联。因被政党内部倾向北美帝国主义的社会主义自由派的亲信指控,弗鲁戈尼在党派内部逐渐失去了地位。

我们必须重新审视乌拉圭的社会形势,了解左翼政党尤其是社会主义政党所发生的变化。奥洛斯敏·来吉萨蒙是蒙得维的亚的一名金属工人,也是社会党成员,他曾骑着自己的旧摩托车前往与巴西接壤的东北部三十三人省①的田间。1955年至1956年,他

————————————
① 乌拉圭十九省之一。——译者注

组织了第一个稻农联合会,取名为稻农唯一联合组织(SUDA),正是这个联合会让 1945 年红党政府推行的法律条文,尤其是《农村雇工章程》为农村的雇工所了解。"当年的雇工没有靴子(如今也没有太大变化),双脚整日浸泡在稻田里,饱受水蛭吸咬之苦,早早地就患上了风湿疾病。甚至很多十三四岁的孩子也难逃此劫。他们干活儿拿到的不是钱,而是一些只能在公司食堂使用的纸板卡片,它们可以换取一些价格乱定的产品。如果他们需要现金,则需要跟食堂换取,但比银行利率要低很多。这些雇工可以算是被这种非法的债务关系彻底禁锢,没法脱身。"①图帕马罗斯革命军前任领导人莫里西奥·罗森考夫回忆道。当时正值第一次有组织的稻农游行爆发,为获得自己被雇主剥夺的权利,他们集体向首都进发。而罗森考夫恰巧碰见了带着柯达摄影机的记者劳尔·森迪克,他也是为报道此次游行而来。两年后,正是这位森迪克在乌拉圭北部的派桑杜组织甜菜工人对自己的雇主进行了同样的反抗活动。对森迪克来说,1958 年的这次经历是与弗鲁戈尼意识形态下的社会党的彻底诀别。当年,图帕马罗斯革命军的未来领袖和老社会主义领导人每周日下午都会进行热烈的讨论,这就像是乌拉圭新左翼分子的实验室,十年后,他们彻底地打破了这个国家旧的政治历史模式,而处于青春期的加莱亚诺在一旁,沉默地见证了这一切。

三年后,1961 年,森迪克几乎已经成为阿蒂加斯邻省的蔗糖雇工代理人和律师,为他们出谋划策,并且建立了具有历史意义的阿蒂加斯糖业工人联合会(UTAA)。森迪克和弗鲁戈尼在人民之家

---

① 莫里西奥·罗森考夫,《拳头和文字》,选自《莫里西奥·罗森考夫文选》,萨拉帕塔出版社,西班牙,纳瓦拉,1998 年。

进行的讨论最终发展成了六年后森迪克领导的蔗糖工人斗争。从新闻记者的角度出发，在加莱亚诺的眼里，这些激烈的辩论正是新旧之争的象征，是 20 世纪 60 年代新兴的左翼分子对抗"二战"前社会主义分子的斗争。

虽然加莱亚诺已经开始为《太阳报》撰稿，可以说是初步踏入了记者行业，但他没有放弃银行的工作。尽管这一行很黑暗，但他恰恰想利用这种灰色又平淡的办公环境来确认自己并不想永远这样生活的决心。银行的工作正好代表了这个国家单调的生活方式。从这个角度来说，乌拉圭的金融市场已经不再动荡，对于拉美地区其他国家的统治阶级来说，乌拉圭确实是绝无仅有。

加莱亚诺曾读过马里奥·贝内德蒂的《办公室诗集》，觉得自己就像众多蒙得维的亚年轻人一样，在这样一个沉睡的社会里没有未来。"那些青春的日子里，我们常去参加社会主义青年聚会，我们进行辩论，提出计划，走上街头张贴宣传海报，组织抽彩和聚会，给工会筹集资金。"社会主义激进分子、加莱亚诺的好友格洛丽亚·达莱桑德罗回忆道，"我记得一个夏天的下午，我们一群朋友讨论到底是去公园还是去游泳池玩，最后我们决定去波西托斯区附近的一个游泳池。正要开始嬉戏时，我们突然听见一个缓慢而从容的声音，那是劳尔·森迪克，他对我们说：'我绝不会去自己正在对抗的阶级所居住的区域。'我们所有人都沉默了，爱德华多也不例外。正是有了这种精神，20 世纪 50 年代中期，我们开始了自己的斗争活动。"

但青春期的加莱亚诺并不是被动地卷入斗争中，他在《太阳报》上的所画所写，甚至他在银行的那份工作，都可以算入他实验性的狂热写作期。尽管他自己也坦言，相比写作更喜欢绘画，但社会主义报刊的写作氛围吸引了他,他由此开始了最早的几篇新闻报道的撰写。"我什么都写,关于工会的新闻,关于戏剧、政治……什么都有,我那时还年轻,脸皮也厚。"①加莱亚诺在 1992 年 10 月我对其进行的采访中这么说道。

在那个年代,这座城市咖啡馆的讨论仍在热烈进行中,店里的布置还是与奥内蒂、埃斯皮诺拉、奥梅罗·阿尔西纳·德芬内和同伴们讨论时一样。西班牙内战、寻求自由与尊严的新拉丁美洲便是讨论的热点。国内的社会政治变化引起的动荡不安使得新一代年轻人也加入了讨论之中。如果说马里奥·贝内德蒂属于所谓的"45 一代",加莱亚诺加入的辩论则属于"50 一代"年轻人,他们都是大学生革命分子,在教育和劳工领域有着双重战斗力。对他们当中的许多人来说,1958 年从政府手里夺得大学自治权是一场火的洗礼,预示着未来二十年里斗争的不断加深,直到 1973 年军事独裁政府的建立。

在这样的背景下,加莱亚诺开启了自己的人生,思考着政治前景。乌拉圭接受世界各国政治流亡者的传统,帮助新闻工作者开始关注国外发生的一切。日报的封面并不避讳报道世界历史上发生的伟大事件。20 世纪 50 年代,报纸的头版经常报道重建"二战"中被摧残的欧洲,斯大林领导的苏联,中国革命的兴起,以及美国作为世界宪兵在拉美、亚洲和非洲的新冒险及其引发的冲突。

在这些报刊媒体中,神话般的《前进》周刊尤为突出,可以说为乌拉圭和拉丁美洲左翼创造了思想的空间,也正是在这里,加莱亚诺的记者事业逐渐火力全开。《前进》周刊的特点是对国内与国际政治新闻的报道和分析,同时也有文化版块,会刊出当时记者和文

---

① 1992 年 10 月笔者在蒙得维的亚巴西人咖啡馆里对爱德华多·加莱亚诺的采访。

人所写的文学、电影、戏剧及音乐评论。文化版块恰恰是世界文学和艺术的映射，介绍了很多战后欧洲及美国反对新帝国主义派的作家。"新新闻主义"的诞生拓宽了早些时候由安布罗斯·比尔斯与威廉·福克纳提出的断裂之路，加莱亚诺训练期的阅读面也被大大拓宽。他的好友、《前进》周刊的文学评论家安赫尔·拉马大量介绍了当代美国的叙事文学，包括 1973 年评论的欧内斯特·海明威、卡森·麦卡勒斯、约翰·厄普代克、厄斯金·考德威尔以及非常出色的 J.D.塞林格，他们开启了年轻的加莱亚诺人生的一面。而他的另一面则是由同一时代的加夫列尔·加西亚·马尔克斯，以及稍晚一些的马里奥·巴尔加斯·略萨、阿莱霍·卡彭铁尔、巴勃罗·聂鲁达和何塞·玛丽亚·阿格达斯等拉丁美洲文学群英所开启的，他将一些新闻要点与报道的精度和开阔的眼界相结合，让文字报道不局限于静止不动的画面，而是跳跃成浮动的影像。

《前进》周刊中的《读书》栏目由编辑埃米尔·罗德里格斯·莫内加尔创办，其评论版块中经常介绍一些美国作家，这帮助加莱亚诺在寻觅之路上走得更远，使他冲破了灰色而单调的乌拉圭对他的限制。这个栏目的编辑岗位后来由马里奥·贝内德蒂接任，再后来是安赫尔·拉马。那些年，加莱亚诺的母亲已经开始在伊瓦纳书店工作，那里算是蒙得维的亚的一扇窗，这些作家的作品大部分经由阿根廷出版社的翻译，少数是原版引进，后来通过这扇窗送到了乌拉圭。这个国家也禁锢了加莱亚诺被新兴感受所淹没的人格。年轻的他需要越过那堵墙，那堵分离了乌拉圭教区和外面世界的墙。

那也是美国种族主义矛盾激发的年代。战后的欧洲始终充斥着这种令人不悦的情绪。当年阿雷瓦洛演讲带来的激愤，不仅影响了年轻的加莱亚诺，也影响了许多拉丁美洲人。在新国际秩序

名义下,产生了划分权力、分裂国家、隔离民众的新协定,古老的欧
洲也被一条轴线一分为二,这是 20 世纪的第二次划分,被称为冷
战。战争中幸存的知识分子,比如法国的阿尔贝·加缪和让-保
罗·萨特,抑或那些在犹太大屠杀中幸存的犹太人或是德国人,比
如托马斯·曼、普利莫·莱维,他们都叙述了自己的经历,形成了
与纳粹和极权主义抗争的思想主体,这便是寻找脱离迫害之路、塑
造新世界的有力思想武器。他们的抗争热血在 1936 年到 1939 年
经历西班牙内战的洗礼,并穿越"二战"一直鲜活地涌动着。

　　除了美国和欧洲这些传统的世界焦点以外,连锁反应也波及
了其他一些国家和地区。非洲殖民地国家无法忍受继续被如德国
这样的战败国所控制,也不愿依附于法国这样还需殖民地人民花
大代价重建的脆弱国家。说到这里,不得不提的是 1956 年诺贝尔
文学奖得主阿尔贝·加缪的极具反叛精神的作品。

　　在成为新世界霸主的美国,人们颠沛流离,似乎使其一直宣传
的所谓"美国式生活方式"逐渐被破坏。那些试图描绘美国这个新
兴霸主别有用心的作为的作家迅速在同行中脱颖而出。他们的先
驱当然非威廉·福克纳莫属,这类作家还包括之后的卡森·麦卡
勒斯、欧内斯特·海明威、J. D. 塞林格和约翰·厄普代克。

　　加莱亚诺传承了考德威尔对旅行的热情和作为记者的犀利。
而从安布罗斯·比尔斯那里,他学到的则是公正和勇敢的开路精
神。福克纳可以算是那个年代所有作家的先驱,加莱亚诺被他叙
事的缓慢、稳重以及停顿中的空虚所征服。麦卡勒斯赋予加莱亚
诺的则是开拓的灵魂,是为了在战后的美国找到得以立足的社会
批评方式的先驱精神。

　　古巴革命给乌拉圭左翼分子带来了巨大的力量和惊喜。它在

社会主义分子、共产主义者和无政府主义者之间掀起了波澜和争论,在独立团体甚至在将要发展成基督教民主党的年轻人中也引起了轩然大波。

在有关战后世界国与国依附危机的出路的内部讨论中,古巴的经验似乎给人以期待。他们并不是照搬传统的莫斯科共产党路线而成立的政党,他们是一群意识形态多样的年轻人、一群马克思主义著作的读者、拉丁美洲民族主义的作家,以及被监禁和流放的经过磨难的武装学生。大家都看到了战后这块大陆曲折的历史进程中逃离帝国主义统治的道路:尼加拉瓜的奥古斯托·塞萨尔·桑蒂诺,20世纪头十年的墨西哥革命,秘鲁卡洛斯·马里亚特吉的立场,海军陆战队在中美洲的入侵,阿雷瓦洛和阿文斯在危地马拉的经验,被美国和联合果品公司切断的发展之路,1948年被谋害的波哥大人豪尔赫·埃利塞尔·盖坦,除此之外,还有1953年菲德尔·卡斯特罗和他的同伴组成的试图攻打蒙卡达兵营的第一批革命军。

"从1959年开始,和这片大陆上的其他国家一样,在古巴革命获得成功的影响下,乌拉圭左翼进展到一个新阶段。社会主义、共产主义和无政府主义派别都重新整装待发。一直到1962年的这四年间,对于左翼来说,可以算是外部规模的扩张,不仅是人数的增加,更是号召能力的增强……整个过程中,我们发现了1959年到1973年影响和分裂乌拉圭左翼的两大基本问题:政治行动的统一问题,以及革命要采取的立场和方式问题。"这是西班牙政治学家爱德华多·雷伊·特里斯坦在他的著作《历史的转角:乌拉圭革命左翼(1955—1973)》中的分析。①

当时,弗鲁戈尼对于社会党机关的关注已经成为过去,转而注意加莱亚诺。比维安·特里亚斯在社会主义复兴中横空出世,在人民之家引发了深刻的变革。24岁的特里亚斯已经是乌拉圭社会主义的新发言人,1960年,他成为社会党的总书记。他将历史修正主义思想介绍到乌拉圭,坚持反帝国主义并宣扬马克思主义,因此古巴革命一爆发,他便立即宣称坚决拥护这一壮举。对于加莱亚诺来说,这种变化是所有社会主义青年所期盼的,从一年前开始,他们就见证了劳尔·森迪克为这个国家边缘化的阶级寻求利益的艰辛过程。古巴事件成了乌拉圭左翼的催化剂,尤其在社会主义派别里引起了激烈的论战甚至是分裂。加莱亚诺一直以记者的身份参与这一过程,但并没有采取某一鲜明的立场。当时还隶属于社会党、之后成为图帕马罗斯革命军创始人之一的胡利奥·马伦纳莱斯极具感染力地分析了当时和他一样的年轻人所不能接受的传统观点。"党在教你,在跟你谈革命,却只给你一根牙签当作革命的武器。"②

《太阳报》直接转向了特里亚斯给党带来的新定位,除此之外,还和《前进》周刊的拉美反帝国主义相呼应,那时的《前进》周刊已经成为左翼政治产物的新阵地之一。《太阳报》中的很多文章被《前进》周刊转载,两家媒体还共享撰稿人、记者以及一些有关拉美国家的特定经济和历史问题的政治传播文本。

伴随着动荡不安的战斗、阅读和工作,加莱亚诺在寻找自己的

① 爱德华多·雷伊·特里斯坦,《历史的转角:乌拉圭革命左翼(1955—1973)》,世纪末出版社,蒙得维的亚,2005年。

② 爱德华多·雷伊·特里斯坦,《历史的转角:乌拉圭革命左翼(1955—1973)》,世纪末出版社,蒙得维的亚,2005年。

人生道路中逐渐成长。出于热情和爱，他投身到狂热活动中。他很擅长就政治和文学问题谈论乌拉圭或者国外的政客和作家，这一点让他在女性面前闪闪发光。"年轻的波希米亚人，一头金发，俊俏的脸庞，却是以勇敢的媒体人形象出现在电视里，足以吸引众多目光。"他的一位亲戚这么回忆道。这样的说法也被加莱亚诺青年时期的朋友们所证实，当时的他早已脱离了原生大家族的束缚。西尔维亚·布兰度是他的第一任妻子，1959年与他完婚，并且生下了他们的第一个女儿维罗妮卡·休斯·布兰度。

那一年是社会革命之年，也是加莱亚诺的个人变革之年。童年时期对神的信仰和少年时期在海报、集会中的成长使他不安和不满的心继续跳动着。自1958年起，他在《太阳报》上刊登的画作和报道帮助他成为《前进》周刊的合作记者，他开始在《前进》周刊上发表政治观点和针对选举的分析。那几个月对他来说是充斥着愤怒、背叛和盲目的时光。他愤怒地书写着，也用同样的愤怒燃烧着自己。每当夜幕降临，他便烟不离手、彻夜不眠，想要找到消除焦虑并引领自我走向光明的方法。

加莱亚诺在他的第一任妻子西尔维亚·布兰度的陪伴下进入了青年时期，但对于生命意义的寻觅却并未得到结果。在《爱与战争的日日夜夜》中，他热烈地讨论过这个问题。如果没有童年时期上帝的陪伴以及少年时参与的政治活动——无论是耳濡目染党派的论战还是在蒙得维的亚街头张贴宣传海报——他的人生一定满是令人压抑的空虚。而此般岁月为他铺就了一条把握未来的道路。

夫妻生活、与社会主义青年肩并肩的集体活动，甚至在《太阳报》的创作事业都没有使加莱亚诺感到宽慰。绘画创作让他觉得自己是一位有可塑性的艺术家，却不足以扑灭他内心无法解释的激愤的火焰——那些没有答案的问题。所以，他开始相信写作才是平息痛苦的最好选择，但橡皮擦和篝火只能短暂地将他从挫败中解救出来，因为燃烧的只是那些永远找不回来的文字，而不是他激愤的灵魂。

> 我开始到各个药店去买鲁米诺片①，想要结束自己的生命。

> 我选好了酒店。当我在里约布兰科大街上晃荡的时候，我感觉自己就像一具行尸走肉，早已没了好奇心和欲望，只是照着剧本去完成自己的任务。然而，当我走到圣何塞大街的十字路口时，一辆汽车突然朝我开来，身体还活着的我被狠狠地撞飞了起来。

> 那是我的第一段人生，最后的记忆停留在一道关闭的门缝里透出的光，而我，渐渐被淹没，在那个永远不会迎来破晓的宁静夜晚。

这是加莱亚诺描述自己在19岁那年如何解决所面临的问题的一段话，出自多年后他以一个巴塞罗那流亡者的身份出版的著作《爱与战争的日日夜夜》。这段文字带领我们切身感受那个充满激愤的年轻人内心的斗争，他即将崭露头角，成为这个灰色、单调、虚伪的国度里的战斗先锋。对宗教的热情的火焰燃烧到政治活动上，但加莱亚诺自己坦言，他的愤怒和抗拒却并未能在文字中体现出来。之后，他试图通过写作来实现与他人的相遇和交流，文字变成了他的圣经。从与《前进》周刊的合作到《时代报》，再到他通过混合几种流派重塑新闻风格达到创作巅峰的《危机》月刊，这便是

---

① 一种镇静剂。——译者注

他多年的新闻工作生涯。通过对当时理论家的观察,他挖掘出日常生活每一面的政治阅读,戴着意识形态的有色眼镜读出世界的关键和要点。

"他是那种对所有事情都很有热情的人,即便现在,他仍是这样。不过在那些他思想活跃度达到顶峰的岁月里,你会发现他常常执迷于一些细节,他认为在这些细节里能找到他想诉说的真相。他过去就是这样一个容易着魔的人,现在也不例外。"加莱亚诺童年时的一个朋友回忆道。激情与探索的爆炸性组合总是存在于加莱亚诺的生活里,就像指引着他前进的光亮。

几天的昏迷后,我终于在马歇尔医院的监护室里醒来了。对我来说,好像来到了加尔各答的市场:半裸的男人,骨瘦如柴,戴着头巾,在卖着不值钱的小玩意儿……我离开加尔各答时,身上已没了污垢和阴影。外表上看,昏睡时排泄的粪便让满身臭气的我憔悴不堪,我的身体永远不会原谅我。疤痕就这么留了下来:如洋葱一般的皮肤让我无法再如愿赤裸着骑马,因为它会裂开、会流血,腿上的伤口一直裂到了骨头。每天早上起床穿袜子的时候我都能看见。

不过对于那段在医院的日子来说,这些都是无关紧要的。关键的是我的双眼被清洗了:我第一次看见了世界,看见了我想吞噬的世界。接下来的每一天都将成为我的礼物。

我总是忘记自己,然后将我这多余的日子送给悲伤。但我一而再再而三地被天堂驱逐,那是上帝对我还未完成自我的惩罚。

如果加莱亚诺当时继续保持对天主教的热忱,他可能会在自杀后将自己重新获得的干净而新鲜的生命归功于上帝。经受了多年的独裁政府之后,他用文字将这段经历记录下来,而在他流亡西班牙期间所写的《火的记忆》三部曲里,我们也发现了他对这段经历的反思。对于在生死中挣扎的痴迷以及将这种冲动的挣扎记录下来,使得 20 世纪 90 年代之后他的文字有了很强的可读性,而他自己从那时起也开始采用跨文学类别的形式写作短篇,这成了他的标志。强调生命战胜了死亡并且推动了世界的循环再生,这是他的所有作品,无论是散文还是虚构的故事,在概念上的特征。也是在那时,大约是 1959 年年末,加莱亚诺崭露头角。

　　那时候我挺能写的,开始用我母亲的姓加莱亚诺署名,不管是文章还是书。

　　直到不久前我还认为,当时这么决定是因为用西班牙语读我的父姓有一些发音上的困难,我一直把它西语化:在《太阳报》发表的画作上,我总是签 Gius,而不是 Hughes[1],从很小的时候开始就是这样。

　　就在最近的一个晚上,我突然意识到,从 1959 年年末开始,我的名字变成了爱德华多·加莱亚诺,换个角度来说:我重生了,彻彻底底地重生了。[2]

　　加莱亚诺就是从那时开始了新生活。他不仅为人父,也开始了真正的记者生涯。得到重生后,他的第一个选择便是跨越边界,

────────────

[1]　英语的 Hughes 和西班牙语的 Gius 发音相近。——译者注

[2]　爱德华多·加莱亚诺,《爱与战争的日日夜夜》,目录出版社责任有限公司,布宜诺斯艾利斯,第 48—49 页。

前往布宜诺斯艾利斯,将潜伏的死亡危机抛在脑后。

20世纪60年代初的夏天,加莱亚诺决定放弃他在银行的工作,据他自己所说,那份工作既单调又枯燥。一天,他在接待公众的窗口算完账,结算好收支,便宣布自己要走了。他那位戴着眼镜、发型整齐的老板对他的所作所为错愕不已,吃惊地看看自己手腕上的表,试图纠正道:"还没到下班的时间……""不,我要永远离开,不再回来了。"加莱亚诺打断他。之后他便踏上了布宜诺斯艾利斯广袤的土地,在那儿,他因为与《前进》周刊的合作而结识了一些重要的人物。

起初这个喧闹的城市对我并不友好。我因为嘈杂的人群、难忍的酷热和贫困的窘迫而感到孤单和困扰。有一小段时间,我在《切》杂志工作,一直到某个星期一,我们和胡利娅·孔斯滕拉、巴勃罗·朱萨尼合作编辑文章,发现整栋人楼都被军队包围了。那时候经常有铁路大罢工,工人们焚烧火车。因为我们杂志支持这种行为,于是军人堵住了杂志社的大门。

我有一周的时间没见到任何人,被关在一家酒店式公寓里,他们没有要我提供任何文件,也没有向我提任何问题。我整日整夜地躺在床上,汗水和泪水让我伤心欲绝,透过墙壁传来的喊叫声、砰砰的关门声和情侣的呻吟声让我一秒都无法合眼。

初到布宜诺斯艾利斯的那个时期,不知道是不是因为我经历过或是在哪个糟糕的夜里梦到过,这个城市在我脑海里一直停留在这样的画面里:地铁站拥挤的人群、黏稠潮湿的空气、窒息的感觉和永远都不到站的地铁。半小时过去了,也许更久,得知一个女孩在前一站跳轨了。人群先是沉默,接着是小声的耳语,像是在追悼她。"可怜的人儿,真可怜。"他们说道。但是地铁依旧没有出现,上班要迟到了,人群开始变得愤怒、紧张:"为什么不跳另外一条线?为什么偏偏是这条?非是这条不可吗?"我渡河回到了蒙得维的亚,发誓再也不回来。但我还是回来了,反反复复许多次。①

事实上,爱德华多·加莱亚诺确实离开了银行,前往布宜诺斯艾利斯,在那里,他加入了胡利娅·孔斯滕拉、巴勃罗·朱萨尼领导的杂志《切》,这是由阿根廷共产党资助的一家杂志社,汇集了诸多左翼进步人士,其中的一些已经没了早期支持激进派阿图罗·弗朗迪西竞选总统时的热情。弗朗迪西的当选是解放革命之后"去庇隆主义"运动的结果。在《切》上,加莱亚诺和记者阿尔韦托·西里亚合写文章,西里亚是《前进》周刊在布宜诺斯艾利斯的合作记者,一直在上面发表艺术和文化简评。加莱亚诺还在写作中与季诺和科比分享自己的幽默,为杂志的评论配插图。他在朱萨尼和孔斯滕拉的婚房里居住了六个月,与他们结下了深厚的友谊。12年后,孔斯滕拉成了他所在的《危机》月刊的主编。

当加莱亚诺发现在《切》的工作无法维持生计时,他决定回到蒙得维的亚。当然,这也因为乌拉圭人对于布宜诺斯艾利斯这座充满吸引力的异国城市依然满怀敌意。加莱亚诺的生活开始进入一个新阶段,成熟选择人生的阶段。

---

① 爱德华多·加莱亚诺,《爱与战争的日日夜夜》,目录出版社责任有限公司,布宜诺斯艾利斯,第176—177页。

第五章

摧毁和重建的时光

在《前进》周刊的岁月

在布宜诺斯艾利斯的经历帮助加莱亚诺正式跨入了专业新闻领域。伴随着个人危机里烧毁的文本，那个曾用以泪洗面和自我毁灭来表达自我的年轻人得以脱胎换骨。他的所有作品都有了很大的转变，从实验性的无法确定体裁的文本（可能是被大火通通带走了）渐渐转向小说和新闻类，直至产生了一种属于他自己的杂糅型文风，不同于所有已知的文体，却又建立在所有已知文体的基石之上。回到蒙得维的亚，是作为记者和作家的加莱亚诺作品风格系统化的标志。之后的道路都是为了寻觅这种属于他自己的独一无二的风格。他发表小说、简讯、新闻报道，根据每种文体的要求慢慢磨砺自己的语言。

拉普拉塔河流域的两座首都，依旧以不同的节奏保留着在咖啡馆会面筹议的传统，新一代的年轻人在这里为社会和政治的骚动和变革展开激烈辩论。在布宜诺斯艾利斯，主要议题是解放革命的出路、抵抗庇隆主义的方法以及新左派的出现；而在蒙得维的亚,更多的讨论围绕着由政治经济危机带来的巴特列福利政府的彻底倒台,以及20世纪60年代的标志——大规模的工会和社会抗议活动。

科特连斯大街两旁的咖啡馆和书店一家连一家,关于新时期政治问题的讨论每天都持续到凌晨时分。没有了庇隆主义,没有了解放革命,激进的阿图罗·弗朗迪西已经逐渐掌权:庇隆派分子被排除在政坛之外,而阿图罗却借用庇隆派的票数上了台。[①] 但其追随者所持的质疑态度却使得阿图罗政府一直处于动荡不安的状态,走错一步棋就可能全盘皆输。阿根廷的状况一直是《前进》周刊关注的焦点。他们每周都会刊出阿根廷的政治形势概况,还有文化报道或者是作家们在文学、美学及政治领域各抒己见的文章。大家都知道,蒙得维的亚在历史上是阿根廷人的流亡之处,包括19世纪罗萨斯时期、20世纪中叶的庇隆主义时期和之后的解放革命时期。《前进》周刊的漫画家们用了好几期封面,用笑话和插画嘲讽庇隆、弗朗迪西、佩德罗·阿兰布鲁和伊萨克·罗哈斯。阿根廷的社会主义分子也逐渐在《前进》周刊占有了一席之地。

在咖啡馆与社会主义阵营的朋友们的频频相聚,使得加莱亚诺开始更加了解庇隆主义的含义,也更加明白在僵化的社会秩序下阿根廷军队所起的作用。在阿尔韦托·西里亚、朱萨尼和孔斯滕拉的帮助下,他的交友圈逐渐拓展开来,他认识了鲁道夫·沃尔什、罗赫略·加西亚·卢波、戴维·比尼亚斯和阿韦尔·拉登道夫,这些人是他在《切》期间结交的不得不提的代表性人物,也在加

---

① 阿图罗·弗朗迪西和当时流亡在委内瑞拉的庇隆秘密签订协议。为了增加胜算,他提出用允许正义党候选人参加随后的国会和政府选举来交换总统选举中庇隆派的投票。参见乔纳森·C.布朗所著《阿根廷史》,左晓园译,东方出版中心,2010年。——译者注

莱亚诺之后传奇的记者生涯里一直陪伴着他。

在《太阳报》和《切》的经历不仅是加莱亚诺的灵感来源，教会他思考，编写摘要、主题议程、关注焦点，特别是教会他如何在第一时间发布简讯，更帮助他学会了编辑文字和排版。

尽管阿根廷一直在寻找不受庇隆主义影响的政治进程，试图疏远军队并恢复政党的作用，但乌拉圭赢来了几乎百年后白党的又一次上台。古巴革命吹来的政治和意识形态的新风似乎复兴了人们对于某种文化的讨论和不同言论之间的辩驳，尤其是还多了以青年和大学生为代表的新社会主角用抗议活动所带来的一抹新色。

然而，对于那些跨过拉普拉塔河的乌拉圭人来说，布宜诺斯艾利斯仍然是诱惑与敌意并存之地。在那里待了三个月后，加莱亚诺决定返程。他将人生第一次死亡的伤疤抛在脑后，这次的回归是为了寻找知己、寻找光明、寻找每一个里里外外被忽视的角落和那帮老友，不仅稳固了他与年轻的社会主义信仰者们在《太阳报》的地位，同时也为他开启了《前进》周刊的大门，在那里他已经开始发表最早的几篇合作文章。而《前进》周刊无疑是 20 世纪 60 年代乌拉圭新闻从业者最理想的发展平台。

与此同时，加莱亚诺还必须有一定的经济能力来养活整个家庭，更别说家里又多了个女儿。最终，他还是离婚了，西尔维亚·布兰度成为过去。生活的拮据使得他不得不开始寻找新方向，用坚定的意志、果敢的眼神和激昂的生活态度武装自己，就像从年少时开始的那样。

1961 年，共和国大学组织了一次开放性的竞赛，赢的人可以得到出版部门的一个职位，刚刚回到蒙得维的亚的加莱亚诺满怀希望地参加了比赛。1958 年，通过学生斗争夺回大学自治权是社会各界人士支持的结果,其中有左翼政党,也有传统党派白党和红党的部分派系。有了自治权的大学打开了大门,也更加贴近社会。

大学自治权获准时,校长是社会主义派的马里奥·卡西诺尼。那是一段胜利的岁月,属于那些在街头斗争的学生,也属于对社会变革持坚定不移的信仰之人。每一步都朝着这个方向前进,加莱亚诺也是这样,怀揣着热情,跟随着潮流。对于他和大多数他这一代的年轻人来说,个人价值因为集体目标而变得有意义。不过时光最终还是扭转了方向。"我们相信我们做的事情。这是非常重要的。但当我结束流亡回到乌拉圭时,我常感觉到人们不再相信他们所做的事情。我指的是,你要相信你所做的一切,是你作为一个还存活着的国家的主角应该做的事。"①

加莱亚诺加入大学出版部门的那些年,任职的校长正是胡安·何塞·克罗托希尼(1964—1966)和奥斯卡·马乔洛(1966—1972)。他们之间的配合如同一曲维持大学左派方向的三重奏,但同时他们并未忘记保留大学应有的学术气氛。1971年,克罗托希尼最终成为广泛阵线副主席的不二候选人,与利韦尔·塞雷尼将军②一起领导左翼政党联盟。随着军政府专政的结束、民主进程的恢复,塞雷尼在1984年再次成为总统候选人,另一位候选人是共产主义者何塞·德埃利亚,但当时的塞雷尼仍被军政府禁止参选。就同共和国大学里这些年所发生的一样,这段岁月属于开放的左翼思想所建立的堡垒,整个拉美地区都是如此。加莱亚诺一边感

① 爱德华多·加莱亚诺,《我对于写作这个行业有信仰,我坚信无须出卖良心或者租借灵魂也可以写作》。塞萨尔·迪·坎迪亚对爱德华多·加莱亚诺的采访,《寻求》周刊,蒙得维的亚,1987年10月22日。

② 1971年,塞雷尼联合社会党、共产党以及红党和白党分裂出来的民族主义派别成立了广泛阵线,从而打破了由红、白两党控制的传统局面。——译者注

受着这种气氛和精神,一边专注地思考着他的斗争任务。

从布宜诺斯艾利斯回来后,他被安排直接在《前进》周刊负责编辑工作,那段时间,周刊逐渐开始关注和感受到社会动荡所带来的相应变化。这段经历无疑坚定了加莱亚诺的新闻报道之路,也让他体会到两年前试图自杀是多么可悲。

"我被死亡抓住,却又被死亡放了条生路,准确地说,是我逃过了死亡。19岁那年,我陷入了从未有过的危机。我对所有事情都漠不关心,所以决定放弃自己。我服下了可以杀死一匹马的剂量的鲁米诺……我去了一家酒店,想要结束这一切。过了一天多的时间,因为我一直在房间里没出来,酒店的人便强行开了门,及时地救出了我。当时,我差不多已经咽气了,甚至被人抬进了停尸房。不过之后,他们又把我送去了马歇尔医院,我在那里昏迷了好几天。"[1]这是加莱亚诺童年时期的忏悔给他带来的救赎,毕竟他儿时对于宗教是那么痴迷,一直在寻找那些难解的问题的答案。也许正是如此。在那些忏悔中,他的一段人生征程结束了,以探求为主的过去和一段时空的碰撞也结束了。也许当时加莱亚诺并不知道,凭借着自己全身心的投入和满腔的热情,他即将成为那个时代的主角。这一切也将在他身上留下印迹。

尽管加莱亚诺本人曾多次澄清这次自杀事故,但他还是把它记载在了自己的书里,一段不确切的流言就这样变成了神话般的故事,刻在蒙得维的亚老城石板路上,独立广场与七月十八日大道就在那里相连。一个冬日的午后,二十来岁的加莱亚诺走在靠近

① 爱德华多·加莱亚诺,《我对于写作这个行业有信仰,我坚信无须出卖良心或者租借灵魂也可以写作》。塞萨尔·迪·坎迪亚对爱德华多·加莱亚诺的采访,《寻求》周刊,蒙得维的亚,1987年10月22日。

蒙得维的亚金融中心的林孔大街上，前往《前进》周刊编辑部，正好迎面碰到了休斯家族的一位叔叔。"小爱德华多，亲爱的，你写简讯怎么能那么署名呢？你的姓是休斯啊！"他手里握着最新一期的《前进》周刊，有些愤怒地责备道。爱德华多看了看他，面不改色地回答说："你说的对，叔叔，今天我就会改过来。"说完他便继续往前走。然而，加莱亚诺在《前进》周刊新的一篇简讯中仍使用了爱德华多·H. 加莱亚诺这一署名。

　　《前进》周刊不仅影响了加莱亚诺，也影响了他们这一代人——被广泛认为是"前进中的一代人"——甚至影响了全世界。周刊的创始人卡洛斯·基哈诺期望这本杂志能够击溃这个昏昏欲睡的国家的心理防线，并且能够唤醒白党的良知。白党自觉早已丢失阿帕里西奥·萨拉维亚早期建党时的立场，只剩下昏庸腐败的官僚过着各自如意的生活。基哈诺创立的周刊记录了 20 世纪宁静的乌拉圭海岸上发生的绝大部分重要事件，而对于那个时代的新闻业来说，他们报道的角度是新颖且引人注目的。纽约、华盛顿、伦敦、巴黎和罗马的图书馆相继收录了《前进》周刊，而美国、英国、法国、意大利、德国和西班牙的主要大学都开设了与周刊相关，包括介绍周刊作者的拉丁美洲文学课程，这些作者在 1961 年到 1964 年加莱亚诺担任主编时都和他有过合作关系。

　　每周五，蒙得维的亚街头报亭里新上的《前进》周刊都会用一些篇幅去分析时事，在没有因特网的旧蒸汽时代与布宜诺斯艾利斯碰撞。《前进》周刊渐渐流传于拉丁美洲、欧洲甚至亚洲的各大城市，引发知识分子、工人、工团主义者和学生以及男人和女人之间的辩论，他们为了自己的利益正试图改变这个时代。

　　"在我的政治素养形成的过程中，有两股起决定性作用的力量支撑着我。一股力量来自社会党及《太阳报》，包括吉列尔莫·希夫莱特和比维安·特里亚斯的教导，前者是我在新闻行业的第一位老师，后者则为我打开了了解现实与历史的大门；另一股力量来自基哈诺博士，是他最终塑造了我，教会了我很多终身受用的东西……我跟随基哈诺坚定了社会主义的信念，能扎根于本国也能深入现实；同时我也树立了坚持写作的信仰，坚信无须出卖良心或者租借灵魂也可以写作；我还相信人类的尊严值得通过斗争来维护，即便以失败告终也应无所畏惧。我所有的这些想法都出自这两股力量。"①加莱亚诺这样的解释更加表明了他在即将过去的历史中——或者说正在前进的历史中——如何以《前进》周刊和它的创始人、经济学家、律师卡洛斯·基哈诺为中心，继续他的探求真理之路。当然他们不仅是加莱亚诺追随的中心，也是那个时代所有拉丁美洲知识分子的风向标。

　　基哈诺 1900 年出生于蒙得维的亚，他始终致力于教学工作，无论是最早在中学做教帅的时期，还是后来在《前进》周刊编辑部工作的阶段。1939 年 6 月 23 日，第 1 期周刊在报亭问世，之后随着时间的推移，它变成了新闻界的传奇。这期间，基哈诺还拿到了律师执照，并于 1923 年在共和国大学获得金奖，带着这样的头衔，他奔赴遥远的巴黎，在索邦大学经济和政治学专业度过了四年时光。那时，他就开始和跟他同龄的已经加入拉丁美洲学生总会（AGELA）的同学们有了联系，包括秘鲁人维克托·劳尔·阿亚·德拉托雷、古巴人胡利奥·梅利亚、危地马拉人米格尔·安赫尔·

---

① 爱德华多·加莱亚诺，《我对于写作这个行业有信仰，我坚信无须出卖良心或者租借灵魂也可以写作》。塞萨尔·迪·坎迪亚对爱德华多·加莱亚诺的采访，《寻求》周刊，蒙得维的亚，1987 年 10 月 22 日。

阿斯图里亚斯、萨尔瓦多人安东尼奥·萨拉萨尔、墨西哥人卡洛斯·佩里赛尔，还有尼加拉瓜人莱昂·德拜莱。这些年轻的拉美人都在自己的国家凝视着美国的外交和军事阴谋，关注着西奥多·罗斯福的"大棒政策"。随着时间的推移，他们都将成为 20 世纪历史上各自国家不可忽视的主角，成为致力于社会变革的政治家、总统、知识分子和艺术家。与拉美这些朋友的交流经历帮助基哈诺动笔写作了《尼加拉瓜，美帝国主义的一场试验》一书。在这本书中，基哈诺对于拉丁美洲在"二战"间和"二战"后几年的问题针砭时弊，已经显露出他卓有远见的视角。如果你去读加莱亚诺的第一篇新闻作品，不难发现基哈诺对他分析问题的角度有很大的影响，虽然他们身上透露着属于各自时代的气息，但这不能阻止他们二人都成为历史的主角。基哈诺的分析通常从解决问题的全局需要出发，使得问题、问题的来源以及后续的影响都呈现在读者面前。这种视角从心理学上来说叫"悬浮注意"，使得加莱亚诺可以同时有多种思想相撞，也是他之后尝试文学和新闻体杂糅的来源，由此诞生了之后有着综合特征的《火的记忆》三部曲。

基哈诺从未想过要引领加莱亚诺偏离自己长期以来生活的基本路线，也不曾想要带领我们领略 20 世纪初以来乌拉圭新闻业的种种作品，但他的作品总是有着远远超出他本意的非凡意义。想知道他对于加莱亚诺后期叙事和新闻作品的影响，至少应该先了解他的思想和作品。

在《前进》周刊之前，有两本期刊也留下了基哈诺的印记。一本是《民族日报》，1930 年从巴黎回来后，他在新闻和教育工作方面的能力在该报得到了充分的锻炼。《民族日报》是和民族党紧密相关的一份出版物。从它的名字就能看出，它的意识形态影响了基哈诺的思想，那就是创造一种媒体，为提高党的战斗力贡献力量，从而大力发展反帝国主义。这是《民族日报》的创始人和他的拉丁美洲同伴在欧洲就已经谋划已久的事业。这是一场冒险，耗费良多，创刊仅一年半后却最终偃旗息鼓。不过，通过媒体来进行政治宣传的方式却被《行动周刊》所借鉴。该刊创立于1932年，一年后被政府和加布里埃尔·特拉的政变活动所打压，变成了一份地下刊物，直至1938年最终停刊。仅仅过去一年的时间，《前进》周刊就出炉了。"想推动一个新项目就意味着要在大众中普及它，并将战斗力转移到一个虽结构松散但更加智慧的平台上，而且不能忘记目的是如基哈诺所说的'创造或者重建祖国'。"这一定义也成为阿根廷研究员克劳迪娅·希尔曼的文章《六十年代的政治与文化——乌拉圭〈前进〉周刊》的核心思想。研究人员、期刊的创始人，甚至卡洛斯·基哈诺本人都没想到，1939年6月23日首发的《前进》周刊会产生如此大的反响，本地区，以及弗朗西斯·佛朗哥独裁统治下的西班牙、纳粹乃至世界大战阴云笼罩下的全球都一定程度上受到了震撼。在他多年的新闻生涯中，《前进》周刊一直是乌拉圭、欧洲、非洲和亚洲绝大部分地区的知识分子、艺术家、工人、普通百姓及政治领袖的参阅手册。"自20世纪40年代问世以来，《前进》周刊引导并推动了拉丁美洲知识分子之间的对话。在某种程度上，很长时间以来，它一直定义着这些对话的主题的框架，直到被更激进的政治观点所取代。"[1]

　　基哈诺当年在欧洲建立的各种关系不仅对于在杂志当中报道拉美话题相当有用，还可以让欧洲新闻工作者和知识分子参与讨论"二战"期间和战后欧洲大陆的种种问题。欧洲的重建、美国和

---

[1]　《六十年代的政治与文化——乌拉圭〈前进〉周刊》，载于《前进》周刊。克劳迪娅·希尔曼阿根廷国家科学与技术研究理事会（CONICET）1990年项目开题报告。

苏联作为新兴世界大国的崛起都是《前进》周刊报道的主要内容，也成为其内部选题变革的关键。也是这些人培养出了后来该杂志有史以来最年轻的主编——爱德华多·加莱亚诺，他在基哈诺的保护下成长，却在周刊的新时期与基哈诺产生了激烈的碰撞。杂志的老领导和活力满满的编辑部新负责人之间的争执和冲突，主要集中在图帕马罗斯民族解放运动组织的合作者所采取的政治观点问题上。

《前进》周刊的第一位主编是年轻作家胡安·卡洛斯·奥内蒂，他个人情感丰富、跌宕起伏，活跃在蒙得维的亚旧城中心林孔大街的编辑部里。周刊新的征程还有基哈诺两个儿时好友助力：阿尔杜罗·阿道和胡利奥·卡斯特罗。二人分别于1973年6月23日和1985年3月1日被乌拉圭独裁政府绑架并杀害。当年的奥内蒂已经成为同龄人中非常有影响力的重要作家，早年间和他一起负责周刊文化、电影及书评版块的是奥梅罗·阿尔西纳·德芬内、卡洛斯·雷亚尔·德·阿苏亚以及稍晚些的记者乌戈·阿尔法罗和影评人兼文学批评家埃米尔·罗德里格斯·莫内加尔。"45一代"，1933年特拉政变后出生、被特殊的政治和文化生活影响的一批作家有了这样一个共同的称号，早期的代表人物是马里奥·贝内德蒂、学者安赫尔·拉马以及稍晚些的豪尔赫·鲁菲内利。

拉美很多地区都在关注着编辑部里发生的一切，布宜诺斯艾利斯便是其中的代表。豪尔赫·路易斯·博尔赫斯、阿尔杜罗·豪雷切、鲁道夫·沃尔什和切·格瓦拉都在为周刊撰写文章。"一份在蒙得维的亚编辑且最早只在乌拉圭出版的刊物，布宜诺斯艾利斯市中心的人们竟每周五都在翘首以待并将其一扫而空，这放在今天真是很难想象。然而，这就是 20 世纪 60 年代，汽船载着几十份《前进》周刊渡过拉普拉塔河抵达北码头，数十辆租来的汽车将这些周刊运往市里，随后由一位被称为'白鹤先生'的勇敢经销商负责它们的传播工作。《前进》周刊是乌拉圭文化特有的产物，但在它停刊 30 年后回首看看，对其最好的纪念莫过于承认整个拉丁美洲确实没有提出一种共同思想。"罗赫略·加西亚·卢波坚持这么认为，他是周刊驻布宜诺斯艾利斯记者、加莱亚诺的好友，也是基哈诺思想的拥护者。

爱德华多·加莱亚诺在新闻行业中无疑受到了《前进》周刊和卡洛斯·基哈诺的巨大影响。其实仔细想想，《前进》周刊不就是基哈诺本人吗？在周刊工作的人以及喜爱周刊的读者都很了解，这份期刊在它存在的时期一直都深深地刻着其创始人的印记。而加莱亚诺也已经明确了自己的方向，他将掌舵方向瞄准了新闻批评，不轻信掌权者，在二十来岁的年龄通过撰写报道揭露社会现状和政治现实，从而拯救被政治掌权者所遗忘的社会阶层。叙述人加莱亚诺在《前进》周刊渐渐锋芒毕露，也是在这里他观察世界的方式慢慢稳定下来。加莱亚诺做新闻的这种方式后来在布宜诺斯艾利斯的《危机》月刊中全面地再现了出来。为了能够理解彻底成熟起来的加莱亚诺，我们不得不跟随《前进》周刊的步伐，去了解在动荡中的乌拉圭他过着怎样的新闻生活。

首先，《前进》周刊是一份反帝国主义的出版物。在这个意义上，我们是纯粹的，是光明磊落的。其次，它也是反法西斯主义的。这似乎是新奇的。法西斯主义。法西斯主义是什么？它与获得又失去民主权利的我们有什么关系？又与再次获得民主权利的我们有什么关系？从民族主义到反帝国主义,再从反帝国主义到社会主义。这么多年来,一种信念越来越深刻地印在我们心里,那就是资本主义是无法解决我们国家的问题的,就像汉斯·马格努斯·恩岑斯贝格尔后来所言:对我们来说,社会主义已不再是实现解放的承诺,它已经成为我们生存下去的依靠。

这是 1978 年 5 月卡洛斯·基哈诺接受墨西哥《永久》杂志记者克里斯蒂娜·帕切科采访时的发言,那时基哈诺已被驱逐流放。[①]

顺应时代需求、不可阻挡的社会主义潮流也于 1971 年至 1976 年出现在了爱德华多·加莱亚诺手中的《危机》月刊里。"如果说我们了解什么的话,其实社会主义就是马克思主义。在我们的一生中,马克思教会了我们思考。他的思想滋养了我们的青年时期。雷南曾说过,教堂里葡萄酒的香气会永世留存。而马克思,就像这酒一样,一旦你了解了他,便永生难忘。他的思想会印刻在你的脑中,会充盈你的内心。我们时常会想起他,会怀疑、抗辩甚至全盘否定他的理论;但同时,我们也会认可、确信,不仅是确信他的所言,也是确信自己所选择的方向。"基哈诺坚持这样说道。[②]

希尔曼非常精确地描绘出了基哈诺和他的朋友们针对《前进》周刊所定的目标,并默默地指出了加莱亚诺在随后的新闻产出中所继承的精髓。"积极提出意见而非单一拥护某方,以此来干预政治、做出决定,周刊的特点就在于设立一些根本性的问题,这些问

① 《答案就是社会主义》,克里斯蒂娜·帕切科对卡洛斯·基哈诺的采访,《永久》杂志,墨西哥,1978 年 5 月。

② 卡洛斯·卢皮,《卡洛斯·基哈诺:时代的见证人和铸就者——纪念卡洛斯·基哈诺逝世三十周年》,1984 年 6 月 9 日发表于乌拉圭期刊《面孔与面具》在线版。网址:http://www.carasycaretas.com.uy/carlos-quijano-testigo-y-forjador-de-una-epoca/。

题能够使'进步'知识分子团结起来,因为他们都能致力于就全球时事发表评论和意见,从而扩大《前进》周刊所担忧的大事的影响力:反帝国主义、民族主义和拉丁美洲主义。作为一块合法的政治文化阵地,《前进》周刊为乌拉圭甚至整个拉丁美洲知识分子和政客的宣传起到了非常大的作用,也带来了旋风般的影响力。乌拉圭主要知识分子的联系网络在周刊里得以形成,这份刊物也同时造就了本地区范围内政治意识形态的内容和规则。"①这些经过学院培训的记者和知识分子,从未想过在如今有广播、电视等传播渠道的数码世界里,一本只有 12 页的出版物随着普及度的加大,逐渐扩展到 24 页、32 页,其中的报道也同时放射出它的价值。我们必须将自己置身于那个年代,才能了解一本纸质期刊在那时的蒙得维的亚社会所起的作用。《前进》周刊的很多作者都将这座城市描述为封闭的村落,而这本周刊让它产生了巨大的影响力,打破了既定的模式,改变了惯统的风俗。

　　刚诞生没多久,《前进》周刊就提出了"第三立场"的概念,这是乌拉圭政治生活中常见的口号,相当于六七十年代非常流行的标语:既不搞美国的资本主义,也不搞马克思的社会主义。类似阿根廷庇隆主义的"第三条道路",或者战后为远离苏联控制而形成的以南斯拉夫为首的欧洲不结盟国家。何塞·迪亚斯,乌拉圭社会党的领袖,早期的第三立场学说拥护者,清楚地解释了这一点。"在乌拉圭,不附庸于主导世界的政治体这种思想最早萌发于学生联合会,在 20 世纪 50 年代的青年社会主义者中间有很大的影响力,而卡洛斯·基哈诺的反帝国主义和反法西斯主义思想体系中

---

① 《六十年代的政治与文化——乌拉圭〈前进〉周刊》,载于《前进》周刊。克劳迪娅·希尔曼阿根廷国家科学与技术研究理事会(CONICET)1990 年项目开题报告。

也极大地保留了这种痕迹。第三立场学说被认为是与美国和苏联保持同等的距离，从而寻找自己民族的出路，解决属于乌拉圭或者说拉丁美洲每个国家自己的问题。"今天拉丁美洲的进步思想中似乎仍有这种第三立场学说的影子。"最保守的右派代表、民族党领导人路易斯·阿尔韦托·德·埃雷拉也是第三立场学说的坚守者。路易斯谴责莫斯科，同时也与美国保持距离，只是与大不列颠保持友好关系。"迪亚斯回忆道。这位资深社会主义领导人还总结说："第三立场是当时乌拉圭所有政党都顺应的潮流，无一例外。"

同样的情况还发生在 20 世纪 50 年代初期，当时除了面对战争带来的后遗症，还有朝鲜战争和非洲人民反抗欧洲殖民者的解放斗争带来的影响。《前进》周刊和基哈诺本人一直推动并支持独立于华盛顿和莫斯科的第三方立场。那时，周刊的许多合作者本身就流淌着欧洲的血液，一方面由于基哈诺认为世界的命运还是和欧洲大陆紧密相连，另一方面，他在巴黎期间结识了好些朋友、学者、训练有素的记者、政治领袖以及战争幸存者。从这个意义上来说，基哈诺很清楚该如何为周刊选择要走的道路。

为了纪念传奇的《前进》周刊停刊三十周年和其创始人基哈诺逝世二十周年，记者马塞洛·佩雷拉 2004 年在《缺口》周刊（《前进》周刊的继任杂志）的增刊中写道："尽管除了基哈诺，周刊上还有长长的合作者名单，而且他们中的一些人也确实给周刊带来了实质性的变化，但《前进》周刊就是基哈诺，是每周五都在报刊亭销售的产品……在这不大的版面里，刊载了非常长的文章，没有小标题，插图很少，印刷质量也很差。但在那个年代，《前进》周刊身后的社会环境却远远比周刊的印刷质量更加不堪。"[1]

---

[1]　马塞洛·佩雷拉，《纪念〈前进〉周刊三十周年》，《缺口》特别增刊，2004 年 8 月 20 日。

　　也是在这种背景下诞生了加莱亚诺及他所有的简讯、散文和报道。他在《前进》周刊担任主编以及之后在《时代报》担任主编和报社总编时，一直都富有这种精神，以开放的思想和多产的状态来工作，而不是让自己仅仅局限于做一名被党派的方针教义所束缚的记者。第三方立场的思想，也意味着脱离事物本身，从第三方视角看问题。对于两方冲突的二分法分析可以使人综合两方的特点，不一定与两方保持同等距离。基哈诺看待卡尔·马克思和他的作品便是这样的态度。但从第三方视角看问题也意味着另外一个方面的不同，意味着一种新颖的视角，意味着与传统和教条背道而驰。当加莱亚诺寻思着这些话题，并开始落笔，直到逐字逐句地表达出他想要展示的核心内容时，他便是采用这种第三方视角。"如果你想了解一个国家的政治状况，就读读他们报纸中关于政策的报道。"这是加莱亚诺说过的话。不管这句话是否正确，它确实很容易让人联想到他所处的现实环境：20来岁的加莱亚诺在《前进》周刊的封底写下那些文章，谴责1961年的乌拉圭缺乏住房、土地、国家工业、教育等方面的政策。[①]

　　20世纪60年代给《前进》周刊内部的政治生活带来了巨大的改变，但基哈诺对其方向的把控并没有因此而停止。加莱亚诺在社会主义周刊《太阳报》上已经显露出了他的新闻功力，并且加入了由比维安·特里亚斯领导的寻求党派革新的人民联盟，特里亚斯最终被选为总书记，取代了老将埃米利奥·弗鲁戈尼。青春时期和这位老先生一起在电影院度过的时光并没有阻止加莱亚诺最终加入社会主义革新阵营，当时劳尔·森迪克、吉列尔莫·希夫莱

---

① 《前进》周刊封底文，第1074—1079期，1961年9月、10月。

特、何塞·迪亚斯和党派中从大学生联盟中走出来的年轻一支都已在其中。弗鲁戈尼对于人民联盟的政策感到不满，而特里亚斯和革新阵营组织的年轻人为了 1966 年的选举一战也在集结力量。森迪克离开社会党后，先是成为甘蔗工会领导人的法律辩护人，之后又决定组织图帕马罗斯民族解放运动，脱离谈判本身，观察并监督当局。希夫莱特和加莱亚诺投身《前进》周刊的新闻活动，何塞·迪亚斯则与特里亚斯并肩作战，开启了社会主义更加激进的一面，与其他左翼政党一起走在了革命的最前端。

从 1955 年起，来自苏联共产党的传统路线和指导方针要求左翼政党之间凝聚起来，但从根本上来说，领导思想还是共产主义本身。他们的指示在整个拉丁美洲得以实施。以特里亚斯为首的社会党人因为在寻求统一的选举阵线，所以无法摆脱对苏联的依靠，从而放弃了与革新阵营的人民进行联盟。这点正好可以反驳多年后一些知识分子对加莱亚诺的指责，他们试图给加莱亚诺贴上"斯大林分子"的标签。"我们这些从大学生联盟走出来的年轻人走进了社会主义青年阵营，之后又加入了社会党，和弗鲁戈尼做斗争，这是因为我们不想成为共产党的跟屁虫。我不想，加拉亚诺不想，森迪克也不想。我们没有人支持特里亚斯，那会使我们脱离以'第三方立场'看待苏联共产党的轨道。"何塞·迪亚斯在一次采访中提到。①

1962 年选举中与弗鲁戈尼的冲突已经解决，比维安·特里亚斯成为社会党的总书记。《前进》周刊在第 1114 期中介绍了当年选举左翼政党所代表的五大替代阵营。全国人民联盟举行了历史上规模最大的会议，并选举出特里亚斯、何塞·迪亚斯、劳尔·森

① 何塞·迪亚斯的证词。出自 2014 年 8 月和 12 月笔者对其进行的采访。

迪克和吉列尔莫·希夫莱特为众议员代表,同时也诞生了以何塞·佩德罗·卡多索为首的参议员代表。加莱亚诺最终选择以新闻从业者身份支持联盟新方向,从而结束了他参与激进政治斗争的阶段。他的朋友希夫莱特一边继续从事新闻行业,一边仍不放弃参与政治斗争。在 11 月 23 日星期五的第 1134 期《前进》周刊中,人民联盟用两个版面发布了《致国宣言》,说明国家和民族危机的核心问题,并宣称选举出的新议员代表们会着手解决这些问题。数百个签名赫然在目,一致支持这段 15 行字的简短宣言,其中就包括"爱德华多·H. 加莱亚诺(记者)"。

由左翼革新阵营、恩里克·埃罗领导的民族党派别和社会党共同组成的人民联盟在 11 月 25 日前往参与选举。选举的结果不尽如人意,并未达到新诞生的左翼联盟的期望。他们只拿到了 2.7 万张选票,而共产党领导的左翼解放阵线则获得了 4 万票的支持,不过最终胜利的却是拿到了 54.5 万票的白党,他们得以保住执政党的位置。加莱亚诺和他所在的队伍感到非常忧虑不安,但面对政治时刻的挑战,他们对新的党派领导人所报的期望却不曾改变。

刚满 22 岁的加莱亚诺在《前进》周刊已成为一位杰出的合作者,他不仅受到卡洛斯·基哈诺的尊重,也在其党派革新羽翼的庇护下成长。

除了政治倾向的选择之外,爱德华多·加莱亚诺已经开始在新闻领域展露属于自己的风格。正如前文所述,他进入《前进》周刊的时间恰逢乌拉圭开始崭新的社会和政治生活阶段。古巴革命的结束最终让乌拉圭左翼分散力量决定以暴力的方式寻求政治、社会和经济的变革。古巴的这段经历影响了整个拉丁美洲大陆,并使"拉美新左翼"得以产生,其在乌拉圭的根基便是第三方立场和以解决问题为目的民族视角。这种政治观点以《前进》周刊为主要的庇护所，以历史为鉴来推动新运动的出现。也正是在这些版面里，作者们将文学和政治经验联系起来撰写文章。

与预期不同，加莱亚诺的文章并不是周刊宣传政治和意识形态活动的唯一或者主要的标志。其实，将这位 22 岁的年轻人安排在编辑部里工作才是一种象征，尤其考虑到爱德华多·加莱亚诺那些年一直被基哈诺所庇佑。然而，政治派别的交手方式千变万化，且随着时间的流逝和事态的发展也变得更加激进。为适应这种形势，《前进》周刊也经历了风格的转变。"《前进》周刊所吸引的乌拉圭新兴的知识分子们崭露头角，而这种吸引力更是在 20 世纪60 年代日渐增强，当时周刊开始唱反青年主义的主调，直到爆发了一场古巴革命辐射下记者、知识分子、作家和艺术家达成共同协议的战略运动，这种调调才渐渐被压下去……周刊也从持续激进的反青年主义转向拥抱青年人，并试图打破固有的传统形象，借用一种新兴的新闻风格，旨在让新闻记者成为周刊的主角，通过简讯和报道向民众介绍虚构叙事风格以及记者本人的主观评论等。另一方面，年轻的合作者们也成为社会和政治现实新视角和新解读的主要力量，他们负责报道旧党派和政客们的社会活动以及国家遭遇的民主衰退的形势。"①希尔曼的描述正是加莱亚诺能够在基哈诺的授权下进入《前进》周刊的邀请函和证件。这种说法也在之后这位年轻记者的文字中得到了承认，而在他数月后的小说和新闻作品里更是再次得到了印证。

根据文学评论家、大学教授、当时《前进》周刊的合作者加布里

---

① 《六十年代的政治与文化——乌拉圭〈前进〉周刊》，载于《前进》周刊。克劳迪娅·希尔曼阿根廷国家科学与技术研究理事会（CONICET）1990 年项目开题报告。

埃尔·萨阿德的说法,加莱亚诺在1961年到1964年是编辑部的一员并担任秘书一职,这象征了周刊风格的转变,不仅协调了周刊内部的一些不同意见,也帮助重新吸引了不少读者。"我曾在大学、其他的报刊编辑部、咖啡馆里看到关于不少蒙得维的亚的学生和知识分子痴迷于加莱亚诺的报道,也目睹了他如何迅速吸引大家并使得周刊读者数目不断上升,正是如此,他帮助《前进》周刊渐渐走出内部危机,并以他年轻的写作和编辑风格开启了周刊的新时期。"①

塞萨尔·迪·坎迪亚称年轻的加莱亚诺学识过人,无所不能,能在其作品中很自然地展现"新新闻主义"风格和自己的阅读基底,并反映他阐释生活的独特方式。面对或者着手解决一个问题并在新闻中毫不刻意地影射、解密,这成了加莱亚诺不变的开篇标志。加莱亚诺有着不受干扰、自然而然的风格,加之对环境的观察,所以他能写出1962年11月30日第1135期《前进》周刊上那篇关于选举结果的报道——《克里奥尔人的 场浩劫》。从那之后他还撰写了多篇报道,追溯乌拉圭前些年令人绝望的灰暗时光。"这个国家的命运只围绕着选举进行,就像行星绕着太阳转一样。每四年,晕厥、尖叫就会卷土重来,听闻尖叫、自我麻痹、震惊惶恐、灵魂被牵引、做出选择,然后便是胜者的庆祝夹杂着败者的崩溃。1962年的选举甚至没了令人震惊的部分,一切都在计划之中。"一篇署名为爱德华多·H.加莱亚诺的文章再一次报道了这个国家的一成不变,而他加上H仅仅是为了安抚父亲这边的家人。也是在这篇报道中,他证实了希尔曼对他的判断,用短短几行文字便展

---

① 加布里埃尔·萨阿德,《爱德华多·加莱亚诺:以文学来讲述拉丁美洲激情》,选自《西班牙语美洲大事记》,1977年,第324期,第454—469页,西班牙,马德里。

示出了敏锐的分析力和强大的主观批评意愿。"一把剑总是双刃的,有时候,你不知道一面使出来会有什么效果。25号那天,建筑工人们和其他人一样绝望地投给了白党和红党。而第二天,在薪酬委员会的选举中,由共产党领导的建筑工人工会(SUNCA)却获得了超过由白党领导的武装力量(FAS)17倍的选票。这听上去像开玩笑一样,但确实并非玩笑:左翼党派在选举中遭遇滑铁卢,却在工会中赢得了胜利。"而且之后一定会全面胜利。"有人说左派注定要在他们自己的恶性循环中失败,因为大学生联盟必定有很大的局限性。但其实这也可以做其他解释。革命并没有和选举时期完全重合,就像嘉年华也未必就代表每个人生命中最快乐的时期。"这个比喻讲得很清楚了,作者对未来的展望和他的观点都会成为吸引读者的双刃剑。

加莱亚诺报道中采用的主观角度已经开始成为周刊默认的风格和武器之一,与此同时,也渐渐成为他自成一派的风格特点。他的文章横跨多种新闻文体,并借鉴文学作品的精华,日渐成熟。

也正是在1962年,加莱亚诺下定了他想留在写作领域发展的决心,从此开始远离狂热的政治运动,多年来他一直以此替代自己对上帝的信仰。他一边在《前进》周刊撰写并编辑报道,一边从1960年起在共和国大学出版部门工作,是这份出版工作让他得以赚钱生存。所有《前进》周刊的合作者都明白,那里是他们喜欢的地方,却并非可以盈利之处。根据他自己的描述,幸好他通过岗位竞选,进入了大学的出版部。当时,社会党人马里奥·卡西诺尼当上共和国大学的校长,马里奥也是反对埃米利奥·弗鲁戈尼领导社会党的代表之一。

这一年加莱亚诺也开始了第二段婚姻。他和格拉谢拉·贝罗·罗维拉先后有了两个孩子,1963 年出生的弗洛伦西娅和 1966 年出生的克劳迪奥。和爱德华多一样,格拉谢拉也来自一个有历史的贵族家庭,并且和民族党有着密切联系。贝尔纳多·普鲁登西奥·贝罗是她的家族中最出名的一位。他是 1845 年至 1851 年曼努埃尔·奥里韦任总统期间的政府部长及 1852 年第二次乌拉圭战争爆发时被参议院任命的临时总统,虽然任期只有短短 15 天。1860 年至 1864 年,贝尔纳多最终坐在了领导国家的最高位置上,出任乌拉圭第七任总统。格拉谢拉是一名律师,她一直在乌拉圭民事法院工作,直到 2010 年年底才退休。20 世纪 60 年代学习法律期间,她遇见了处于新闻事业上升期的加莱亚诺,二人组建了家庭。那些年的新闻报道和其他日常工作让加莱亚诺头晕目眩,消耗了他很多精力。自从决定走写作道路后,他获得了新生,他的好几篇报道和好几部著作都提到自己感受到了与世界对抗的必要性。

从《前进》周刊主编的职位开始,加莱亚诺彻彻底底地投身了新闻业,并成为一位有分量且受人尊敬的年轻人。在那个政治形势动荡和意识形态纷争不断的年代,他在拉丁美洲最负盛名的周刊所担任的职位并不是随便谁都可以胜任的。加莱亚诺出任主编时,因为基哈诺的坚持不懈,《前进》周刊的关注点一直聚焦在拉丁美洲的问题上,通过这种方式,越来越多的拉美各国记者走上了这条路,从而大大增加了该方向的新闻报道量。如果单看事件的报道数量,欧洲的新闻已经不及拉美,仅居第二位。尤为多的是古巴革命给邻国们所带来的政治变革的相关报道。比如秘鲁作家马里奥·巴尔加斯·略萨在 1962 年 12 月 7 日发表的关于古巴形势的报道:"我刚刚在古巴度过了两个星期,这个国家正处于至关重要的时期,回来后我更加确信两个非常重要的事实:革命确已稳固,想要肃清革命势力，只有通过美国直接且大规模的入侵才能实现，但会带来无法估量的后果；其次，古巴的社会主义独一无二，它与苏联集团的国家的确有着显著的区别，古巴目前的政治情形一定可以对之后世界的社会主义产生极大的影响。"①身为知识分子的巴尔加斯·略萨发表了这样令人难以置信的言论，而他最终也投身到了火热的斗争中。当然也不能忽略基哈诺在周刊上对极具争议的苏联问题的报道，当时苏联已经没有了斯大林的领导，新兴的共产主义在毛泽东的领导下在中国萌芽，各种形式的社会主义都力求在国际社会获得合法性。这就使得战后三大巨头丘吉尔、斯大林和罗斯福的共存问题变得异常复杂，最终他们以冷战为防御，将世界分极。《前进》周刊深谙拉丁美洲的思想，试图在这种意识形态的分极下寻求本土化的第三方阵营。因此，以写作激发革命便不显得出乎意料，《前进》周刊继续通过文字为拉丁美洲的革命火车添煤加力。

"安赫尔·拉马加入周刊文学部对拉美人来说也是一次重大的转折。他所做的第一步就是在文化上加强拉美大陆的整体性，彻底抛弃所谓的自治权的恢复，抛弃地域主义和长期在拉美文化领域唱主调的民间主义，转向整合拉丁美洲文化产品及作家的思想。"希尔曼在加莱亚诺引领的新阶段曾这样说道。事实上，拉马取代了基哈诺时期这一部门的另外一位重要人物：埃米尔·罗德里格斯·莫内加尔。拉马与他的观点一直有分歧。罗德里格斯·莫内加尔是一位亲英派的文学批评家，也是英国文学专家，他在20世纪40年代战争年间是文学部门的灵魂人物，但对于基哈诺引领

---

① 《革命报道》，马里奥·巴尔加斯·略萨在哈瓦那所作，载于《前进》周刊，第1136期，1962年12月7日。

着、加莱亚诺实践着的拉丁美洲反帝国主义的新时期来说,他的思想显得过于陈旧。基哈诺的旧友、1985 年和加莱亚诺共同创造《缺口》的乌戈·阿尔法罗在回忆录中写道:"安赫尔·拉马替代了埃米尔·罗德里格斯·莫内加尔,负责文学版面,这样一来,周刊发生了巨大的变化。安赫尔不是一般人可以理解的,他在周刊上密切关注拉丁美洲战线,关注社会主义和第三世界阵营。"①但新阶段并不意味着完全地忽视旧阶段,而是更加注重与旧阶段的区别。周刊合作者的名单也显示了基哈诺的号召力。马里奥·贝内德蒂、马里奥·特拉杰滕伯格、乌戈·阿尔法罗、奥梅罗·阿尔西纳·德芬内、豪尔赫·鲁菲内利、萨兰迪·卡布雷拉、伊德阿·比拉里尼奥和他的兄弟努门·比拉里尼奥,以及早期的胡安·卡洛斯·奥内蒂,他们都是曾在周刊文化版面写过稿的合作者。很多文人都从记者转变成了之后对世界文学和政坛产生极大影响的作家,如加夫列尔·加西亚·马尔克斯、马里奥·巴尔加斯·略萨、胡利奥·科塔萨尔、克里斯蒂娜·佩里·罗西、奥古斯托·罗亚·巴斯托斯、曼努埃尔·普伊格、阿尔弗雷多·布里希·艾契尼格、卡洛斯·富恩特斯、安东尼奥·斯卡尔梅达、塞巴斯蒂安·萨拉萨尔·邦迪。当然还包括很多在周刊的不同时期撰写历史杂文的多才多艺的记者,比如格雷戈里奥·塞尔瑟、罗赫略·加西亚·卢波、鲁道夫·特拉格诺、阿尔韦托·西里亚、戴维·比尼亚斯和伊斯梅尔·比尼亚斯两兄弟,还有来自布宜诺斯艾利斯的鲁道夫·沃尔什。在欧洲,周刊也有很多合作者,如让-保罗·萨特、瓦尔多·弗兰克、胡安·戈伊蒂索洛、叶夫根尼·叶夫图申科。埃内斯托·萨瓦托并不是周刊的常客,但被其声望所吸引,于 20 世纪 60

---

① 《航行是必需的》,载于《前进》周刊,乌戈·阿尔法罗,东岸出版社,蒙得维的亚,1987 年。

年代初参加了一次由周刊主办的小说大赛。

　　加莱亚诺完全投入这场文化战役并扮演了核心角色，就像之后我们所看到的那样，他身体的每个细胞都被吸引，就像突然间恢复了童年和少年时期那种对上帝的着迷。毫无疑问，《前进》周刊是加莱亚诺作为记者和知识分子的信息来源。在蒙得维的亚老城区林孔大街 522 号的编辑部里，他开始了与拉美世界、作家、历史、革命思潮的接触和碰撞。也是在这个编辑部里，他永远地摧毁了自己动荡的过去，塑造了一个全新的加莱亚诺。一年后，这位全新的加莱亚诺开始用文字开辟属于自己的道路，随着时间的流逝，他的风格也经历了改变，尤其深受各种创伤性事实的风吹雨打。这，与拉丁美洲的历史不可分割。

Eduardo, Guillermo y Matildita Hughes Roosen Galiano

(Foto Frangella)

休斯·加莱亚诺三兄妹。左起：吉列尔莫（4岁）、玛蒂尔德（2岁）和爱德华多（6岁）。（照片来源：班尼斯特·休斯家族照片存档）

蒙得维的亚胡利奥塞萨尔大街 1114 号,爱德华多·加莱亚诺童年时居住的地方。(照片来源:休斯·加莱亚诺家族照片存档)

爱德华多·加莱亚诺1970在古巴哈瓦那美洲之家出版社担任拉丁美洲文学竞赛奖评审时的照片。（感谢美洲之家提供照片）

爱德华多·加莱亚诺1970年担任古巴美洲之家出版社拉丁美洲文学竞赛奖评审参加讨论时的照片,右起第二位,他手肘搭在桌面上。(感谢美洲之家提供照片)

DE IZQUIERDA A DERECHA: *Valdés Costa, Wainer, Galeano, Paysée González, Graciela Berro, Canedo, Millot, Quijano, Isabel Gilbert, Angel Rama, Julio Castro, Mabel López, Julio E. Suárez ("Peloduro"), Hugo Toja, Centurión, Carlos Núñez, Mauricio Müller, Alfaro y Gonzalo de Freitas en la celebración de los 25 años de* **Marcha** *(23 de junio de 1964)*

1964年的加莱亚诺,左起第三位。与《前进》周刊团队所有人员庆祝创刊二十五周年的合影。(照片来源:乌拉圭《缺口》周刊存档)

加莱亚诺1975年凭借小说《我们的歌》获得拉丁美洲文学竞赛奖时与古巴女记者帕基塔·阿马斯·丰塞卡在美洲之家出版社的合影。（感谢美洲之家提供照片）

流亡西班牙的加莱亚诺于 1983 年到访美洲之家出版社。（感谢美洲之家提供照片）

2012 年 1 月爱德华多·加莱亚诺在美洲之家出版社切·格瓦拉大厅进行关于他的作品《时日之子》的对话。第一排戴帽子的先生是他的好友罗伯托·费尔南德斯·雷塔马尔。（感谢美洲之家提供照片）

2012 年 1 月加莱亚诺到访古巴。（感谢美洲之家提供照片）

加莱亚诺与美洲之家出版社社长罗伯托·费尔南德斯·雷塔马尔，2012 年 1月在哈瓦那的一场公开讲座中。（感谢美洲之家提供照片）

2012 年加莱亚诺到达哈瓦那。（感谢美洲之家提供照片）

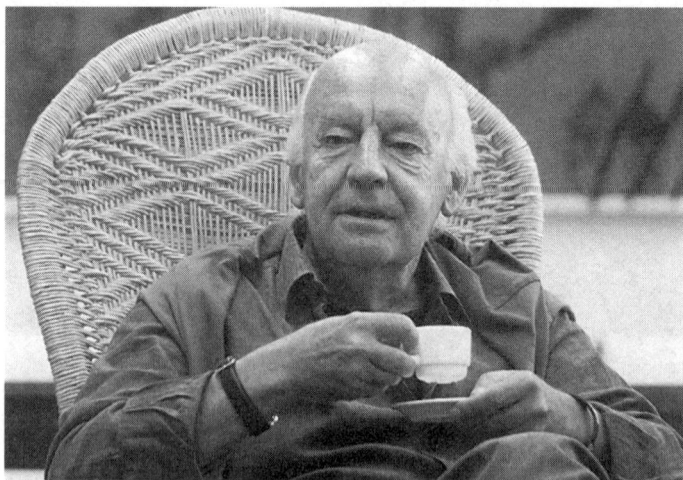

2012 年 1 月在哈瓦那接受采访的加莱亚诺。（感谢美洲之家提供照片）

第六章

拉丁美洲革命的前行

加莱亚诺的早期作品和旅行（1962—1964）

　　加莱亚诺在《前进》周刊担任主编,结束了周刊的旧时期,也开启了一个新纪元,不仅是指其内部意识形态的转变,更是指它开始从一个更加严格的新闻角度看问题。从意识形态的角度出发,拉丁美洲和第三世界问题正在整个拉美大陆传播。如果考虑到每周《前进》周刊的传播速度和它对拉美其他国家的影响,再加上古巴革命作为意识形态改变的引擎以及苏联和中国之间发生冲突的大背景,很容易就可以想象到知识分子笔下文字的沸腾程度,但很多时候,这种文字是脱离政治形态甚至脱离党派活动的。加莱亚诺选择全身心投身新闻界,但希夫莱特仍在两个前线奋战不息:写作和党派争斗。和加莱亚诺一起,他们大力传播西班牙"50一代"作家的作品,希夫莱特将这些作品描述为与危地马拉政变斗争的利器。对于基哈诺而言,此举意味着《前进》周刊的一个转向,转到关注先锋性议题和顺应新时期的思潮上来。年轻的社会主义分子森迪克、希夫莱特·迪亚斯和加莱亚诺的努力没有白费,他们通过团结其他意识形态的政治团体、突出左派的主导作用,希望让大家了解国家的实际状况。他们的方针是《前进》周刊从创刊起就已刻下的标记:反帝国主义、社会主义和第三方立场。这三点也是基哈诺最具历史意义的思想。

对于一个像乌拉圭这样的国家来说,《前进》周刊里基哈诺和其他合作者所采用的观点是一种很难让人追随也很难令人消化的批评主义。"周刊最常受到的批评是说它吹毛求疵——在那个年代,绰号'哥特少年'①还是挺恰当的——这被认为是某种悲观主义在起作用,在任意场合、任何想象中。"克劳迪娅·希尔曼的定义意味着将《前进》周刊置于了乌拉圭风暴的中心。"当基哈诺的周刊被指责说并没有铸造一个更好的现实,也没有实际地解决问题时,如何去定义那些判断它的重要性的标准就显得至关重要了。"希尔曼补充说。②

当卡洛斯·基哈诺将斥责政府措施的报道定为周刊的封面时,记者和编辑们并没有料到这些采访和报道任务的后果。爱德华多·加莱亚诺在第 1173 期上发表了一篇文章,报道了蒙得维的亚港入口处一艘外国船只搁浅近一周时间且拒绝被乌拉圭政府部门牵引拖走的事件。这位船长的故事正好告诉大家,乌拉圭港口协助陷入困境的船舶时会收取高额费用。③ 然而,这个貌似并无他意的故事却饱含对权力阶层的批评。1961 年 9 月至 11 月,加莱亚

---

① 有着反叛之心的忧郁的知识分子。——译者注

② 《六十年代的政治与文化——乌拉圭〈前进〉周刊》,载于《前进》周刊。克劳迪娅·希尔曼阿根廷国家科学与技术研究理事会(CONICET)1990 年项目开题报告。

③ 爱德华多·加莱亚诺,《老船长和如海一般广阔的河流》,载于《前进》周刊,第 1173 期,第 9 页,1963 年 9 月 13 日,星期五。

诺在周刊封底发表的一系列五篇报道,讲述了国有工业的现状,除了包含当前经济危机下的具体数据,还公开批判了被白党夺回的新政府当下采取的各种措施。

还有一些针对类似情况的较温和的批评声也起到了相同的作用,提升了《前进》周刊在20世纪70年代报道乌拉圭问题的关键作用。通过传播知识、披露事实和发表观点,周刊在早已动荡不安的拉丁美洲迅速受到广泛的欢迎。拉美各国有着明确的左派政治立场的记者和有识之士在政党的运动和组织中壮大起来。年轻的马里奥·巴尔加斯·略萨便是最为典型的例子,尽管他当时已经定居欧洲,还是坚持为古巴革命和秘鲁叛乱运动发声。1963年6月7日,因为年轻诗人、游击队员哈维尔·赫劳德的死亡,《前进》周刊宣布对抗秘鲁政府,就此20世纪60年代的周刊开始直言不讳地表明其政治立场。利马记者塞巴斯蒂安·萨拉萨尔·邦迪是秘鲁社会进步运动的发起者之一,他们受到古巴革命浪潮的启发,在秘鲁进行抗议活动。而在布宜诺斯艾利斯,与周刊合作最频繁的两位记者则是格雷戈里奥·塞尔瑟和罗赫略·加西亚·卢波。塞尔瑟是20世纪研究美国帝国主义在拉丁美洲的影响的最负盛名的研究员之一。加西亚·卢波则一直参与阿根廷左派出版物的批评报道工作,并和里卡多·马塞蒂·鲁道夫·沃尔什·加夫列尔·加西亚·马尔克斯以及其他切·格瓦拉亲自召集的文人一起,在哈瓦那参与创立了拉丁美洲通讯社。

古巴革命和拉丁美洲其他的社会运动被认为是这些新左派记者出现的原因。希尔曼在他的作品中也持这样的观点。"令人惊讶的是,《前进》周刊作为一本当代读物并不算非常激进,从20世纪60年代中期开始,在拉美、欧洲、亚洲和非洲军人以及知识分子间有很多关于武装斗争必然性的论述在传播,相较而言,周刊一度

加莱亚诺传

变得不温不火，就连同时期的合作者都这样怀疑过。"①然而，可以确定的是，《前进》周刊编辑部风水轮流转，其内部的立场在支持武装斗争和支持以基哈诺为代表的谴责暴力、谋求社会主义制度合法化之间摇摆不定。加莱亚诺当选主编与一场仍处于萌芽阶段的内部争吵不无关系，尽管几年后他离开这个职位时才是卡洛斯·基哈诺和周刊众多记者关系最为紧张的时期。加莱亚诺出任主编时，关于意识形态的讨论已经覆盖整个拉丁美洲，变成了动荡不安的背景下社会变革的目的，从乌拉圭内部政治角度来说，白党领导的新政府从考虑团结左翼开始就遭到了极大的批评。这便解释了为什么加莱亚诺会脱离社会党人埃米利奥·弗鲁戈尼所持的立场，肩负起联合左翼、重建比维安·特里亚斯总书记领导下的新革命阵营的重任。在《前进》周刊存续期间，有个栏目名为《读者来信》，在这个栏目里就可发现周刊从 50 年代和 60 年代初起所坚持的左翼进步思想，读者都来自乌拉圭不同形式的左翼阵营，他们在寻求统一与推动进步的过程中扮演着主导角色。尤其是 1961 年至 1964 年加莱亚诺出任主编时，周刊里有很多来自乌拉圭无政府主义联盟(FAU)、蒙得维的亚不同区域的社会主义中心、共产党的战士、传统白党和红党内部的左翼进步人士，甚至托洛茨基主义组织成员的来信。基哈诺给予那些为埃米利奥·弗鲁戈尼而寄来的信件以优待，这也间接集结了由特里亚斯领导的左翼年轻人。基哈诺特地空出第二和第三版面，让这些年轻人有充足的空间来发表观点，甚至将这位社会党老领导人寄给周刊的信件稍做编辑，以报道的形式在杂志上公开。这也代表基哈诺从历史自由合法性的

① 《六十年代的政治与文化——乌拉圭〈前进〉周刊》，载于《前进》周刊。克劳迪娅·希尔曼阿根廷国家科学与技术研究理事会(CONICET)1990 年项目开题报告。

124

角度对弗鲁戈尼进行的评估以及加莱亚诺对其的容忍。在第 1101
期《前进》周刊中,加莱亚诺又在封底发表了一篇题为《社会党的重
生?》的文章,分析了由特里亚斯领导的新社会党所带来的新气象。
他选择用简短的文字介绍社会主义代表大会的结果和立场,并报
道对特里亚斯和弗鲁戈尼的采访。年轻的加莱亚诺脑中一定有一
秒闪过那些周日下午,劳尔·森迪克和老弗鲁戈尼在人民之家所
发起的关于乌拉圭现实下社会主义发展道路的论战。之后他会立
刻想起与当时还是社会党领导人的老弗鲁戈尼一起看电影的时
光。然而,在"爱德华多·H. 加莱亚诺"这个签名之下,他已经进
入了新阵营,将在《太阳报》度过的漫画岁月彻底抛诸脑后。

在基哈诺的帮助下,加莱亚诺在新闻界迅速崛起,甚至开始在
电视界崭露头角。因为他少年时的朋友、社会党人吉列尔莫·希
夫莱特,他开始参与蒙得维的亚 12 频道的政治脱口秀节目《面对
面》,每周日晚上 11 点播出。1963 年 7 月 28 日,加莱亚诺的荧屏
冒险之旅正式开启,根据希夫莱特的描述,这个节目的制作还要感
谢他和加莱亚诺之前参加的另外一个电视节目。尽管已经没有当
时的影片记录,也没有现场照片,节目里所谈论的主要议题和所采
访的相关人物都通过这块左翼阵营的显示屏传播了出去,正好和
卡洛斯·基哈诺的平面媒体相得益彰。因为《面对面》节目,共产
党的议员罗德尼·阿里斯门迪第一次亮相电视荧幕。作为团结世
界左翼阵营的一部分,诗人马科斯·安娜也得到了周刊的全力支
持。当时他刚从佛朗哥统治下的西班牙监狱出来,于 1963 年 9 月
初抵达蒙得维的亚,不仅接受了周刊的采访,也在蒙得维的亚 12
频道接受了加莱亚诺和希夫莱特的访问。

"爱德华多在记者界获得了良好的声誉。他不害怕面对那些

具有争议的立场，甚至据理力争地捍卫这些立场，这在 20 世纪 60 年代是非常出格的表现。"他的表弟孔拉多·休斯·阿尔瓦雷斯回忆道。"1965 年，有一次，我们邀请他参加一场基督教家庭运动协会（MFC）组织的辩论活动，当时我是青年分会的会长。活动持续了一整天，议题甚至涉及了乌拉圭经济现状，爱德华多·加莱亚诺和当时的白党国民教育部部长费尔南多·奥利乌都参与了，费尔南多是天主教徒，也是一位非常重要的知识分子。他们双方发生了异常激烈的争辩。同样，为极端立场辩护的情况还发生在 1967 年六七月份一个叫《观众之声》的栏目上，该栏目是由记者马里奥·卡普兰主持的，议题有关'六日战争'①，当时乌拉圭持支持以色列的立场，当然，现如今这一立场早就被爱德华多所在的左翼阵营抛弃了。当时，加莱亚诺在节目里用坚定的论据为巴勒斯坦人辩护，因为他一直是一旦下定决心就没人能阻止那种人。在当时，他支持巴勒斯坦的立场和他所进行的那些辩护都只会受到公众的嘲笑，公众称他为极端分子。"孔拉多·休斯在 2014 年 8 月 12 日接受我采访时说道。

加莱亚诺和希夫莱特开始每周固定在电视节日《面对面》上出现，卡洛斯·基哈诺也开始在周刊做出新的尝试，或许是因为回想起自己 32 年前在《民族日报》的失败经历吧。《民族日报》曾经汇聚了很大一部分持第三方立场的左翼阵营的人，并且远离了已经拥有自己的宣传媒体《人民报》的共产党。从 20 世纪 50 年代末期开始，《前进》周刊的《读者来信》栏目发表了好几篇文章，都要求周刊能以日报的形式出版发行。

在 1961 年 10 月 27 日周刊第 1081 期中，一则简讯宣布了一个

---

① 即第三次中东战争。——译者注

新公司的正式诞生,相关文件是由基哈诺十分信任的记者恩里克·派塞·冈萨雷斯签署的。简讯以《必不可少的公司》为标题,介绍了一些管理和运行上的细节内容。"我们将其命名为《时代报》,以晨报形式出现。"简讯当中这样写道。之后,他们还宣称需要 300 万比索,会以每股 500 比索(共 6000 股)的价格卖给未来的读者。为了运营《时代报》,他们成立了独立出版社股份有限公司,任命"卡洛斯·基哈诺为董事会主席,埃克托尔·阿米利瓦博士为副主席,卡洛斯·皮耶夫先生为秘书,以及会计阿列尔·阿尔瓦雷斯和建筑师恩里克·贝苏勒夫斯、阿尔韦托·卡伊马里斯博士和奥斯瓦尔多·得拉富恩特博士、恩里克·赫斯托先生和弗朗西斯科·维达尔·伊拉索基博士为主席团成员"。简讯中称:"《时代报》还没有执行总编,没有管理人员,没有主编,没有编辑团队,甚至连写稿人都还没有",但是期望它"从接下来的 12 月开始"就可以顺利出版,"只要从 1962 年 3 月开始股票能持续稳定地卖出去"。最终在 1962 年 6 月 4 日,第 1 期《时代报》诞生,它是由左翼不同党派的阵营统一意志发表的第一份报纸。"《时代报》传达的思想与《前进》周刊类似,但其因报纸的形式而显得更加灵活便捷。"《时代报》体育版的负责人安赫尔·罗科说道。"《时代报》实际上可以说是后来广泛阵线的起点。该报基本上由社会党、图帕马罗斯民族解放运动组织、乌拉圭无政府主义联盟及其他一些小的左翼团体给予资金支持。这便是广泛阵线的萌芽。由于基哈诺一直致力于团结左翼阵营,从政治和新闻的角度出发,《时代报》可以看作这些阵营统一执政的地方,而他本人也就自然而然地肩负起了领导多方的责任。基哈诺绝对是一位独一无二的导师。"

伊沃内·特里亚斯和乌尼韦辛多·罗德里格斯也都证实了当时《时代报》寻求左翼统一的想法。"《时代报》是一个勇敢的项目,左翼团体和个人都参与了该报的创建和运营，但它不属于任何一个政党。"①日报当中有每周专栏，左派革命运动（MIR）、东方革命运动（MRO）以及像社会主义先锋派、前进派和新基地派这样的组织共同形成的团体都在专栏里发表不同见解。同样，这些党派和组织也使日报可以在不同的方向上轮转议题。因此，《时代报》有五派执行总编，分别是基哈诺，无政府主义者古滕伯格·查尔克罗，社会主义者吉列尔莫·希夫莱特、爱德华多·加莱亚诺（作为独立人，同时还负责《前进》周刊）、赫拉尔多·加蒂，左翼阵营里的独立分子卡洛斯·玛丽亚·古铁雷斯，以及图帕马罗斯民族解放运动的劳尔·森迪克，只是随着时间的流逝及政治局势的恶化，基哈诺也逐渐转向他的朋友森迪克一派了。

1962年，《时代报》诞生。1967年12月12日，红党人豪尔赫·帕切科·阿雷科领导的政府下令将其关闭，《时代报》就此停刊。根据加莱亚诺、罗科和希夫莱特的回忆，该报发行量曾高达1.9万份。《时代报》曾报道过左翼人士的多个标志性事件，该报也是加莱亚诺人生中的一个重要时期，我们将在下一章具体介绍。

1962年至1963年，《前进》周刊和基哈诺支持下的加莱亚诺声名远扬，甚至越过了拉普拉塔河的边界线。他成了乌拉圭犀利派记者中的佼佼者。"尖锐的论战风格让爱德华多·H.加莱亚诺成为当时乌拉圭最为敏锐的记者之一，他的文章甚至远载于国外的报纸和杂志。"②这是他的小说《未来几日》封底上的文字。确实，从

---

① 伊沃内·特里亚斯、乌尼韦辛多·罗德里格斯，《革命者赫拉尔多·加蒂》，特里尔塞出版社，蒙得维的亚，2013年，第二版。

② 爱德华多·加莱亚诺，《未来几日》，封底，阿尔法出版社，蒙得维的亚，1967年。

《前进》周刊主编的位置开始,加莱亚诺从20世纪60年代起就在不结盟的左翼最有标志性的两本杂志上发表文章。一本是南斯拉夫贝尔格莱德的半月刊《国际政治》,该刊是由和南斯拉夫总统约瑟普·布罗兹·铁托亲近的知识分子和政客创办的,这位总统正是不结盟运动的推动者之一。《国际政治》创办于1950年,1991年停刊,见证了南斯拉夫社会主义联邦共和国从成立到1980年铁托逝世后解体的全过程。加莱亚诺在该刊发表关于拉美政局的报道,介绍古巴革命的意义及其给拉美解放运动带来的影响。

另一本是《每月评论:国际政治研究月刊》。尽管副标题起得有些隆重,但在拉美,该刊被认为是美国《每月评论》的西语版,时至今日,该刊仍以电子刊物的形式存在,网址是 www.monthlyreview.org,副标题改为了"社会主义独立报",显然更加贴近创始人当初的想法。该出版物当时是由马克思主义经济学家保罗·斯威奇和他的同事利奥·胡贝尔曼共同创立的。斯威奇是纽约的一名马克思主义者,20世纪50年代美国麦卡锡主义盛行之际,他在新罕布什尔大学发表了一场宣扬马克思主义的演讲后遭到迫害。斯威奇和该杂志的案例成为美国最高法院干预新闻出版自由的典型案例。很明显,无论是《每月评论:国际政治研究月刊》还是《国际政治》都是那个年代左翼分子反帝国主义的产物,但它们都独立于任何一个声称坚持社会主义思想纯洁性的派别。也就是这样,加莱亚诺留下了他的足迹,也显现出《前进》周刊对他点点滴滴的影响——反帝国主义和第三方立场。然而,从经济收入方面来看,在《每月评论》的经验并没有给加莱亚诺带来较多好处。"我给这本美国的杂志撰写了不少文章,当时的形势下杂志社是强势的一方,所以我一直未开口要他们支付稿酬。只有一次,大约已经过了三年多的时间,我实在没有收入了,便写信给他们。他们却只回了我一封信,随信寄给了我少许本就属于我的合作酬劳，他们的财务状况确实不好。"①

　　1962 年，加莱亚诺已经和他的第一任妻子西尔维亚·布兰度分开了，她也是一位老社会主义活动家的女儿。他们早年间在社会主义的活动中相遇，加莱亚诺和西尔维亚有一个女儿，名叫维罗妮卡。之后，加莱亚诺又和格拉谢拉·贝罗·罗维拉·图雷尔结婚。格拉谢拉的父亲是吉多·贝罗·奥里韦，母亲是玛丽亚·梅塞德斯·罗维拉·图雷尔。1963 年 11 月 12 日，加莱亚诺的二女儿弗洛伦西娅出生。格拉谢拉和她的两个兄弟吉多、奥雷利亚诺·何塞都继承了他们的父亲，从事法律行业。吉多·贝罗·罗维拉一直工作到 2009 年才退休，他是乌拉圭最著名的法医，还参与了军政独裁时期失踪人口遗体的鉴别工作。而奥雷利亚诺·何塞，家人和朋友都称他为拉罗，他是乌拉圭退休养老协会的董事，直至 2010 年 3 月逝世。格拉谢拉从 1964 年 10 月 14 日开始一直从事法律工作，当时她的女儿弗洛伦西娅还在襁褓之中。她从律师开始自己的事业，最终以民事法官的身份退休。

　　在大学的工作和对于《前进》周刊的热忱并没有耽误加莱亚诺的写作，他默默地重写了很多在之前的大火中丢失的资料。他将这段成长于这个灰暗又一成不变的国度的经历写进了他的一本小说。那是他的第一本书，也是唯一一部短篇小说，于 1963 年 8 月出版。书里展示了他的内心如何继续斗争，与这个死寂的、"无法进行冒险的"、慢慢吞噬民众的国度进行的斗争。

　　这本小说的题目有点宽泛，也不明确，但这恰恰和他追求的

① 　引自塞萨尔·迪·坎迪亚的采访文。

"超然存在"以及时代精神相吻合。书中反映了一些社会阶层的极度空虚,他们的面具因为经济危机而被撕破。《未来几日》这本书由蒙得维的亚阿尔法出版社出版。加莱亚诺自己在小说的最后一章坦言,整本书其实是在 1962 年 8 月到 12 月完成的。虽仅 22 岁,但他对漫画和新闻叙事有着非常全面又有力的建构能力。加莱亚诺决定投身到创作中,仅仅一年后,他再次成功地写出了《雄狮日幽灵》。但其实,他是在 1967 年阿尔法出版社再版《未来几日》时,才找到了解决自己内心追求这一问题的最终办法,那就是试图去寻找事物的本质,试图超越一切。

这部小说的主角是 20 世纪 60 年代蒙得维的亚的中产阶级年轻人,他们一直在寻觅能够赋予生命意义的道路。小说里有很多亲密场景的描写,会让人联想起埃内斯托·萨瓦托的《隧道》。小说对时代有着很大的贡献,正如当时老威廉·福克纳的作品一样,又如稍晚些的文学大师胡安·卡洛斯·奥内蒂试图描绘世界一般。主角都是年轻人,他们有着奢侈的消费习惯,却开始无力偿还债务,也正是这群年轻人,内心有着深深的疑问,不知自己前进的方向到底在哪儿。亲密场景在书中比比皆是,一根永不熄灭的香烟变成了一种新颖的象征,酒精的弥漫、性欲、对忠诚的怀疑、可疑的房间、死亡之谜……所有这一切都发生在这座城市的某个角落里。在主角马里奥身上似乎不难发现作者自己的身影。几年后,在 1967 年的再版里,加莱亚诺写了一篇"再版序言",他悲伤地写道:"并不是我后悔写这部小说,不是这样,只是如今的我发现它有些幼稚和脆弱,这些缺点甚至掩盖了我当初写它时赋予它的那些美好。不过,即便如此又怎样呢? 我还是这么喜欢它。也许这就像童年时犯下的错,无论如何,我就是喜欢童年时犯下的错。"记者塞萨尔·迪·坎迪亚认为,在这部作品里能够清楚地观察到"一种卖弄、一种令人无法忍受的自负以及一种令人讨厌的存在",加莱亚诺也笑着承认了这点。[①] 当然,战斗的精神也呈现其中。"1963年,在出版后的头几个月里,小说得到了读者的好评,短时间内便销售一空。评论家们也给出了较好的反应,除了其中的一位。这位评论家误以为我就是书里的主人公,因此非常讨厌我,像我引用福克纳,就因为他使用了第一人称,总会有种误解,认为他就是书里的白痴、吝啬鬼或是乱伦的兄弟。"小说里人物的新面貌、新个性,与《前进》周刊战壕里努力奋斗的加莱亚诺完全不同,革命者需要摆脱自己来自英国的小资产阶级原生家庭,以此来宣告自己从此脱离盎格鲁-撒克逊血统。"我承认这个主角可能会令人厌恶,但这不是我的错。无论如何,这是现实的错误。现实造就了这种小资产阶级的年轻人,他们常常以他人的厌恶为骄傲,有时表现得会稍微不错些,但总体来说这一代人非常自私、愚蠢、自负。"说这番话时,这位原属于小资产阶级的年轻人站在20世纪60年代的蒙得维的亚观察着这世界。

1963年8月30日,加莱亚诺的同事、记者、评论家伊韦尔·孔特里斯在《前进》周刊发表了该书的摘要和书评。"爱德华多·加莱亚诺绝对是乌拉圭历史上最杰出的文学一代中的典型。年仅22岁,14岁开始为报刊写文,现任《前进》周刊的主编,诸如《国际政治》和《每月评论》这样的国际政治期刊的撰稿人,电视节目的核心人物之一,加莱亚诺的事业提前迅速进入了上升期。他因为《未来几日》的出版,正式进入了文学圈,这部短篇小说似乎宣告了他作

---

① 爱德华多·加莱亚诺,《我对于写作这个行业有信仰,我坚信无须出卖良心或者租借灵魂也可以写作》。塞萨尔·迪·坎迪亚对爱德华多·加莱亚诺的采访,《寻求》周刊,蒙得维的亚,1987年10月22日,第32—33页。

为作家的禀赋和才能。"①虽然放在 21 世纪似乎可以理解一位记者在书评当中以这样的方式赞美自己的上司,但孔特里斯敏锐的观察力和感知力还是令人惊讶不已。他发现了年轻的加莱亚诺在叙事风格上的四个特点,在某些情况下,这些特点会化为更加精巧的写作形式,在另一些情况下则一直保留至加莱亚诺的成熟期,成为加莱亚诺写作的武器。孔特里斯认为,这本小说最想表达的是"某种蓄意的模糊",好让整个故事的叙述和建构都笼罩在一种灰暗的色调和朦胧的轮廓中。"他对周围的对话有双极其专注且敏感的耳朵",孔特里斯将此定义为加莱亚诺写作的第二个特征,毫无疑问,因为关注细节,他赋予了小说真实性和可信度……第三,他强调对白功能的极致性,没有隐喻、没有诗句,用于构建人物行为的文字相当直白。最后,孔特里斯还指出,"句子里有很多成分的位置变化,作者打破文学语言的僵硬,使得表达更加灵活"。末了,他补充道:"这四种元素构成了一种个人风格,代表了加莱亚诺所吸收的他人影响和他在文学成熟初期的特征。当然,对于一个初登文学舞台的作家来说,这已经是非常难得的了。"②

从寻觅未知道路的角度来说,有两部 20 世纪 60 年代的阿根廷电影也值得一提:《悲伤的年轻人》和《帕哈利托·戈麦斯》。它们的色调和加莱亚诺的小说一致。《悲伤的年轻人》由玛丽亚·巴内尔和阿尔韦托·阿希瓦伊主演,由 20 世纪 60 年代最优秀的电影人之一罗多尔福·库恩编剧和执导,一些评论家认为,罗多尔福是拉丁美洲电影革新的代表人物。这部电影于 1962 年 6 月 5 日上映,在 1963 年的阿根廷电影节获银鹰奖,首次在银幕上呈现了 50 年代

---

① 伊韦尔·孔特里斯,《荒唐的死亡追击》,载于《前进》周刊,第 1171 期。

② 伊韦尔·孔特里斯,《荒唐的死亡追击》,载于《前进》周刊,第 1171 期。

末阿根廷年轻人的焦躁不安。尽管阿根廷的政治环境与乌拉圭有所不同，但可以说拉普拉塔河流域的两岸都进入了一个新的时代。布宜诺斯艾利斯开始进入弗朗迪西执政时期，而蒙得维的亚则面临着巨大的体制危机，百年红党执政结束，之后政权纷争，而后白党又掌控了两届政府。罗多尔福·库恩执导的《悲伤的年轻人》从一定意义上来说，其实就是加莱亚诺的《未来几日》。

《帕哈利托·戈麦斯》被很多人解读为一部讽刺电影，讲述了歌手拉蒙·帕利托·奥尔特加以及一档 60 年代风靡阿根廷的电视节目——《流行团体俱乐部》——如何成功的故事。在那个时代，没有榜样作参照，人们的物质空虚被各种音乐所填补，不一而足，娱乐产业因而获得了大丰收。加莱亚诺本人当时也是阿根廷电视节目的评论员，1963 年 6 月，他写了一篇关于国家 5 台成立的新闻报道："在阿根廷也有众多喜剧节目：佩佩·比翁迪、马罗内、电视剧《巴拉米西那》、节目《电视滑稽》等。笑话却变得粗鄙万分，电视界好像因此跌入了谷底。还有一些电视秀，比如《流行团体俱乐部》，它唱响了当时多首流行全国的歌曲，愚蠢的西语单词混杂着英文歌曲的狂热节奏，就这样风靡起来。"[1]

埃克托尔·佩列格里尼在罗多尔福·库恩导演的指导下，饰演了帕哈利托·戈麦斯一角，之后他成了爱德华多·加莱亚诺的密友。弗朗西斯科·帕科·乌隆多参与了剧本的编写。该片于 1965 年 8 月 5 日上映，几乎是在《未来几日》出版三年之后，却和加莱亚诺的书一起，预警了 20 世纪 60 年代拉普拉塔河流域民众的空虚生活。

---

[1] 爱德华多·加莱亚诺，《荧屏上的雾霭——国家 5 台如何面临电视中的商业》，载于《前进》周刊，1963 年 8 月 23 日，星期日，第 19 页。

　　在加莱亚诺的小说作品里,就像有个可以定位时空的锚一般,某些元素使得故事更加贴近现实,更有真实感,同时也展示了他作为记者的条理性。"10月、11月,渐渐进入了夏天。报纸的头条都在报道大大小小的灾难:巨大的热核弹在空中爆炸;革命、政变,总统和独裁者下台、上台、再次下台;无论何时何地,鲜血都流淌不止。古巴将再次被入侵,一切都在进行中;蒙得维的亚又有人自杀,死之前还对着自己的妻子开了三枪,还好她得救了。"

　　在加莱亚诺的生活里似乎并没有巧合一说。如果真的有,那也是他自己制造的巧合,让它们成为与自己生活紧密结合的一道有序的难题。蒙得维的亚阿尔法出版社的创立者、第一任主编是一位无政府主义者,名叫贝尼托·米利亚。他于1987年逝世,加莱亚诺和他有着非常深厚的感情。"他是我的第一位出版商。他的离开让我非常伤心。我们一直相处得很好,我很感谢他当时对我出版那本小说的无私帮助,现在看来,那其实不是一份特别出色的稿子。"加莱亚诺在得知米利亚去世时这么说道。[1] 米利亚1916年出生于阿利坎特,从青春期开始,他就全身心投入自由主义思想。1936年西班牙内战刚刚打响,他就参了军,在著名的杜鲁提编队里,负责发布前线的消息。内战结束后,他流亡到法国,被逮捕至集中营。之后,他逃离集中营,于1942年重新出现在马赛。随着纳粹的倒台,他在法国试图参与重建伊比利亚青年自由主义联盟(FIJL),但在米利亚看来,自由主义团体(1946年)通过的决议凭借无政府主义的行动通向了另一种独裁。于是1951年,他来到蒙得维的亚,在市中心自由广场的街角摆起了书摊。那里正好是加

____

① 引自塞萨尔·迪·坎迪亚的采访文。

莱亚诺年轻时参与政治和意识形态辩论的中心。在附近的那些咖啡馆里,人们此起彼伏地讨论着大不列颠帝国的衰落,讨论着希特勒,之后还讨论着战后分极的新世界,这便是加莱亚诺《未来几日》里的年轻一代所面临的世界。

很自然地,他与同样因为佛朗哥而流亡乌拉圭的西班牙人圈子熟悉了起来,当然也就不可能不认识卡洛斯·基哈诺,不可能不知道他的《前进》周刊了。可以说加莱亚诺是喝着拉普拉塔河的水长大的,但如果没有吸收这些有识之士的智慧,他就无法最终成熟起来。从 1976 年起,加莱亚诺流亡巴塞罗那,在此期间,他不仅和佛朗哥政权统治下无政府主义的幸存者(米利亚就是其中之一)保持着联系,甚至还频繁拜访这位出版商。

米利亚在蒙得维的亚成立了阿尔法出版社,在加拉加斯成立了蒙特·阿维拉出版社。阿尔法出版社出版的图书多达四百余种,甚至传播至布宜诺斯艾利斯。凭借这些成就,米利亚成为一位声名远扬的出版商,曾作为评审多次参与国际奖项的评定工作。进行了几十年的出版工作后,他回到西班牙,于 1978 年在巴塞罗那定居,并和几家反对佛朗哥政权的出版社合作。他是一名坚定的无政府主义者和无神论者。1987 年 8 月,在他逝世之后,他的家人决定将他火化,并按照他的意愿将其骨灰撒在了加泰罗尼亚沿岸的地中海里。米利亚的这种生活方式也在加莱亚诺心里播下了种子,教会他如何有尊严、有条理地生活,影响直至今日。

1963 年 10 月至 11 月,加莱亚诺游历了中国的几座城市,他走上街头,与毛泽东领导下的中国普通老百姓、基层干部和政府官员进行了交谈。他还去苏联待了一个月,当时苏联正由斯大林的继任者尼基塔·赫鲁晓夫领导,处于过渡时期。这段经历促成了他的第一部纪实作品《中国1964》的诞生。这部作品由传奇的豪尔赫·阿尔瓦雷斯在阿根廷出版,责编是加莱亚诺和《前进》周刊的好友罗赫略·加西亚·卢波。同时,这部作品也在美国出版,由每周评论出版社负责相关事宜。

其实,中国和苏联的革命问题几乎会出现在每一期《前进》周刊上:负责欧洲部分的记者K. S. 卡罗尔[①]对其非常关注,另外也会有别的一些文章,关注中国和苏联为推进社会主义在全世界的发展并吸引更多的年轻人而采取的措施。其实,无论哪里的革命,都是拉美关注的焦点。

《中国1964》是加莱亚诺出版的第一部纪实作品,和小说《未来几日》不同,从作品的一开头就能察觉出它的纪实语言风格。像其他任何一本书一样,为了从多角度介绍这次旅行,它掺杂着多种体裁,随着章节的推进,人物形象变得更加丰满,论点也逐层深入。和他在《前进》周刊的报道一样,加莱亚诺用了第一人称,以此来加强自己的存在感,就像他一直陪着读者游历中国一样。

在书的结尾,加莱亚诺还加上了篇尾声,真实的记者加莱亚诺跃然纸上,勇敢而又泰然自若的世界讲述者,带着掩饰不住的光环,深知自己又完成了一部好作品。"是谁写下的这些文字?不是影子,也许有必要说清楚,是一位'中国问题专家',可能不是简简单单的'专家',完全不是。只是一名记者,一名睁开眼睛、竖起耳朵的记者。"

在书的第一段,加莱亚诺提出了一些开放性问题,就像阿根廷

---

① K.S.卡罗尔是波兰人,曾经成功地从纳粹集中营逃离到苏联,并成为法国《新观察家》杂志研究东欧国家政治方面的专家,于2014年4月去世。基哈诺在法国期间与他结识。——译者注

作家罗伯特·阿尔特所坚持的"闭紧双唇"那样,直到最后的章节才放松开来有了答案:"毛泽东提倡的是什么?有什么样深刻的理由能推动中国——穷苦人民奋起反抗的象征之国——与苏联对立?"带着这些问题,加莱亚诺来到毛泽东领导的新中国,采访了有着同样疑问并亟待寻求答案的普通民众和政府官员。这是一个尚未有人涉足的领域。加莱亚诺所找到的一些资料先后在《前进》周刊、《国际政治》和《每月评论》中发表。对于乌拉圭和阿根廷的读者来说,从1960年起每周的连续报道是非常必要的背景知识,用以理解加莱亚诺书中所写的场景,包括中国这个亚洲巨人是如何对抗苏联的。

"没有人能够否认,这一事件的发生意味着争议仍然存在并且还在发展;共产主义世界已经不是完全站在统一战线了。"他还补充道:"人们微笑着传播的古老神话、宣扬的社会主义国家间僵硬的和谐其实早已被事实粉碎。"①加莱亚诺在《前进》周刊的研究文章中分析并指出了对周刊严肃性的期望,拥护了希尔曼的观点:"要保证每个版面的最高严肃性,让周刊成为真正的文字冲击,有必要的话可以将字体改到最小。"②《前进》周刊秉持着严谨的工作态度,发表了关于苏联和中国的完整材料,正是这些材料揭示了两国是如何维护意识形态的纯粹性以及在世界形势下各自所持的立场的。③

事件和事件的主人公以及男男女女的观点是加莱亚诺作品的

---

① 爱德华多·加莱亚诺,《中国1964——一次对抗的纪实》,豪尔赫·阿尔瓦雷斯制作出版社,布宜诺斯艾利斯,1964年,第10—11页。

② 《六十年代的政治与文化——乌拉圭〈前进〉周刊》,载于《前进》周刊。克劳迪娅·希尔曼阿根廷国家科学与技术研究理事会(CONICET)1990年项目开题报告。

③ 《前进》周刊第1164期(1963年7月12日)、第1165期(1963年7月19日)、第1166期(1963年7月26日)及第1167期(1963年8月2日)。

重心,他试图通过这些论点理解而不是解释新现象。可能因为当时已经有近十年的记者从业经历,在《前进》周刊也工作了近四年,他更加担忧的是乌拉圭和拉丁美洲的现实情况。那是他第一次踏足遥远的欧洲和亚洲土地,他看到了一种新的政治模式,世界上一半的人依靠它,而另一半人怀疑它,加莱亚诺则认为它是一种惊喜,值得尊重。对于他和那些协助基哈诺在《前进》周刊工作的人来说,这种第三方立场的力量以及打破世界两极化来看世界的新方法正在兴盛起来,被称为"历史修正主义"。因此,在加莱亚诺看来,中国就是1958年年末1959年年初的古巴,而对于《前进》周刊的编辑部,中国则是一种全新的体验,超越了过往,因其文化因素,至少也算是为一种新型社会契约组织奠定了基础。这也是为什么通过加莱亚诺的书能够知道中国革命到底是什么,它其实已经内嵌在了世界革命的过程中,这场革命由苏联开始,由古巴结束。

　　"我一直想要走得更远、更深入。"加莱亚诺在书中说道。用第一人称叙述使得论据更有说服力,直接地向读者展示他所亲历的这片土地。"倾听不仅仅是听演讲或者流言,也不仅仅是听宣誓或是宾馆前台或餐厅的对话。我最感兴趣的莫过于试图弄清重要的真相:中国人民真的是这场分裂的发动者吗? 还是政府才是幕后推手? 当然,我自己是不会下结论的,没有人可以归因,下定论总是很难的……外国人只能有简单的印象。"加莱亚诺继承了基哈诺杂文的独特之处。正如孔特里斯之后在对《未来几日》的评论里说的那样,这部纪实作品也体现了加莱亚诺的叙事风格,虽然是从新闻和记录能力方面展示出来的。

　　中苏可能不仅是意识形态特征的不同,比如根据毛泽东和城市无产阶级——苏联的看法,革命是否由农民发动是有争议的,而且苏联和中国在地缘政治和地域历史上确实有很大的区别。俄罗斯在亚洲地区的扩张起源于 19 世纪中叶的沙皇时代,1858 年至 1881 年,沙皇在中国签订了四个条约,要求管辖近 50 万平方公里的中国领土。1949 年中华人民共和国成立之后,废除了这些与沙皇签订的条约,以彰显两国的社会主义革命友谊。然而,苏联并没有将原属于满洲里和新疆地区的部分土地归还给中国。

这种单方面的领土霸占态度让整个人类在 20 世纪都惶惶不安,甚至一度引发核战争威胁。根据西方的一些消息,莫斯科曾经攻击北京,这个问题也使得美国非常不安。1970 年,尼克松总统不得不进行干预,警告苏联政府其冒险行动可能带来的威胁。然而,在 60 年代,苏中两个大国之间一直军事冲突不断,突袭、边防冲突时有发生,甚至发生了苏联驻北京大使馆的劫持事件,以及中国在莫斯科红场的示威活动等。即便在 1976 年毛泽东逝世后,这种冲突和对抗仍在持续,直到 80 年代中期因为焦点转移至其他国际争端,两国的对立状态才逐渐结束。

1963 年,加莱亚诺访问了中国、苏联和捷克斯洛伐克,他个人认为,从新闻价值的角度来说,中国所发生的事情是最值得被报道的新鲜要闻。苏联所发生的一切只是让他得以更好地将苏联与中国的情况进行比较。正是在这个亚洲大国,加莱亚诺收集到了关于毛泽东领导的革命的两个重要阶段的资料。

对于读者来说,加莱亚诺所持的拉丁美洲视角与其他西方观点的本质区别在于,他展示了新闻体裁的必要性和不可或缺性,这也是他从《前进》周刊的封底开始惯用的有效手法:纪实性描述。让数百万西语读者的眼睛跟随着加莱亚诺的旅行,自己去探寻 15 年间社会主义中国的土地上发生了什么、在经历着怎样的新的内部革命,没有比这更好、更真实的方式了。加莱亚诺在城市和乡村停留,用第一人称写下旅行日记,为大家讲述亲历的故事。"导游

给我指了一个工人让我采访,我却选择了另一位,因为我知道那都
是事先安排好,他的身体和灵魂都已经完完全全交付给了党:实际
上他就是政府意志的传送带。"这句话体现了加莱亚诺对于他工作
的严谨。除了本来的目标,他作为纪实作家,试图找到更多的信
息。在从斯大林主义中觉醒,并对赫鲁晓夫在苏联的新举措怀抱
期待之后,1964 年的加莱亚诺因为中国的革命而倍感振奋,却并未
失去他从全人类命运出发的视角。

"它在中国并不存在,即便存在,我也没有发现,我指的是令人
透不过气的恐怖气氛和斯大林时代给中国带来的压制感。如今,
那段历史已经成为过去,幕布已经拉上,斯大林也被确认为只是坏
了伊凡四世的名声而已。喜怒无常又爱加罪于别人,他常常强迫
他的下属们相互打压,以此获得苟活下去的条件。"在这一段中,年
轻的加莱亚诺至少呈现了三个方面的特征,而这些特征之后继续
出现在他的观察和文字中。首先是仁慈的视角,可能对于中国正
经历的新时期怀抱希望,其次是对于斯大林的谴责——不少知识
分子多年后也这么指控——最后是他抛弃使用隐喻来解释情况的
方法,也不再使用过于激进的词汇,只为寻求传播信息的有效
途径。

"工作时间,在中国的东南西北,扬声器大声播放着。工厂和
作坊里的工人、合作社里的农民以及办公室里的职员从早到晚都
在听着当地的或者北京的广播。这种传播范围很广:传递着信息、
评论,还会给大家广播每日日报的内容,中间会穿插一些音乐。通
过这种方式,政府确保他们想要传达的信息抵达全国各个角落。"
加莱亚诺从人民群众中得知了这些。但这种描述同时也可以让读
者去评判这种传播方式(将官方媒体作为同一化的工具)的好
坏——在我们这个后现代社会应该是颇有争议的。

这本书里还包括了两个重要的采访:一个是对溥仪的,他是清朝皇室的真正继承人;另一个是对周恩来的,他是中华人民共和国第一任总理。加莱亚诺以采访中的叙述为文本来源,使得他的纪实作品能够架构在一个真实的文化背景中。这两段采访讲述了他们各自的故事,人物、事件都鲜活地跃然于三维空间中,溥仪的故事、周恩来的讲述以及 1963 年他们正在进行的活动和这些活动带来的影响等。

加莱亚诺第一次游历世界回去后,确认了自己要成为一名睁大双眼、竖起耳朵的纪实记者的目标,他将使用清晰、有力且趣味性强的叙述风格,并利用小说这个卓有成效的工具来创作。在蒙得维的亚,他面临着新的挑战,无论是他的职业记者生涯还是他作为拉丁美洲革命战士的身份。他已经进入专注于叙事文学的年轻一代的记者圈子,除此之外,还加入那些支持政治革命的人的队伍,他们想要在古巴革命的掩护和余温中发起社会运动、重组政权。

在接下来的几年里,乌拉圭进入了新的社会斗争阶段。加莱亚诺年少时的好友劳尔·森迪克从拥护社会主义思想跨越到实践武装政治运动,建立了图帕马罗斯民族解放运动组织,这是拉美城市游击队的新形式。加莱亚诺虽是《前进》周刊的主编,但逐渐参与左翼提出的统一战线新主张——《时代报》的工作,从而解决卡洛斯·基哈诺领导的记者内部不同立场的冲突。与此同时,那个记者生涯始于在《太阳报》涂鸦的年轻的加莱亚诺也步入了更广阔的天地。

在非洲的一些国家,去殖民化的氛围已经涨至最高点,而拉丁美洲却在打压古巴革命所带来的内部变化和传播到其他国家的革命口号。20世纪70年代之前，虽还未开始公开镇压，但人们已经怀疑这是独裁统治。埃斯特拉·坎托，阿根廷记者和作家，曾给《前进》周刊写过一封读者来信，在信中，她详细介绍了疑似联邦警察的三名男子是如何去她的公寓搜捕她的。因为她正好不在，家里只有她的哥哥。这封信于1960年8月12日星期五公开，预告了接下来布宜诺斯艾利斯民众在日常生活中将要遭遇的冷战气氛。"他们冲了进去，抓住我哥哥的手臂……他们做的第一件事是拔断电话线（以便不受干扰地工作）；之后开始乱翻书籍、文件、杂志、橱子、衣柜和衣物等。他们并没有具体说我被指控的内容，也没有道明如此心切又急躁地行动到底是在搜查什么。"①

　　这种气氛在接下来的日子里逐渐变得司空见惯，也成为加莱亚诺的文字谴责的对象，当然，也演变成他文学作品里的一些片段。革命有力地进行着，随之而来的始终是压制，先是准军事压制，而后便是国家压制。这给加莱亚诺的生活和写作都刻下了不可磨灭的印记。

---

① 《前进》周刊，第1021期，1960年8月12日，《读者来信》栏目，第3页。

第七章

以新闻为街垒

在《时代报》及游历拉丁美洲的经历（1964—1967）

加莱亚诺在 1964 年年初返回蒙得维的亚，那时政治事件和新闻造成的纷乱一直在持续。随着时间的推移，情况也愈加复杂，左派反对党与执政党白党不断发生争执，1966 年的选举风暴一触即发。

5 月 30 日，加莱亚诺在乌拉圭文化学院举办了一场关于他的中国和苏联之行的讲座，题为"亲历一个真实的中国"。这场讲座同时也是为了宣传他的新书："震动共产主义世界的争议，我的所见所闻"。这本书由豪尔赫·阿尔瓦雷斯在布宜诺斯艾利斯出版，他是罗赫略·加西亚·卢波、卡洛斯·基哈诺和整个《前进》周刊的好友，常常在周刊上发布自己出版的图书的广告，也非常乐于看到周刊对自己的书进行评论。从这个意义上来说，阿尔瓦雷斯也算是加莱亚诺的好友。他的编辑、无政府主义者贝尼托·米利亚及其所在的阿尔法出版社，负责阿尔瓦雷斯的图书在蒙得维的亚的营销工作。

　　《前进》周刊使加莱亚诺拥有了犀利纪实记者之名，而《中国
1964》在被拉丁美洲评论界和欧洲进步派观察、阅读甚至赞颂后，
帮助加莱亚诺坐实了这一名号。但就其读者市场来说，预期的目
标仍未达到。20世纪60年代初期的出版界，至少是拉美的出版
界，开始关注新闻记者出身的作家，也就是之后被称为爆炸文学的
这一代。要讲述加莱亚诺的生平，不得不提及当时他所经历的文
学鼎盛时期的一些文人，他们的文章从1960年至1970年在《前进》
周刊享有盛名，当时尚未到而立之年的主编爱德华多·加莱亚诺
预定、阅读、编辑并发表这些文章。如果说墨西哥的卡洛斯·富恩
特斯、哥伦比亚的加夫列尔·加西亚·马尔克斯、秘鲁的马里奥·
巴尔加斯·略萨和阿根廷的胡利奥·科塔萨尔被认为是当时拉丁
美洲出版界的四大主将，那么不能忽视的还有这一文学现象里的
其他前人和来者：乌拉圭的胡安·卡洛斯·奥内蒂，加莱亚诺的良
师益友；危地马拉的米格尔·安赫尔·阿斯图里亚斯，中美洲现实
主义的开创者，将自己国家的历史与文学相结合；墨西哥的胡安·
鲁尔福，墨西哥现实主义的推动者；以及古巴的阿莱霍·卡彭铁
尔，他与阿斯图里亚斯都对加西亚·马尔克斯及其魔幻现实主义
产生了决定性的影响。自20世纪70年代以来，这些作家长期在基
哈诺的周刊上享有盛名，直至1974年停刊。而至于爆炸文学的后
继者方面，自然不能忘记《前进》周刊的几位评论家，安赫尔·拉马
和豪尔赫·鲁菲内利，还有一些新作者，比如萨尔瓦多的罗克·达
尔顿、秘鲁的塞巴斯蒂安·萨拉萨尔·邦迪、智利的安东尼奥·斯
卡尔梅达和阿根廷的曼努埃尔·普伊格。然而，即使像《前进》周
刊这样一本具有批判精神的杂志，也仍然反对将这一新现象叫作
爆炸。正如希尔曼在她的书中强调的，他们与欧洲，特别是巴黎或
者巴塞罗那的出版社一样，认为这种现象只是由这些作家延续20

世纪 20 年代开启的文学进程导致的。

提到文学爆炸,那也不得不提到古巴革命引发的关注和第三世界的去殖民化政治斗争,以便了解在这种社会政治变革的大环境下作家和诗人依靠其作品所起的作用。首先是加莱亚诺,《未来几日》已经被政治变革的旋涡所标记,甚至它的翻译版本都能体现出来。他之后的写作都是以新闻纪实夹杂虚构小说的文风为特征,这也是现实主义文学之路的组成部分及他对自己作品的定义。他扎实的叙事和直面问题并解决问题的能力,专业的严谨态度,以及公开的政治承诺,已经在那个年代的拉丁美洲引起了写作专业人员的共鸣。

1964 年 3 月 31 日星期二,若昂·古拉特领导的巴西进步政府被武装部队的政变推翻,震动了整个拉美,因为这次政变是在美国政府和中央情报局的支持下进行的。胡利奥·卡斯特罗在 4 月 3 日星期五的《前进》周刊封底详细介绍了政变的缘由。① 两周后,加莱亚诺前往里约热内卢,发表了关于政变内幕的七篇报道的第一篇,报道中采访了莱昂内尔·布里佐拉、弗朗西斯科·朱利奥,甚至一些政变发起人。而这七篇中的最后一篇发表于 6 月 5 日,同一天,加莱亚诺在东方革命运动(MRO)总部发表了关于若昂总统下台后巴西局势的演讲,MRO 是《时代报》的合作左翼组织之一。那是他在开启另一趟旅行前的最后一篇报道,而接下来的这趟旅行注定影响他的一生——前往古巴。

乌拉圭复杂的政治局势引发了一起盗窃瑞士射击俱乐部武器的事件。那是位于新埃尔韦西亚市的一个射击场,靠近科洛尼亚-

① 《前进》周刊,第 1199 期,1964 年 4 月 3 日。

德尔萨克拉门托市。事件发生在 1963 年 8 月 1 日凌晨时分,盗窃
事件的发动者不久后就集结成了由劳尔·森迪克领导的图帕马罗
斯民族解放运动组织。在这场行动中,以"协调员"名义参与的多
个政治党派的成员和独立人士经过多番尝试,最终组织成乌拉圭
左翼阵营的一部分。其中包括社会党成员(比如森迪克)、一些乌
拉圭无政府主义联盟的成员、左翼革命运动成员、另外一些少数党
派的成员和独立人士。而他们集结在一起的最初原因是迫不及待
的需要:工会和社会运动在街头示威中逐渐壮大,与政府合作的右
派中诞生了一支又一支试图阻止抗议浪潮的威胁力量。"协调员"
为了捍卫人民运动,需要比演讲更有力的工具来对抗气焰嚣张的
武装力量,所以"他们试图寻找统一的具体目标,协同面对镇压措
施及法西斯团伙的各种行动"[①]。

　　在以文字作堡垒的道路上,《时代报》可以算是左翼阵营所期
待的一个转折点。在社会党和其他一些小党派资金的支持下,《时
代报》得以幸存五年多的时间,从 1962 年到 1967 年。各党派轮流
担任这一报社的领导,这一事实在某种程度上也很好地揭示出报
社的幕后出资者到底是哪些党派和团体这一问题。第一任执行总
编是卡洛斯·基哈诺,他当时代表《前进》周刊的左翼倾向,由他担
任总编,也彰显了《时代报》尊长立贤的原则超越了政治党派之间
的分歧这一立社之道。第二任是古滕伯格·查尔克罗,最后一任
则是赫拉尔多·加蒂,这两位都是无政府主义的代表。第三任总
编是代表社会党的吉列尔莫·希夫莱特和代表早期图帕马罗斯民
族解放运动的卡洛斯·玛丽亚·古铁雷斯。加莱亚诺作为独立人
士和所有党派都有联系,不仅因为他在意识形态上与他们有相似

---

① 　塞缪尔·布里克森,《森迪克》,特里尔塞出版社,蒙得维的亚,2000 年。

性,也因为他的友好以及他自己在新闻领域的名望:刚刚 22 岁,他就成为乌拉圭历史上最年轻的日报领导。然而,社会主义武装分子和左翼民众组织对于《时代报》股票的认购,并没有达到稳定根基的作用。

加莱亚诺说:"《时代报》是份刚刚起步的报纸。我们所有人的平均年龄不过二十来岁。没有人靠它赚钱,因为我们都有别的工作。而我们坚持做它就是因为新闻给我们带来的巨大快乐。"①那是一份有 20 个版面的报纸,排版简洁,头版一般只有四五个标题,早期甚至没有插图,直到 1963 年才开始出现照片,常常是为了配合体育或者国际新闻。"当时的想法是要创造一份左翼的报纸,但又要结合当时日报的所有元素。我的意思是,我们计划把它做成一份提供普通信息的报纸,并非只在上面宣扬左派思想,因为我们寻求的恰恰是拓宽读者的眼界,吸引广大不懂政治的老百姓来看我们的报纸。所以从报纸诞生直到它最终实际意义上的停刊,我们都非常重视体育版面,因为我们知道,那是一个吸引读者的点。我们的报纸在体育报道方面覆盖得非常全面,甚至还有一些业余运动员的新闻,尤其是足球方面,这很自然。这也是为什么占据《时代报》最大篇幅的往往是体育版面。我们称之为一种策略,可以让该报渗透到不懂政治的读者的日常生活中去。"半个世纪后记者安赫尔·罗科在我的采访中这样回忆道。

他似乎是那个年代留下的烙印,也算是一枚基哈诺个人的戳记。加莱亚诺在领导期间也是采取这种方式:国际消息占据很大的篇幅,尤其是关于第三世界国家的,这种处理方式正好和《前进》

---

① 1987 年塞萨尔·迪·坎迪亚对爱德华多·加莱亚诺的采访,以及 2013 年 1 月 18 日智利大学电台对加莱亚诺的采访。

周刊一样。20 世纪 60 年代中期,对于拉丁美洲,尤其是乌拉圭的左翼来说,拉美和整个第三世界都正在"觉醒",正在逐渐认清自己的根脉和历史。而这样的事实恰恰在媒体中反映出来。在《时代报》的第二、第三和第四版总是有带配图的国际消息,不仅如此,封面上也总能看到关于国际时事的大标题。第五版是留给社论和国际评论的。"如果你们看到爱德华多·加莱亚诺在伏案疾书、准备社论,那便是他唯一不会关注外界和他人的时刻。通常来说,他会随时与各个部门合作,给出关于报道的意见,对材料进行修改和编辑等。"罗科说道。从第六版到第九版则是国内新闻;第十版和第十一版是文化版,尤其是与文学相关的报道;第十二版是戏剧和电影的广告;第十三版包括了电影、喜剧和音乐评论;第十四版到第十九版都是体育新闻;最后一页是封底,政治评论和世界新闻每日交替出现,偶尔也会出现体育新闻。

另一位社会主义分子卡洛斯·马查多负责国际新闻部,他对拉丁美洲现实的分析主要是基于比维安·特里亚斯就社会主义发表的修正观。和《前进》周刊提到的一样,第三世界的优势在于它有了中国的经验:中国的革命以及它与苏联发生的意识形态争端都使得拉美坚守第三方立场,并能一直不忘世界左翼的新经验。

《时代报》标志着时代的进步,不知不觉中拥有了两项特权:它称自己为"第一家非集体所有制的日报",并开创了当今报纸广泛拥有的运营模式。"《时代报》是由独立出版社股份有限公司编辑发行的,旨在提供有关国内国外最重要事件的图像和文字信息。除非另有说明,否则《时代报》所有撰写和翻译好的资料都必须有该出版社的授权才能进行复制、引用,并且不能忘记说明出处。"在每期的《时代报》上,这段文字都会和摘要及工作人员名单一起出现。

在加莱亚诺出任领导期间，左翼力量更加团结一致，大家以日报为核心，共同抗议示威，做出重大事件的决策。在这个意义上，合作形式在全国乃至全世界的政治运动中变得更为普及。正是在加莱亚诺的领导下，爆发了劳尔·森迪克发起的甘蔗工人大游行，从乌拉圭北部一直延伸到蒙得维的亚，以揭示工人所遭受的苦难，表达他们的需求，并维护他们不被认可的权利。《时代报》曾定下原则，规定一定要发布关于此类事件的报道。因此通过新闻和采访，几乎每天都能在该报上看到甘蔗工人游行的相关消息。

当然我们说过，《时代报》实际上是"协调员"的另一张面孔，是由左翼团体共同组成的反镇压基地。报纸的管理者是社会主义者，之后是图帕马罗斯成员安德雷斯·古尔特里。他和加莱亚诺一起进行管理，并共同踏上了那些采访之旅，对象是当时已成为甘蔗工人地下领袖的劳尔·森迪克。甘蔗工人的第一次游行发生在1962年，他们从贝亚乌尼翁出发，一直步行到蒙得维的亚。第二次和第三次游行都爆发于加莱亚诺领导《时代报》期间。他和他的同事们在报纸上大力宣传了这两次甘蔗工人的游行事件，并通过新闻报道的方式，揭开了这个国家不为大多数人所知的一面。"我相信《时代报》在甘蔗工人游行事件中扮演了重要的宣传角色，我们的整个记者团队向一些资本家展示了他们所不知道的世界。这是《时代报》所报道的最被关注的事件之一，当然这也跟报纸本身的传播能力有关。加莱亚诺每天都在思考用不同的方式去报道此事：采访、议员和政府的观点、证明材料、生活记录。这些都是我们用来报道甘蔗工人——不仅仅是游行当中的甘蔗工人——的情况的资源。"罗科回忆说。

日报的编辑部成为各个左翼团体的男男女女汇集和相互认识的地方。这就是为什么罗科认为《时代报》是1971年广泛阵线宪

法得以出炉的催化剂。此后,以该宪法为核心,乌拉圭不同的左翼
团体的意识形态逐渐汇集、融合,并以广泛阵线的形式参与选举。
国内外都知晓了广泛阵线的成立,《时代报》的编辑部因此聚集了
拉丁美洲各国的艺术家以及如萨尔瓦多·阿连德般的大人物,他
当时正好到访蒙得维的亚。

　　在去中国和欧洲之前,加莱亚诺开始了南美洲之旅。借1963
年智利各市选举的契机,加莱亚诺陪同萨尔瓦多·阿连德走遍了
智利,这位大政治家,就像之前的基哈诺一样,为加莱亚诺的敏锐
和聪慧所折服。"阿连德说,爱德华多非常聪明,拉丁美洲的革命
事业若是胜利了,一定不能忘记他的存在。阿连德也从拉丁美洲
整体的角度去看自己国家的现实情况,坚持认为要有历史性、区域
性、持续性的社会变革。"一位和加莱亚诺共同游历南美并执行报
道任务的同事这么说道。阿连德在1958年与豪尔赫·亚历山德
的总统选举之争中失利,而在1952年的总统选举中,他只以不到
六万的票数列第四位。1963年,阿连德和社会党要求在全国范围
内恢复左翼党派的主张。"因为阿连德,我生平第一次见到了雪。"
加莱亚诺在好几次采访中都这么说道,"是他邀请我前往蓬塔阿雷
纳斯参与选举活动,也是自那时起,我们成了朋友。"[1]也是通过《时
代报》,加莱亚诺结识了很多拉丁美洲的作家,比如秘鲁的何塞·
玛丽亚·阿格达斯和塞巴斯蒂安·萨拉萨尔·邦迪,以及巴拉圭
的奥古斯托·罗亚·巴斯托斯。

---

[1]　爱德华多·加莱亚诺,《爱与战争的日日夜夜》,目录出版社责任有限公司,布宜诺斯艾利斯,1984年。

"有一次,威尔逊·费雷拉·阿尔杜纳特①给《时代报》打了个很糊涂的电话,如果我没记错的话,他当时是农业部的总顾问,或者已经是农业和畜牧业部部长了。他打电话来,是因为日报揭发了他哥哥的账目中的违规行为。他要求和日报的领导谈话,加莱亚诺接了他的电话,威尔逊说完后便等着对方向他屈服,因为他非常强势。但他发现电话那头却是一片安静,其实那是加莱亚诺在提醒他,无论是谁,日报都一样会核实数据,揭发不法,公开信息,管他是官员的兄弟还是蒙得维的亚某个看门人的儿子。威尔逊,这个带着傲气又有些自负的政治家,感到非常震惊,因为加莱亚诺居然在反驳中将他的兄弟和看门人的儿子做比较。事后,我们才知道发生的这一切。"这是何塞·迪亚斯的一段回忆,他是加莱亚诺的朋友,也是社会党的领导人之一,和《时代报》的领导层有着直接联系。

当时,年轻的利韦尔·塞雷尼将军除了《前进》周刊外,也经常到访《时代报》的编辑部,1971年利韦尔成为广泛阵线的第一位总统候选人。"利韦尔经常出现在这两个地方能说明很多事。其中之一是他非常尊重卡洛斯·基哈诺,基哈诺一直坚持同他讨论酝酿新的政治团体的可能性。1971年,利韦尔和广泛阵线内部的大量独立人士都将基哈诺看作他们的竞选伙伴。"加莱亚诺和迪亚斯

<hr/>

① 威尔逊·费雷拉·阿尔杜纳特是白党的政治家,自领袖路易斯·阿尔韦托·德·埃雷拉逝世后,他是20世纪70年代以来党内最重要的领导人物。他坚决反对红党总统豪尔赫·帕切科·阿雷科和胡安·玛丽亚·博达贝里在1973年政变前执行的镇压政策。1973年至1985年独裁统治期间,他先后流亡布宜诺斯艾利斯和欧洲,直至1985年成为最有竞争力的大选候选人。但他的提名被武装力量(FAS)否决,未能出现在这次选举中。阿尔杜纳特于1988年逝世。——译者注

在回忆中说道。①

　　1964 年 7 月 28 日,爱德华多·加莱亚诺首次踏上了哈瓦那的土地,与古巴开始了一段没有尽头的传奇缘分。因为美国对古巴的封锁,从乌拉圭到古巴一共耽搁了九天的时间。加莱亚诺在好几篇文章中都愤怒地讲述了这个事实。他从蒙得维的亚出发,先到了布宜诺斯艾利斯,再转到利马,之后又到达墨西哥,在那里穿过大西洋,在英国的温莎登陆,之后再次飞越大西洋,抵达加拿大的蒙特利尔,在那儿被迫停留了五天。然而旅途尚未结束,加莱亚诺再次被遣至欧洲,到达巴黎奥利机场,再从法国去往马德里,从马德里才最终得以抵达哈瓦那。这一切都应当归咎于 20 世纪 60 年代末美国的禁运政策以及一些美国盟国对该政策的支持。加莱亚诺离开蒙得维的亚是 7 月 19 日,他一直希望《前进》周刊和乌拉圭的其他报社能够跟进卡斯特罗的游击队在马埃斯特拉山脉对抗富尔亨西奥·巴蒂斯塔的新闻。作为周刊的主编,他　直毫不吝啬地对菲德尔、切·格瓦拉、卡米洛·西恩富戈斯以及 1959 年 1 月 1 日诞生的新"古巴共和国"进行宣传报道。他在周刊发表文章,讨论古巴革命的进程及其给拉美地区带来的影响,也对古巴作为社会主义国家和苏联、中国的关系进行思考。之前一直是听闻故事——这群疯狂之人为了改变国家局势而不顾个人安危——现在他终于可以亲自感受之前阅读和想象的一切,可以当面提一些问题,一些这位对未来满怀希望的 24 岁年轻人一直不解和好奇的问题。而在那些年,未来就是社会主义。

---

① 　笔者对何塞·迪亚斯的采访;莫里西奥·罗森考夫对爱德华多·加莱亚诺进行的电视采访,蒙得维的亚城市电视台节目《精彩别错过》,2004 年 8 月 14 日。

　　加莱亚诺和乌拉圭记者雷纳·雷耶斯、胡利奥·比列加斯一同前往古巴，并提议采访切·格瓦拉。这是他第一次与拉美的游击队员碰面，对他产生了非常深远的影响，之后在《前进》周刊发表的一篇报道中他也这样提到。根据之前的协议，他只有 8—10 分钟的时间在切·格瓦拉的办公室对后者进行采访，但能说会道的加莱亚诺最终成功地停留了好几个小时。当时切·格瓦拉打开门，看到一份封面印有自己打棒球的照片的《格拉玛报》，加莱亚诺躲在报纸后面，探出脑袋，突然大叫一声："叛徒！"切·格瓦拉先是吓了一跳，之后四人纷纷大笑起来。采访持续了三个小时，几乎涉及了拉丁美洲局势的所有问题，尤其关注了拉普拉塔河流域的相关情况。

　　那次行程之后，加莱亚诺先后发表了两篇纪实报道，一篇叫作《致古巴：》，用冒号来表达自己想对收信人——古巴——说的话。文章也是用第一人称所写，表达了对古巴遭受的侵略所感到的哀痛，也描述了老百姓和领导层因美国的封锁政策所面临的问题和苦难，但与此同时，又突出了因为革命进程的推进，因为民众和武装分子的参与，更因为菲德尔和切的领导，国家面临的危险局面正在日益改善。

　　另一篇文章《古巴：革命的橱窗还是革命的武器》则一直在修改完善，直至最终记录了切·格瓦拉的离世。文章包含了与切第一次进行的三个小时的对话内容，甚至连《格拉玛报》封面照片的逸事也写了进去。这篇 50 多年前的文章将一些画面成功地转化为更生动、更感性的文字用以描述切·格瓦拉。"一股深沉而美丽的力量在他的身上诞生，永不停止、由内而外地由他的双眼散发出来。我记得，他的眼神纯粹干净，就如黎明一般：那是有信仰之人的眼神……是的，他有着自己的信仰，在拉丁美洲的革命里，在这痛苦的过程里,在他的宿命里;他坚信社会主义必将给人类带来新的纪元。"[1]

在加莱亚诺到访古巴期间,正好是古巴与苏联合拍的电影《我是古巴》上映的时期。这部电影由俄罗斯导演米哈伊尔·卡拉托佐夫执导,由他的艺术合伙人谢尔盖·乌鲁谢夫斯基担任摄影,并与俄罗斯诗人叶夫根尼·叶夫图申科合作完成。叶夫图申科在新领袖赫鲁晓夫发起的文艺解冻时期最先站出来反斯大林主义,为年轻一代发声。电影创作人1961年年底来到古巴,在这个独一无二的加勒比岛国上体验生活。他们当时就计划拍摄一部电影,作为支持菲德尔和大胡子革命的宣传阵线,与美国媒体所宣传的古巴相抗衡。在美国各大通讯社和电视台的宣传中,共产党一直以狡猾的形象示人,而这些媒体其实都被与华盛顿政府勾结的政治、经济伙伴的相关公司及其股东掌握着。在这部电影里第一次展现了古巴人与苏联人在思想上的亲近,但很快这种亲近也显得脆弱不堪。美国声称在其土地上不允许有苏联的插手,这是《雅尔塔协定》中大家默认的内容。这是冷战对于拉丁美洲的最后一击,在接下来几年中带来了剧烈的震颤,影响了拉美很多国家的政治局势。

《我是古巴》没有带来预期的国际影响力。从某种意义上来说,反而是加莱亚诺的文字当时在进步主义分子中引发了更大的反响。拉丁美洲和欧洲新左翼的党派和成员通过《前进》周刊、《时代报》、南斯拉夫的《国际政治》和意大利的《新世界报》等媒体纷纷看到了《致古巴:》一文。加莱亚诺的文章赢得了胜利,它能够切实地向大家展示革命胜利后的现实问题,同时也把这些问题交到了

---

[1] 爱德华多·加莱亚诺,《采访与文章(1962—1987)》,小猪崽出版社,蒙得维的亚,1996年,第三版,第80页。

应当负责的人手上。从那之后，大家注意到加莱亚诺不再仅仅是前些年《前进》周刊封底的纪实记者，他有了新的身份——随笔作家。就像他的小说《未来几日》一样，他在《致古巴：》一文中继续寻找跨文体的力道，其中的真实性和可信度则是由数据和读者的信任所支撑的。《致古巴：》体现了他在跨文体的领域进行的尝试：这是一个成熟的新阶段，尽管在接下来的三十年中，加莱亚诺将会展现出更多的文学突破。正如阿根廷作家鲁道夫·沃尔什所说："他找到了文字的脉动。"

　　从古巴返回之后，加莱亚诺更加积极地参与政治活动，虽然不是在武装斗争的层面，而是转向支持拉丁美洲新左翼阵营广泛阵线的合作建设。这场去殖民化运动从亚非开始，在古巴革命的影响下在世界各地涌现，视苏联斯大林主义的教条为反面教材。人们不禁开始怀疑传统社会主义已经停滞不前，在一定程度上遭遇了投机和任意的歪曲，正如在乌拉圭和阿根廷所发生的一样。我们通过与加莱亚诺生活相关的两个例子来说明。在乌拉圭，广泛阵线的出现极大地推动了第三方立场的发展，而在阿根廷，它与以民族主义和民众主义来解读历史的历史修正主义潮流一起得到了人们的关注。可以说广泛阵线的成立成了一种意识形态发展的潮流，克服了传统左翼党派固有的障碍，比如之前他们并不知如何更好地表达诉求。在世界范围内，新左派保护不同意识形态标记的革命运动。比如在美国，人们发起了震撼人心的反种族主义运动，要求维护所有公民的合法权利，其领袖便是福音派新教牧师马丁·路德·金，他于1968年4月被刺杀。黑豹党因美国非洲裔黑人发起反对种族歧视的自卫运动而诞生，其宗旨是维护和促进美国奴隶制遗留的大量黑人的民权。该党的思想发起人是黑人穆斯林马尔科姆·X和出生于法属马提尼克岛的法国精神病学家弗朗茨·法农,他也是非洲和亚洲非殖民化运动之父,特别是对阿尔及利亚的解放运动产生了深远影响。在欧洲,法国的反文化运动催生了 1968 年由大学生领导的"五月风暴",他们通过质疑权力和政府进行自我宣传。在铁幕之后,在雅尔塔体系中苏联对东欧国家的绝对控制之下,"布拉格之春"事件和匈牙利的抗议活动都表明了人民运动正如病毒一般渗透全身,甚至在世界范围内突破了意识形态的壁垒。如果说这场风暴还缺了什么的话,那么不得不提罗马天主教教皇胡安二十三世,1962 年至 1965 年他召开了第二届梵蒂冈宗教会议,召集世界各地主教积极推进基督教会的团结,以此来应对第二次世界大战结束后人类所经历的动荡不安。这变成了他放弃集权中心的一种方式。当时有句传言说,胡安二十三世"打开了教堂的窗户,让教会内部吹入了新鲜空气"。这次宗教会议证明天主教内部出现了一种倾向,他们开始愿意倾听和亲近自己教徒的世界观,而正是这些教徒在各自的国家遭受着不公和苦难。思想家兼神学家汉斯·昆、伊夫·孔加尔和卡尔·拉纳对天主教徒的运动产生了决定性影响,他们在世界范围内走进新左派团体中,创立了"基层基督教团体",开启了基督徒和共产主义者之间的对话。

加莱亚诺 1960 年至 1963 年担任《前进》周刊主编时,便一直在国际新闻版面追踪报道这一事件的发展形势,而报道国际新闻一直是该刊的优势之一。编辑部内部也呈现出多样化的趋势。负责文化主题的伊韦尔·孔特里斯支持古巴革命,坚持反帝国主义立场,同时也维护基督教的权力。而埃克托尔·波拉特报道并分析了第二届梵蒂冈宗教会议,他常常记录拉丁美洲各国的不同情况及其主教所发挥的作用。"那是个充满活力的多样化新时期,我相信它影响了我们整整一代人,安赫尔·拉马也曾在文学版面的报道中这样写道。而爱德华多每周为不同的话题忙碌不已，那个场景真是令人印象深刻。那时，我们每周都要评估上一期的周刊，并为接下来新的一期做好准备。加莱亚诺有种能力，他能将眼前震惊世人的话题联系起来，而那时的我们只觉得那是一种观察我们生活的世界的方式。"加莱亚诺的另一位合作伙伴及好友在回忆中指出。

乌拉圭新左派运动伴随着《前进》周刊的酝酿、诞生而发展，可以明确的是，它是自20世纪初开始的多种意识形态和政治派别萌芽后形成的一种统一。除了反对世界各国共产党的教条主义，新左派人士寻求的是社会的根本变革，并试图超越与国家机器相关的政治问题。他们主张对这个男权主义、沙文主义横行的社会进行深层次的文化变革，这股新思潮如病毒般渗透到了各党派队伍中，甚至包括传统的白党、红党和乌拉圭一些传统的基督运动组织。由此，一个被叫作基督民主党的党派诞生了，并于1971年并入了广泛阵线。

与此同时，在1962年选举中失利之后，乌拉圭左翼各党派一直试图联合起来谋求共同的道路。[①] 之后的一次总统和议会选举于1966年11月27日进行，红党又回到了执政党的舞台上，新领导人奥斯卡·赫斯蒂多当选总统，豪尔赫·帕切科·阿雷科出任副总统。由于当时采用的仍然是双重直选制，即党内初选和总统大选同时进行，每个党派可以在总统选举中提交多位候选人，各党派候选人的票数相加，获得票数最多的即为执政党，而执政党内部获

---

① 赫拉尔多·H. 吉迪斯，《致人民联盟诞生四十五周年》，《共和报》，乌拉圭，蒙得维的亚，2007年4月20日。网址：http://www.lr21.com.uy/editorial/254752-a-45-anos-de-la-cre-acion-de-la-union-popular。

得最多票数的候选人即为总统。这种方式的矛盾之处在于一个党内持不同政见的派别不得不最终选择支持其党内竞争对手。所以赫斯蒂多和帕切科拿走了党内排名第三的塞尔马·米切利尼①的所有选票,米切利尼也是左翼立场的候选人,他被内阁任命为工业部部长,但在政府开始出现右倾镇压政策后,便选择了辞职。宪制改革公民投票和总统选举在同一天进行,恢复了总统制,也就帮助红党掌握了执政大权。在红党给选民展现的四个提案中,豪尔赫·巴特列的提案被最终推行,9名成员构成的联合政府最终被废除,总统恢复了执政权。巴特列的提议来自如他一般的党内新自由主义代表,主要受到了"二战"后产生的国际经济新政策和美国总统约翰·肯尼迪1961年至1970年为推动南北美经济合作发起的"争取进步联盟"的影响。文人们也开始发表各自的观点,尤其是伴随着联合国等多边组织的成立发展,如拉丁美洲经济委员会(CEPAL)。该委员会由阿根廷人劳尔·普雷维什组织成立,他亲激进公民联盟,同时也是1955年推翻胡安·庇隆独裁统治的合作者。爱德华多·加莱亚诺在《前进》周刊、《时代报》及《每月评论》上毫不保留地反驳肯尼迪的主张,谴责这是帝国主义渗透拉丁美洲的新形式。

巴特列的宪法改革是当时新自由主义经济主张的产物:以强势和专断的执政力结束永无休止的争辩,采取具体的经济措施以支持大型外国经济集团。而在阿根廷,胡安·翁加尼亚将军的军事政变取代了宪法改革:迅速的决策,服从的官员,巨大的利益。

1966年,人民联盟在选举中又一次失利,红党获得了最多的选票,白党第二,排在第三的是左翼解放阵线,拿到了一个参议员、五

---

① 属红党内部 Lista 99 派别。——译者注

个众议员的位置。仍跟随弗鲁戈尼的社会党人士和比维安·特里亚斯的人民联盟都没有在议会中获得任何席位,尽管弗鲁戈尼的票数比人民联盟还多出少许。然而,就像我们之后看到的那样,在1971年的大选中,广泛阵线作为新的合作团体,登上了乌拉圭的历史舞台,而那时的加莱亚诺也与其有着紧密的关系。

加莱亚诺俨然已成为索罗卡瓦纳咖啡馆里辩论的组织者,无论年纪大小,人们在这里谈论乌拉圭的政治、艺术和足球,分析日益复杂的世界局势。从七月十八日大道到河岸的居民区,从港口到老城,蒙得维的亚处处都有咖啡和美酒的香气。加莱亚诺一边继续在共和国大学的出版部门工作,一边在《前进》周刊和《时代报》编辑部里忙碌着。咖啡馆里进行着与编辑部里相似的讨论。时间燃烧着,急不可耐。从那些激情四溢的讨论里流露出的自然是不同的内部立场,左翼团体纷纷站队寻求进步之路。不过加莱亚诺还是一如从前,进行文学创作,写故事,在故事里尝试突破文字的界限、打破他自己所谓的"国家的壁垒"。在咖啡馆里,他创作且讨论,讨论并阅读,阅读又创作。他观察、发掘在蒙得维的亚这座城市的每个角落里因为政治情况所发生的小故事,他有很多很多东西要讲述。

1965年年末,"协调员"内部面对国家政治局势的变化产生了过大的分歧,随时都可能"爆炸"。它的确"爆"了。1966年1月,图帕马罗斯正式亮相,直到这一年的12月,他们才签署自己的声明,1967年他们改名为图帕马罗斯民族解放运动组织。国家局势急转而下。帕切科·阿雷科政府的镇压政策愈演愈烈,城市游击队战争在乌拉圭爆发。从拉美整体来看,暴力推动变革似乎在历史上更受推崇,从古巴革命的结果便不难看出这点。

在《前进》周刊和《时代报》的编辑部里，一切变得寸步难行。与民族解放运动组织相关的团体以及其他一些直接行动派都急需重新站队。老基哈诺一直是站在合法党派那一边，虽然他并不明确地谴责暴力行为。加莱亚诺则与他意见相左。尽管加莱亚诺仍然选择以文字和打字机为武器，但他对那些选择拿上武器的同事的支持从未改变。此外，随着他逐渐向北方转移，并与图帕马罗斯的领袖劳尔·森迪克进行会谈后，他更加坚定了这一立场。

"他整整三个月没有和基哈诺说过一句话，虽然他们都在《前进》周刊工作。有时候我不得不充当他俩之间的桥梁，帮他们传递信息，因为不管怎么说，他们一人是主编，一人是周刊的总编。"一位与加莱亚诺和基哈诺都很熟悉的匿名合作者这么回忆道。好几位伙伴和同事都希望编辑部能恢复之前报道世界新闻时的热闹氛围。"很多次，编辑们就《前进》周刊和《时代报》的政治立场问题产生争论：如何措辞？如何进行报道？从什么角度？以什么形象？怎样才能写出文章却又顾念后果？可以说这是一种对完美的追求。当然，有关政治立场的争论更加激烈，而每每讨论下来却总有人受伤。加莱亚诺和基哈诺常常是这些辩论的主角，之后他们便有好几周都处于冷战之中。"另一位记者朋友，也是这两位的崇拜者回忆说。[①] 而对加莱亚诺来说，两人之间的沉默其实是另一种形式的对话。

1967 年 4 月底，在这场混乱中，加莱亚诺的第三本书出炉，当时他还在新的冒险旅行途中。这本书除了是小说之外，也体现了虚构的现实之风。《雄狮日幽灵》是加莱亚诺登上的第三级台阶，他在书里有了自己的风格，文学体裁之间的壁垒消失不见。这本

---

① 来自笔者于 2014 年 7 月在蒙得维的亚进行的电话采访。

书的出版工作由蒙得维的亚的阿尔法出版社负责,加莱亚诺的同事、朋友马里奥·贝内德蒂为他作序。贝内德蒂曾认认真真读过加莱亚诺的第一本小说《未来几日》。贝内德蒂写道:"这本书是为了展示加莱亚诺作为最年轻的小说家之一,拥有了自己的文学语言,也有了无可置疑的文学品质。"①《蒙得维的亚人》《怀旧街的春天》的作者所写的序分析了加莱亚诺的文学根基,介绍了他的作品——虽然仍然不多,却潜力无限——并讲述了他在拉丁美洲文学界的影响。

这本书除了书名所示的《雄狮日幽灵》外,还包含了另外四个故事,分别是《猫先生》《保罗失去的芥菜种的影子》《致敬》《一个夏天的夜晚》。《猫先生》最早发表于《前进》周刊,是加莱亚诺献给J.D.塞林格的作品。加莱亚诺饱读的各种文学作品渗透进文风里。马里奥·贝内德蒂说这些故事从"严格的儿童视角出发,深刻的心理描绘如同理查德·休斯(《牙买加飓风》),不间断的幽默又像雷蒙·格诺(《莎西在地下铁》),甚至融汇了最新出版的布鲁诺·盖吕萨科的《连衣裙》的特点"。而在《致敬》中,贝内德蒂看到了这一代大师都拥有的光明磊落、披露现实的双手,如同欧内斯特·海明威一般。

《雄狮日幽灵》则是一个基于事实的侦探故事,发生在1965年11月3日的蒙得维的亚,两个布宜诺斯艾利斯的强盗抢劫了该市一家银行,并在蒙得维的亚的里贝莱大楼的一间公寓住了下来,警察围堵了好几日,直到两人最终死去。这栋楼坐落在胡利奥·埃雷拉·伊·奥贝斯大街上,离市中心的七月十八日大道两个街区

① 爱德华多·加莱亚诺,《雄狮日幽灵》,阿尔法出版社,蒙得维的亚,1967年,马里奥·贝内德蒂所作序言,第9页。

远,当时警察部署力量围攻犯罪分子,新闻媒体也前往采访。这本书出版于1967年。三四十年后,根据阿根廷作家里卡多·皮格里亚的同名小说,电影《烈焰焚币》诞生了。但其实相较于皮格里亚的《烈焰焚币》,加莱亚诺才是第一个改编这个故事的人。他在书里强调了媒体在围攻中起的作用,用以讽刺媒体是权力阶级的走狗。蒙得维的亚的报纸、广播和电视里到处都赞美着执行任务的警察,却对他们在城市的街道上镇压工会和人民示威活动的行为置若罔闻。52页的故事以新闻报道的风格展现,加莱亚诺在里面以第一人称的口吻加入了些思考和评论,文中还有虚构的故事做补充,以城市的四位穷苦之人做主角,他们居无定所、身无分文,身处社会的边缘,却仍抱着咸鱼翻身的希望。故事最终以展现人物的无尽贪婪而结束,四位主人翁发现了布宜诺斯艾利斯抢劫犯的死亡,并以为自己找到了他们所抢的钱财——在一个破旧的床垫里。那些年里,对文学的狂热、对写作的激情一直陪伴着加莱亚诺,虽然他还是那个落笔时严于律己的年轻人。

拉美知识分子间的争辩、左派内部的讨论以及编辑部里的冷战最终让加莱亚诺决心踏上新的征程。1967年年初,危地马拉俨然成了火药桶。1954年,卡洛斯·卡斯蒂略·阿马斯上校应美国中央情报局和美国联合果品公司的要求,推翻了雅各布·阿文斯政府。如我们所见,加莱亚诺的政治生活在这一历史事件中复苏,他将其视为美国破坏拉丁美洲根基的开端。在这场政变发生的13年后,加莱亚诺除了自小就享有的新闻界神童的美誉,也变成了拉美左翼最受欢迎的记者之一。美国记者赫伯特·马修斯和阿根廷人里卡多·马塞蒂先后于1957年2月和1958年在马埃斯特拉山脉成功地采访到菲德尔·卡斯特罗。和他们一样,1967年4月,加莱亚诺也取得巨大进展,在采访到菲德尔和切之后,他又穿梭于危地马拉的山脉间寻找游击队的领导人之一塞萨尔·蒙特斯,后者的外号是"小崽子"。

危地马拉是加莱亚诺的一道难以抚平的伤疤,也是在那里,他作为政治斗争的战士第一次感到无法释怀的失望,就像他在《爱与战争的日日夜夜》里所描述的那样。在凶残和令人憎恶的一方取得胜利13年后,这位26岁的记者为了报仇雪恨,再次勇敢地踏上这片玛雅人的土地。

这时掌权的已经是另一个军事独裁者了,但他依然不忘雅各布·阿文斯政府倒台的教训,对自身加以改善。阿文斯是位大胆的总统,着力进行温和的土地改革,以打击跨国企业美国联合果品公司。美国中央情报局贡献了一批精通刑讯和"强制失踪"艺术的培训师,这种艺术已经由阿尔及利亚的法国殖民当局和朝鲜半岛上的美国海军陆战队先行试验过了。1954年发生了多起事件。1967年的危地马拉,对于加莱亚诺来说,就是拉美其他地区未来的样子:各种酷刑,以及政治反对派的被迫消失。

"因为必须等一段时间才能采访到蒙特斯,我便决定走进这个国家的日常生活中,那里的绝大多数人口都是印第安人,尽管如此,整个国家还是遭受着严重的种族隔离。我走过首都的一个市场,看见妇女们在卖东西,手工艺品和一些特产,但实际上她们是在寻找机会与其他的妇女聊天,相互交流各自生活地区的消息。一个女人从她的摊位站起身来展示她卖的东西,嘴里却不忘和其他人说着话。一个年轻的金发美国人走近她,要以一个不错的价格买下她摊位上的所有东西,但这位妇女愤怒地拒绝了他。美国人坚持要买,妇女仍然拒绝他,直到他最终无奈离开。这一场景让我忽然醒悟两种对立的文化是如何冲突起来的。那个年轻的美国人走开了,也许心里在想着这个国家因为这种女人的存在而没有规矩,而那个愤怒的印第安妇女却告诉她的伙伴们这个男人居然如此胆大,想买下她的所有东西,夺取她生活的意义。我终于明白了两种如此不同的文化正进行着怎样的碰撞。"37 年后加莱亚诺在莫里西奥·罗森考夫的蒙得维的亚电视台《精彩别错过》节目中回忆说。① 这段从中美洲街头生活的细节所获得的感受也成就了加莱亚诺作品中所特有的文体杂糅风格,这一风格从《火的记忆》(1982/1986)开始就伴随着他,但在那个时期,加莱亚诺的文章里却找不出这一特点。难道是革命的紧迫性使得他为了大业牺牲了细节?但是无论如何,1967 年的加莱亚诺已经有了以小看大的双眼,可以通过村庄里的细节去发掘整个世界。

"第一次进山区采访是一个女游击队员领着我的,她是 1958 年的危地马拉小姐罗赫利亚·科鲁兹,之后死于枪杀。"当选危地马拉小姐之后,科鲁兹开始在大学的建筑专业学习。在那个动荡不安的年代,她决定参加学生运动,并最终加入了革命武装力量(FAR)。在加莱亚诺抵达危地马拉后,她负责在首都与他进行联系。1967 年 4 月的最后一个星期,在游击队的计划下,科鲁兹第一次带领加莱亚诺进山,踏上了他采访塞萨尔·蒙特斯的"朝圣之旅"。1967 年 10 月,加莱亚诺那部讲述山里发生的种种事件的纪实作品《危地马拉,拉丁美洲的喉舌》由东岸出版社在蒙得维的亚出版,仅仅两个月后,罗赫利亚·科鲁兹被准军事部队绑架、强奸,并被枪杀,尸体被扔进河中,当时的她还怀有三个月的身孕。她的丈夫,游击队的指挥官莱奥纳多·卡斯蒂略,也在中情局训练的准

---

① 《精彩别错过》,蒙得维的亚城市电视台,2014 年 8 月 15 日,星期日,莫里西奥·罗森考夫对加莱亚诺的采访。

军事力量执行的"强制失踪"手段下被害。

　　加莱亚诺在危地马拉待了将近两个月的时间,山脉、丛林,当然还有政府官员的办公室,都是他游历的地方。这部纪实作品和他四年前记录中国、苏联之旅的作品有着相似的结构。他走着、看着、听着、分析着,站在不了解这个暴力之国的读者的立场去思考,不仅是为了寻找第一手的资料,也是为了了解这些军事活动的背景。在这本书中,作者的风格非常直截了当,真实地再现了当时的环境和发生的事件。在落笔之前,加莱亚诺早已有了自己的立场,这是从阅读经验、从他自己的经历,以及从危地马拉的案例对于拉丁美洲的影响出发得来的立场。

　　"实际上,加莱亚诺并不是为了找我。我想他大概不知道我是谁。他来危地马拉是因为这里的游击战情况比古巴更为引人注目。"2014 年 8 月塞萨尔·蒙特斯在给危地马拉图西奥斯·利马基金会主席的电子邮件中回忆说。加莱亚诺将危地马拉的革命定义为"拉丁美洲最重要的游击运动之一"①。蒙特斯也是三名游击队领袖中的唯一幸存者。自 1960 年路易斯·奥古斯托·图西奥斯宣布反抗政府以来,他就成了游击战中无可争议的指挥官。他曾是在佐治亚州本宁堡为打击反叛军接受训练的前军队的成员,但 1960 年 11 月 13 日他和同伴马尔科·安东尼奥·容·索萨选择背叛米格尔·伊迪戈拉斯·富恩特斯,指控独裁政府的腐败和专断,但起义最终还是以失败告终。于是这两名"叛乱分子"开始在山中组织游击行动,不久后,塞萨尔·蒙特斯也加入了他们。1966 年 10 月 2 日,发生了一起奇怪的事故,图西奥斯所坐的车在首都附近

---

① 爱德华多·加莱亚诺,《危地马拉,拉丁美洲的喉舌》,东岸出版社,蒙得维的亚,1967 年 10 月,第 11 页。

的路上起火，他也因此丧生。游击队组织内部因为蒙特斯和索萨分成了意识形态不同的两个阵营，加莱亚诺在山中采访时，双方正在进行谈判，试图达成自1967年年初以来的再次统一。1970年，索萨在墨西哥军方参与的一场混战中被捕，当时墨西哥人正尝试与另一些叛乱团体达成关于边境接触的协议。

"他们通知我说有一位采访游击队的记者必须得见一下。于是他们把加莱亚诺送了过来，我在山里的营地接待了他。他是合法入境危地马拉的，并没有采访证在身，也不是什么知名人士，只带了事先商定好的一些协议。"蒙特斯继续说道。古巴这个新焦点对拉丁美洲的叛乱活动产生了巨大的影响，大家深入古巴革命内部，通过建立联系来扩展各国的政治工作。拉丁美洲通讯社作为信息传播平台以及加莱亚诺和多位记者的友谊的纽带，方便了他们汇聚在危地马拉。"正是由于革命武装力量的声望，加莱亚诺才有兴趣采访古巴革命后这些也算是有丰功伟业的主角，他们的作为被认为是疯狂的壮举、历史的意外。"从哈瓦那支持了叛乱活动来说，蒙特斯的这些说法是有根据的，但如果认为这些运动只是菲德尔·卡斯特罗领导的726运动的泛化和模仿，似乎也是不合理的。对于菲德尔和他领导的革命者来说，危地马拉的游击队或者革命武装力量，抑或乌拉圭的图帕马罗斯组织，都不具备真正的武装运动的可行性。

"我没有准备好回答这么多问题，也没想好要怎么回应加莱亚诺给我们做出的分析和结论，"蒙特斯回想起1967年4月到5月的日子说道，"我可以这么说，我们并没有意识到自己在做什么，也不知道我们有什么样的超前性，可以让整个南美洲都在报道关于我们的新闻。"他这样坚持。正如前几章提到的，《前进》周刊的国际新闻版面向读者提供了其他媒体没有的世界各地，特别是整个拉丁美洲的有关信息。因为卡洛斯·基哈诺20世纪20年代在巴黎结识了这些拉美的伙伴，而这些人之后都成了各自国家的政治生活的重要人物，所以周刊才有了这样广泛的联系和全面覆盖的报道能力。基哈诺在社交和传播上的灵活使得周刊一直以开放的途径报道拉美新闻，没人再看到新美帝国主义的出现及其在20世纪的影响。"我们知道《前进》周刊的存在，也知道他在马克思主义左派圈子、民主人士及所有进步知识分子中间的影响力。它很有声望。但我们并不知道加莱亚诺。不过采访中他确实向我们展示了他的力量，一种基于天赋和才能的力量。他是个成熟的男人，尽管年纪不大。他对我们很尊重，但那时候我们并不明白为什么人们因为我们年轻而惊讶。"加莱亚诺对于游击队员的年龄确实感到非常惊讶：蒙特斯那时只有25岁，图西奥斯也是，基本上大家都没超过这个年龄，只有一个36岁的，是所有人中最大的。"在我们看来，他一直在认真寻找我们这些人进行战斗的原因：到底是什么带我们走上了艰难的山路之旅？又是什么让我们在如此恶劣的环境里依旧坚定不移？"蒙特斯解释说。他同意加莱亚诺把危地马拉描述为未来十年拉美军事独裁镇压的一次实验。"在危地马拉和伊朗，中情局已经进行了秘密战术策略的测试，稍晚些的反游击战的实验也在我国进行，他们把这里变成了镇压暴动的试验田。我们就像小白鼠，在我们身上测试了以后，他们好对抗其他革命组织运动的兴起和发展，比如哥伦比亚、乌拉圭、阿根廷和其他国家的革命武装力量。这些组织很大程度上都是在我们的影响下发展壮大起来的，尤其是加莱亚诺的采访和报道发表出来以后，每次他的文章传到我们手上，我们大家都会争先恐后、如饥似渴地阅读。"蒙特斯强调道。"那次在山里的会面之后，我再次见到加莱亚诺是在尼加拉瓜，当时我通过托马斯·博尔赫参与了桑蒂诺主义政府的巴勃罗·乌韦达特种部队。在他的家里我们见了几次面，还有几次是在政治或者礼仪性的活动上见到的。"蒙特斯说。他从未逃亡过，因为他坚持认为，一个革命者要么斗争，要么死亡。"每次我离开危地马拉，都是作为国际主义的战士奔赴他国的战场。我曾担任过萨尔瓦多法拉本多·马蒂民族解放阵线的指挥官，瓜萨帕阵线自成立以来也一直是我在领导。在尼加拉瓜，我参与了托马斯·博尔赫领导的特种部队，也参与了琼波·费雷蒂指挥的部队，很不幸，他在一场事故中丧生。1968年，我在越南还参加了新春攻势，虽然最终被美军反攻失利，但这很大程度上打击了美军的力量。我从未逃亡过。"蒙特斯自豪地补充道。

　　加莱亚诺深入危地马拉采访获得了一手资料，并将其写成了系列报道，这使他在当时的知识分子和进步主义者中间有了更高的名望。他的名字很快成了金字招牌。加莱亚诺在《危地马拉，拉丁美洲的喉舌》一书的引言中说，他当时的经历在六家国际媒体传播开来。"《危地马拉，拉丁美洲的喉舌》的主要内容来自在旧金山的《壁垒》杂志、蒙得维的亚的《前进》周刊和罗马的《新世界和社会主义问题》上发表的文章，以及为国际新闻社和拉丁美洲通讯社撰写的报道。所有这些材料都经过重新编辑和扩充；此外，书里还包含了一些从未发表过的内容。"①《中国1964》和《危地马拉，拉丁美洲的喉舌》两本书反映了20世纪全球两个纷乱的侧面，加莱亚诺试图通过他的报道和书籍让一无所知的读者们了解这两个侧面所带来的影响。《危地马拉，拉丁美洲的喉舌》是加莱亚诺拉下的警报，向世人揭露拉丁美洲其他地区即将面临的更大规模的镇压行

---

① 爱德华多·加莱亚诺，《危地马拉，拉丁美洲的喉舌》，东岸出版社，蒙得维的亚，1967年10月，第11页。

动。然而,它却像沧海遗珠,没有再版过,也许是因为这本书对于当时一味寻求轻松新奇事物的市场来说确实没有什么价值,毕竟书里的字字句句都流露着言辞激烈的批判。

和《中国1964》这本书一样,加莱亚诺选择讲述他采访游击队员时遇到的波折,描绘他们的生活,分析他们选择武装暴力运动的原因,记录危地马拉政府的观点,叙述反共产主义民族运动准备军的暴力行径,报告美国政府批准"争取进步联盟"的成立和美国国际开发署在危地马拉产生的影响,陈述危地马拉民众不得不屈服于美国联合果品公司的订单的历史,并揭发该国屠杀政治反对派的国际罪犯们,给接下来几年拉美其他地区的斗争拉响了警报。其实,这就是这本书的价值所在,它的批判如实、预言成真。这是加莱亚诺从基哈诺那里继承的部分传统——他自己也很感谢这位恩师——现在他的头脑和精力都放在一本书的创作上,而这本书记录着几个世纪以来拉丁美洲的兴衰变迁。危地马拉山脉孕育了拉丁美洲的加莱亚诺,也让他开启了巅峰之作的创作之路,这便是《拉丁美洲被切开的血管》。

1967年年底,拉丁美洲的革命者和知识分子遭受了重创。10月8日,玻利维亚政府宣布逮捕并杀害了埃内斯托·切·格瓦拉。10月14日第1374期的《前进》周刊封面上印着这样的标题:《切·格瓦拉真的走了吗?》。1958年,也曾进入马埃斯特拉山脉采访大胡子菲德尔的记者卡洛斯·玛丽亚·古铁雷斯写了足足两页的报道,摘录了官方消息,却对这一噩耗保持谨慎态度。一周后,爱德华多·加莱亚诺用封面的正反两面以及长达12页的文章制作了一期专刊。《奇迹之身的离奇死亡》,这是报道的标题,这位在罗萨里奥出生的阿根廷游击战士的形象跃然纸上。在文章的结尾,加莱亚诺写道:"切·格瓦拉的一生,包括他最终的牺牲,都犹如一本巨著、一起诉状,由对抗世界的枪林弹雨书写而成,他让多数人成为少数人心里无法负担的猛兽,他控告了多数国家因为少数国家的利益而遭受的奴役和悲戚;当然,他也指控了那些自私之人、那些懦弱之人,以及那些不敢改变现实、投身冒险的顺从之人。"①

　　《危地马拉,拉丁美洲的喉舌》这本书于 1967 年年末问世,加莱亚诺在结束《时代报》的领导任务之后,重返《前进》周刊编辑部。奥斯卡·赫斯蒂多死后,豪尔赫·帕切科·阿雷科上台成为乌拉圭总统,仅仅一周后便宣布"新闻戒严",因此,《时代报》不得不于 12 月 12 日停刊。这也宣布了国家针对左翼政治和社会团体壮大所采取的暴力镇压的全面开启。

---

① 《前进》周刊,第 1375 期,1967 年 10 月 20 日,第 12—13 页。

第八章

一本火力全开的书

《拉丁美洲被切开的血管》(1968—1971)

"还未开始创作,光是谈论着这样一本伟大的书,他就感到无比骄傲。那时候,假设你告诉他,所有的记者都会梦想有这么一部著作,他也不会在意。他有足够的自信,可以不理会反对的声音,他能使任何一种强行劝说都失去效用。几个月后,共和国大学出版部门编辑出版了他这部著作,书名为《拉丁美洲被切开的血管》。"塞萨尔·迪·坎迪亚①回忆道。坎迪亚描述了这样一位爱德华多·加莱亚诺:跟许多朋友一样,他在咖啡馆反反复复的谈话中认清了自我。

2014年4月12日到21日,在第二届巴西利亚两年一度的书

---

① "爱德华多·加莱亚诺说道:'我对于写作这个行业有信仰,我坚信无须出卖良心或者租借灵魂也可以写作。'"塞萨尔·迪·坎迪亚对爱德华多·加莱亚诺的采访,载于《寻求》周刊,蒙得维的亚,1987年10月22日,星期四,第32—33页。

籍和阅读的盛会上，加莱亚诺作为特邀嘉宾在开幕式上致辞。他选择了朗读新书《时日之子》的一些段落。然而，在后来的媒体和读者见面会上，加莱亚诺坦承了他最为隐私的一件事：用和历史真正的扮演者——普罗大众——格格不入的学问，来将世人带入当时乏味的、一波三折的历史中去，或者凭借这样一部作品而成为畅销作家，对于这样的人生追求，他早已感到厌倦。

　　"我不会去读《拉丁美洲被切开的血管》了，我也没能力重读它，我会昏厥的。对我来说，这部传统左翼的记叙类作品是相当无聊的。我的身体将无法承受。我会躺到医院里去。它试图成为一本政治经济学论著，然而我没有经过正规的培训。我不后悔写出这部作品，但对我来说，这个阶段已经过去了。"有了这番话，一场分析大战混乱开场，在艰苦卓绝的媒体大战时代，各路媒体争相对这番话进行解构。这番话巨大的信息量（infoxicación，信息过量，来自加泰罗尼亚的阿尔冯思·科内亚对此做出的出色定义）会使得这样的媒体胖出：它将脱离准确的现实情况，混淆读者、电视观众或者不知情者的视听。

　　战胜者、战败者以及那些懂得"故事"这一长久以来有着丰富内涵的词语的人描述了一个有着摩尼教特点的过去。在他们的笔下，战胜者的丰功伟绩被赞颂，战败者的折戟沉沙被唾弃。这些为权力阶级服务的流派所讲述的故事便是维护社会稳定最有效的工具。和日报中登记卡片上的照片一样，日报中的那些犯罪嫌疑人大多狼狈不堪、脏乱邋遢、凶神恶煞。面对那些求知欲更强的读者——而非那些只是来消遣、来听故事的人——所产生的疑问，他们都沉默了。1971年，《拉丁美洲被切开的血管》一书的到来打破了这个格局。作者借助这部作品获得了记者同行们的认可，并且扩大了读者群——到那时为止，该书在乌拉圭和拉普拉塔河流域已经有了好几个版本。最终，这部作品得以在多国畅销。自《拉丁美洲被切开的血管》开始，加莱亚诺不再需要凭借其良好的叙事能力，或者靠着在乌拉圭、布宜诺斯艾利斯、罗萨里奥、科尔多瓦、智利的圣地亚哥及这块美洲土地上的其他城市寻找新兴作者和创新者的市场宣传，来达到最高 5000 册的销量。该书的销量一路狂飙，在 20 世纪 70 年代就超过了 10000 册，并且被译成了 20 种语言。在读了加莱亚诺的《拉丁美洲被切开的血管》中所记录的故事后，我们中有多少读者，多少代读者，看清了历史的另一面？

然而，在巴西利亚两年一度的盛会上，他并非首次重新谈及自己那部获公众认可的作品。2009 年在加莱亚诺即将访问西班牙首都时，马德里的《国家报》对他进行了采访。访谈中，这位来自乌拉圭的作家认可了这本写于 1970 年的书，以及对包括书名在内的内容的断言，并认为这些断言现在还继续存在："拉丁美洲的血管还是被切开的……书中所描述的内容现在还是正确的。国际权力体系使得财富的增长以他人的贫穷为给养。"[1]同年 4 月 17 日，在特立尼达和多巴哥举办的第五届美洲峰会期间，电视转播给世人留下了这样一个画面，那就是乌戈·查韦斯送给了巴拉克·奥巴马一本《拉丁美洲被切开的血管》，并推荐其阅读这部著作。"这不过是一个举动。我不信他会读。另外，送出的那本是西班牙语版的。"加莱亚诺如是说。据马里纳·罗西记者的报道，《国家报》的另一版刊登了他在巴西利亚对这本书更为明确的观点，他说："不论是奥巴马还是查韦斯，他们都读不懂这本书。查韦斯诚意款款地送给奥巴马这本书，而奥巴马并不懂西班牙语。这在当时是一

---

① 《拉丁美洲的血管还是被切开的》，出自哈维尔·罗德里格斯·马尔科对爱德华多·加莱亚诺的采访，载于《国家报》，2009 年 10 月 6 日。

个慷慨的举动，然而有点残忍。"他总结道。①

对于这部伟大作品的腻烦情绪，他在之后的一些活动中也有所体现。"我跟《拉丁美洲被切开的血管》之间的关系类似于季诺②跟玛法达③之间的关系。人们认为玛法达是季诺本人，季诺却将她当成他的一个作品；然而有时候，玛法达让他感到愤怒，因为他之后的作品都被那个可怕的小女孩散发的光芒给掩盖了。我对《拉丁美洲被切开的血管》也有这样的感觉。这么多年以来，这本书得到了如此广泛的传播，使得我之后的作品显得不那么重要，这是我原本不想见到的。"加莱亚诺在 2012 年 1 月访问哈瓦那期间这么说道。④ 我们不难想象这本书的重要性，光从接连不断的再版就可见一斑。该书的初版已经是 44 年前的事了。它被译成了 20 多种语言，发行于世界各地。该书已经成了一部经典，不能仅用"拉美左翼圣书"来描述它，除了对作者在巴西利亚的言论进行断章取义的那些人。

2012 年 4 月，在号角集团下属文化杂志《Ñ》的记者丹尼尔·比格里翁尼的一次采访中，加莱亚诺显得疲惫不堪，这是人们使他不断回忆这部 20 世纪 70 年代的作品所导致的。"让这本书待在考古学博物馆，跟那些埃及木乃伊在一块儿，这对我来说或许要更好些，然而事实并非如此。许多人，并非所有人，他们将我本人和这本书等同起来，这就像给我判了死刑。就好像我从 1970 年起就再

---

① 《我不会重读〈拉丁美洲被切开的血管〉一书》，马里纳·罗西来自圣保罗的报道，载于《国家报》，马德里，2014 年 5 月 5 日。

② 阿根廷漫画家。——译者注

③ 季诺最具代表性的漫画作品形象。——译者注

④ 帕基塔·阿马斯·丰塞卡，《爱德华多·加莱亚诺的玛法达》，载于《喜利比亚》杂志电子版，2012 年 1 月 21 日至 27 日，第 559 期，古巴，哈瓦那。

也没写过东西一样。然而事实并非如此,从那时候起我写了很多书,并且还做了许多改变。"[1]

　　加莱亚诺发言的简讯一经巴西通讯社公布,立刻就在社交网络上炸开了锅。然而,一些所谓的自由主义者和那些卷入跟中左翼地区政府的斗争中的媒体对这段话做了有意思的解读。他们认为有趣的是,首先,他没有谈到为写了《拉丁美洲被切开的血管》一书而感到后悔,而是说"这个阶段已经过去了";其次,他坚持说"我不会再去读它"并不等同于"我不会再进行写作"。阿根廷《侧影日报》在 2014 年 5 月 1 日推送的电子版中有这样一句评论:"爱德华多·加莱亚诺杀死了他最为人熟知的作品:《拉丁美洲被切开的血管》。"[2]巴拿马具有进步主义思想的音乐人鲁文·布拉德斯,也认为是加莱亚诺本人造成了这本书的死亡。"我想为爱德华多·加莱亚诺的诚实和成熟喝彩……他不得不承认一个我们几十年来对于左翼人道主义论证感同身受的议题:拉丁美洲的教条主义左翼没能突破堡垒中的演讲,没能超越无条件的支持,也没能重复被时间淘汰的思想。"这位巴拿马创作型歌手在 2014 年 5 月 19 日的博客上这样写道。他其实更倾向于唾弃菲德尔·卡斯特罗,而并不是想分析加莱亚诺的作品抑或其现在的评判性观点[3]。

　　2014 年 6 月 7 日,哥伦比亚报纸《观众》也在电子版中发表了一篇长长的评论,这是对《纽约时报》上一篇文章的评论。该文章

---

① 《爱德华多·加莱亚诺:"我们是我们活过的历史"》,源自丹尼尔·比格里翁尼对爱德华多·加莱亚诺的采访,载于《N》杂志,2012 年 4 月 6 日。网址:http://www.revistaenie.clarin.com/literatura/Entrevista-EDUARDO-Galea-no_0_677932208.html。

② http://www.perfil.com/noticias/politica/ EDUARDO-GALEANO-No-volveria-a-leer-Las-venas-abiertas-de-America-Latina—20140501 - 0022.phtml。

③ 鲁文·布拉德斯的博客:http://rubenblades.com/todos/? currentPage=12。

的作者是拉里·罗特，他在拿加莱亚诺的话询问了教育家、作家，并参考了政界和社交网络中的反响之后写了这篇总结性的文章。这些评论所包含的更多是评价性质的修饰语，而非基于作品内容的分析，是在充斥着评价体系和各种标签的生活环境中为了寻求市场营销效益而对其言论的歪曲解读。在众多参与者当中，最有激情的当属一位叫卡洛斯·阿尔韦托·蒙塔内尔的古巴自由主义者，他发了一篇题为《加莱亚诺证实，笨蛋们失去了他们的圣书》①的博文，里面那段音频收获了 20 多条评论（他的其余博文平均评论数为 4 条），几乎所有的评论都批评了加莱亚诺，蒙塔内尔毫无根据地说道：“加莱亚诺撤回了该书的观点。”

　　蒙塔内尔、普利尼奥·阿普莱约·门多萨和阿尔瓦罗·巴尔加斯·略萨三人是《拉丁美洲完美白痴手册》一书的作者。该书的序言由后来的诺贝尔文学奖得主，也是加莱亚诺在《前进》周刊的前同事马里奥·巴尔加斯·略萨撰写。这是一本主要围绕加莱亚诺和《拉丁美洲被切开的血管》展开的书。尽管在序言中作者急于指明该书并不掺杂个人的负面评论，书名却违背了这一点。西班牙皇家语言学院的在线字典②对“白痴”（idiota）这个词解释如下：“白痴是指患有痴呆症的人。痴呆症是一种天生的或在出生后由后天智力的深度缺陷导致的病症。”

　　作者们将《拉丁美洲完美白痴手册》一书的第三章献给加莱亚诺以及他的《拉丁美洲被切开的血管》，并给该章起名为“白痴的圣书”，以嘲讽的、令人生疑的戏谑口吻分析了《拉丁美洲被切开的血

---

①　卡洛斯·阿尔韦托·蒙塔内尔的博客：http://www.elblogdemontaner.com/Galeano-rectifica-y-los-idiotas-pierden-su-biblia/。

②　西班牙皇家语言学院在线字典：http://lema.rae.es/drae/? val＝idiota。

管》中的某些段落。2010 年,《拉丁美洲被切开的血管》一书第 17 次再版,同年,二十一世纪出版社出版发行了爱德华多·加莱亚诺丛书,不算之前的书籍,光这套丛书就包含了加莱亚诺的 16 部作品。然而,巴尔加斯·略萨给予帮助的《拉丁美洲完美白痴手册》一书从 1996 年起到现在,再版未超过三次。由于后独裁统治,1996 年拉丁美洲进入新自由主义的鼎盛时期。

有了 1967 年出版的两本书,一本是虚构的,一本是新闻体裁的,加莱亚诺准备继续从事虚构作品的写作。他靠着《前进》周刊的工作、共和国大学月结的工资、蒙得维的亚的几家小出版社的自由撰稿人身份,以及为诸如《每月评论》这样的其他报刊媒体撰写稿件的收入来维持生计。那时,蒙得维的亚接收了许多来自拉丁美洲各个国家的流亡者。当时,加莱亚诺已经选择成为像加夫列尔·加西亚·马尔克斯一样的作家和记者,他们有着同样的想法:哪怕终将贫穷,也要继续写作。1963 年,他跟他的第二任妻子格拉谢拉·贝罗生了第二个女儿,弗洛伦西娅·休斯·贝罗,1966 年,他唯一的儿子克劳迪奥·休斯·贝罗出生了,之后就有了些关于这对夫妇面对残酷的日子每个月末生活都很拮据的传言。

整个拉丁美洲成了一个充满创造力和社会动乱的大染缸。蒙得维的亚也不例外,它成了流亡人士的友好目的地,他们出于各种缘由汇聚于此。加莱亚诺和从巴西流亡至此的多才多艺的社会学家、经济学家达西·里贝罗有过交流,有过无数次对拉丁美洲地区情势的分析和谈笑风生的聊天。他甚至从里贝罗那儿获得了一个绰号,"意识形态穆拉托①",这源自他思想的多元化所造成的异质

① 指黑人和白人的混血。——译者注

性。自接触比维安·特里亚斯的思想和行动开始,加莱亚诺就开始抗拒左翼的教条和教理,比维安是一位社会学家,他将修正主义和国家历史作为筛子,换了一种方式来理解乌拉圭和拉丁美洲历史。雷内·萨瓦莱塔·梅尔卡多是《前进》周刊在玻利维亚的通讯员,1964 年,他为了逃离 11 月 4 日雷内·巴里恩托斯在玻利维亚发动的政变,也逃亡至蒙得维的亚。1962 年的卡贝略港叛乱事件(这是一起对抗罗慕洛·贝当古政府的武装反动事件)之后,又有一批受迫害的左翼人士从委内瑞拉流亡到蒙得维的亚。自 1948 年的波哥大事件起,哥伦比亚成了另一座活火山,向外输送自由主义者、保守派和具有左翼思想的人士。加上拉普拉塔河流域的自由主义斗争不断向河两岸驱逐土生白人斗士,从 19 世纪初开始,蒙得维的亚成了一座迎接各种性质的政治流亡人士的自由广场。

1967 年到 1970 年,加莱亚诺成了一位为 20 世纪 50 年代出生的年轻人所熟知的记者。1968 年 3 月,拉丁美洲出版中心出版的《东方篇章》第 3 期中题为《当卜社会和义学:出版业的爆炸》的文章认为,爱德华多·休斯·加莱亚诺跟《前进》周刊好些成员一样,是"批评、杂文、历史、纪实"标签下"新之又新"的作家。《东方篇章》①给予了《中国 1964》和《危地马拉,拉丁美洲的喉舌》这两本书好评和认可。在这条道路上,加莱亚诺还是想用这两部作品突破文学体裁的界限。然而,尽管他在新闻业每天都能有所收获,在小说领域也有了稳步的发展,但他没有一部作品能让自己以文字狩猎者这一身份脱颖而出。不论是《中国 1964》还是《危地马拉,拉丁美洲的喉舌》,都体现了他在新闻行业的投入和才能,然而少了点

---

① 《东方篇章》,拉丁美洲出版中心,第 3 期,1968 年 3 月,乌拉圭国立图书馆。网址:http://
www.periodicas.edu.uy/o/Capitulo_Oriental/pdfs/Capitulo_Oriental_03.pdf。

作者因本人精心设计而写作的味道：记者这一身份使他接受了这项挑战并且完成了任务。正如塞萨尔·迪·坎迪亚所言，对加莱亚诺来说，还有一本所有记者都梦寐以求的"伟大的书"在等着他。不难想象他作为一个迷狂的人，已经完成了各项挑战，一直处于职业生涯的上升阶段。他也得到了同事的认可，处在一个所有成就都能形成一股合力来开启未来的时期。"我们所有人对我们所从事的工作都深信不疑……我们坚信我们正在做的一切，坚信我们是一个充满活力的国家的主人。"①这是加莱亚诺对他的青年时代的描述。

在 1964 年去古巴采访了切·格瓦拉之后，加莱亚诺受邀参加了 1968 年 1 月 4 日至 12 日举办的哈瓦那文化大会，以及作为评审出席了 1970 年美洲之家出版社举办的文学竞赛。作为一个新兴的法制文化中心，美洲之家跟他的关系为他打下了基础，使其能够跟来自古巴以及拉丁美洲各地的作家建立长期联系。一直到古巴革命前，他的岗位为这段关系提供了肥沃的土壤，并且后来的古巴革命也得到了《前进》周刊的支持。来自世界各地的一代革命者都认可这 具有拉丁美洲民族性的、反帝国主义的新意识形态刊物所担任的角色。同样不容忽视的现象在于它将左翼知识分子，尤其是大学生团体的运动和不同革命运动的发展相联系，比如帮助菲德尔·卡斯特罗和他的兄弟们推翻了富尔亨西奥·巴蒂斯塔的独裁统治。然而，在革命体制化的进程中，一些内部矛盾的征兆以及意识形态如何合法化的问题开始出现了。

政权一经落实，革命者们就选举了艾德·圣玛丽亚作为文化

---

① 来自塞萨尔·迪·坎迪亚的采访。《东方篇章》，拉丁美洲出版中心，第 3 期，1968 年 3 月，乌拉圭国立图书馆。

领域的负责人,她负责联络国家和美洲大陆上由主张革命的知识分子所主导的运动。艾德·圣玛丽亚是第一时间参加革命的人之一,她也参与了1953年袭击蒙卡达军营的事件。1959年4月,在得到菲德尔·卡斯特罗的建议后,圣玛丽亚主持建立了上述运动的联络机构。该机构成了后来的美洲之家,成了一个主张革命的大学生和知识分子的崭新的政治团体机构。

1961年,菲德尔·卡斯特罗在哈瓦那首届古巴全国作家和艺术家代表大会上对古巴知识分子做了一次讲话。"我们没有必要告诉诸位你们应当去做什么;你们面前的任务来自事实本身。显而易见的是,你们今天拥有理想的条件以及最好的工作条件;事实上,知识分子、作家和艺术家能在这革命时期获得的价值和重要性是由我们国家谦卑的解放阶级给予的;而剥削阶级永远都不会给予他们这些价值和重要性。"①哥德堡大学的瑞典籍研究员安妮·福尔内在她的作品《报告文学审视,美洲之家的报告文学奖(1970—2007)》中,整理了由菲德尔·卡斯特罗对外部形势的观察带来的革命内部政治意识形态路线的改变。在这部作品中,福尔内主要关注报告文学奖,讲述了从1970年该奖项设立到2007年的变化。

"随着时间的推移,"福尔内说道,"以或多或少独立于政治领导的方式,知识分子在艺术和革命之间建立联系的最初自由也受到了限制,这主要是由国际政治局势造成的。政治方面,菲德尔·

---

① 安妮·福尔内,《报告文学审视,美洲之家的报告文学奖(1970—2007)》,瑞典,哥德堡大学。

卡斯特罗亲苏联的举动使局面变得更为紧张，文化方面，帕迪利亚事件①作为一个转折点，将一系列知识分子跟体制拉开了距离。1971年，所谓的灰色五年开始了，在这些年里，政治文化议程受到了马列主义的强烈影响。因此，从1970年开始，美洲之家和其杂志需要根据领导人的讲话进行一些内部调整，主要是参照菲德尔·卡斯特罗于1971年在首届国家教育文化大会闭幕式上发表的相关讲话。"②同样，福尔内还收集了安布罗西奥·福尔内特的报告，后者介绍了1960年至1980年古巴官方出版界的情况，主要是教育部和古巴国家出版局的情况。福尔内特指出，这些年间知识分子的活动都被政府紧密跟踪，以防出现偏离主义。"假如必须用几个字来总结所发生的情况，我会说我们受到了伤害，到那时为止一直于我们有利的相对平衡被打破了，同时被打破的还有在此之上建立起来的文化政治的一致性。之前和之后的情形是非常清晰的：之前是一个凡事都进行问询和讨论的时期——哪怕并非每次在各方面都达成一致——随之而来的是一个充斥着敕令的时期，这是一种法律强制的文化政策，另外一项政策作为补充，被排挤、边缘化，将知识分子的领域变成了不毛之地。"③

因此，1970年，美洲之家给记者和知识分子的工作设立了报告文学奖。首个获奖者是加莱亚诺在《前进》周刊的一位同事，玛丽

---

① 埃韦尔托·帕迪利亚是一位诗人。1971年，他因在古巴作家联盟朗读自己的作品被捕，理由为所涉及的内容具有反政府性质。此举引起了众多知识分子的抗议。在经历了长达38天的关押后，他再次出现在古巴作家联盟，并朗读了一份"自我批评"，内容包含了他对这一生写过的所有作品的忏悔。——译者注

② 安妮·福尔内，《报告文学审视，美洲之家的报告文学奖（1970—2007）》，瑞典，哥德堡大学。

③ 《美洲进程中的作家》，豪尔赫·鲁菲内利对爱德华多·加莱亚诺的采访，载于《前进》周刊，1971年8月6日，第30—31页。

娅·埃斯特尔·吉利奥，她对图帕马罗斯民族解放运动组织的游击战做了一系列的报道。同年，周刊的另一位同事卡洛斯·玛丽亚·古铁雷斯以作品《军营日记》获得诗歌奖。第一届评委有来自阿根廷的鲁道夫·沃尔什、来自墨西哥的里卡多·波萨斯以及来自古巴的劳尔·罗亚。这是沃尔什的回归古巴之旅。1961 年年末，新领导人推行的不同政策独揽了拉丁美洲通讯社，该社是由他本人和罗赫略·加西亚·卢波、加夫列尔·加西亚·马尔克斯等拉美记者和知识分子创办的，他们由阿根廷记者里卡多·马塞蒂带领，并由切·格瓦拉提供政治庇佑。在当时的背景下，他选择小心沉默地离开。

然而，1970 年的首个奖项颁给了吉利奥，这就意味着带着快速写就的杂文集《拉丁美洲被切开的血管》参加评选的爱德华多·加莱亚诺落选了。之后，他公开向一些同事做了坦白。"我写这本书是为了能够及时参加美洲之家的比赛。该书涵盖了为期四年的旅行和长途跋涉经历，这是 90 个夜晚的创作结晶。那个时候，我同时在大学和私人出版社工作，总是忙于修改类似于描写老鼠性生活的文章，直到晚上才有时间在机器上写作。90 个不眠之夜才换来了我向古巴大使馆递交的《拉丁美洲被切开的血管》的稿子，我却输掉了这次比赛。我对美洲之家的爱从一开始就没得到回应，就好比一种无用的激情！"他对《喜利比亚》杂志的古巴记者们如此说道。① "后来得知，那年由左翼著名人物组成的评审团认为，这本书不够严肃，故不能获奖。那是一个左翼人士仍然将严肃和无聊搞混的时期。幸好这种情况后来得到了改变，在我们的年代大家

---

① 帕基塔·阿马斯·丰塞卡，《爱德华多·加莱亚诺的玛法达》，载于《喜利比亚》杂志电子版，2012 年 1 月 21 日至 27 日，第 559 期，古巴，哈瓦那。

都知道,左翼最好的盟友是笑柄。"他补充道,透露出一丝不快。

1971 年,为了掌握意识形态方向,由大革命任命的新领导团体开始在报告文学奖中提名该书,并且由于该方向的存在而不愿意忽略知识分子团体。这是不是个圆满的结局似乎很难下定论,因为这样做在其内部会传播官僚主义的毒素,这就成了反革命,菲德尔·卡斯特罗是这么认为的。加莱亚诺将他无法获奖的差运气归因于评审团,这也就证明了他跟全球的革命进程,跟对古巴新时代政府的允诺是息息相关的。无论如何,提及《拉丁美洲被切开的血管》一书就说明,革命的方向也隐含了对世界新左翼精英的某种认可。1971 年 8 月 6 日星期四,《前进》周刊上发表了豪尔赫·鲁菲内利——周刊图书版块的新负责人——对爱德华多·加莱亚诺进行的关于该书的采访。"在游历了拉丁美洲不同国家(古巴、墨西哥、委内瑞拉、智利和巴西)回归之后,有好多理由让我们同爱德华多·加莱亚诺进行一次特别的对话。他的《拉丁美洲被切开的血管》(之后几个月会由墨西哥的二十一世纪出版社、古巴的美洲之家出版社以及乌拉圭的共和国大学出版社同时出版)一书和最近那个美洲之家文学奖擦肩而过,并且毫无疑问地获得了首个提名。"①

上述采访也探讨了作品的内容。他跟加西亚·马尔克斯不同,后者在被问及刚写完的书时,会感到非常厌烦。"这是为了什么？我不是已经写出来了吗！让他们去买吧,去读吧,然后就什么都明白了。假如这么做了还不明白的话,我也无法帮助他们解决这个问题。"这位诺贝尔文学奖得主厌烦地说道。而加莱亚诺接受

---

① 《美洲进程中的作家》,豪尔赫·鲁菲内利对爱德华多·加莱亚诺的采访,载于《前进》周刊,1971 年 8 月 6 日,第 30—31 页。

了鲁菲内利的采访,他们一起完成了长达两页的采访稿。

"为了完成这本书,我花了九牛二虎之力来学习经济和历史,这是一项艰难困苦的研究任务,然而我认为是必须要去做的。"他在采访稿的前几段如是说。他旨在打破当时的文学体裁的界限,使其更符合年轻读者的语言习惯,也更贴近当时美洲大陆紧张社会现状下的新型语言风格。"恰好在这本政治经济学的书中——他指的是《拉丁美洲被切开的血管》——使用的技巧是叙述的技巧。这完全是对正统的反叛。"他以一个创始人的热诚说道。"你知道吗?不管怎么样,学者是不会抱怨的:因为有 350 份史料可查,所有令人感到吃惊的断言都来自值得尊敬的作家或者严谨的文件,并且,本书——我本人都需要以穆斯林般的耐心才能读完它——涉及了不计其数的乏味的经济学报告和许多分量很重的作品。"他继续兴奋地说道。

作者知道那些史料的出处,并且为了以防万一,在 1984 年阿根廷的第 39 版中,他为这些史料列出了 442 条脚注,在原版中指出了 21 位路上结识的朋友,将他们当作"撰稿人"。其中就有比维安·特里亚斯,他是乌拉圭社会党的总书记,同时也是我们上文提到的乌拉圭国家修正主义的创始人之一,他以一个破裂主义的视角去看待由自由主义作家们讲述的官方历史。罗赫略·加西亚·卢波是被作者写进致谢辞里的多位记者之一;1960 年,他们一同坐船首次来到布宜诺斯艾利斯城,他是拉丁美洲通讯社哈瓦那总部的记者,《前进》周刊在阿根廷首都的通讯员,也是同加莱亚诺分享过许多行业经历的人,比如 1973 年到 1976 年,在他流亡之前的《危机》月刊工作。达西·里贝罗是一位来自巴西的社会学家和经济学家,他赫赫有名,从 19 世纪初开始,只要谈及拉丁美洲的政治经济进程,所有辛辣的见解都出于他之口。他助了加莱亚诺一臂之力,使其能够畅通自如地使用经济学的语言来组织数字和下定义,增加其作品的严谨性。另一位曾帮助他弄清楚经济学问题的重要经济学家是乌拉圭的阿尔韦托·科里埃尔,加莱亚诺同样需要对其报以诚挚的感谢。作为广泛阵线经济学团队中的一员,科里埃尔以研究员和教师的身份跑遍了拉丁美洲,致力于研究导致贫困的原因。阿根廷历史学家和社会学家塞尔西奥·巴古名列致谢名单的首位。从接受马克思主义教育开始,他成了第一批研究贫困情况以及拉丁美洲依附于资本主义世界权力中心的现象的经济学家之一。他去过墨西哥、委内瑞拉、乌拉圭、智利和秘鲁,许多学者——比如巴西前总统费尔南多·恩里克·卡多索——认为他是依附理论的先驱者之一,该理论诞生于 1960 年年初,用来解释拉美地区的经济进程。萨穆埃尔·列支敦士登是另一位乌拉圭经济学家,他致力于研究拉丁美洲社会不平等现象,他也是加莱亚诺需要感谢的人之一。还有两位乌拉圭学者,路易斯·卡洛斯·本韦努托和胡安·奥多内,他们跟巴古一样,是乌拉圭社会党重要的历史学家,主要从事跨学科的乌拉圭经济历史学研究,来了解国家命运的走向和国人的命运,他们俩跟加莱亚诺年轻的时候一样,是社会党中改良主义的成员。通过对安德烈·贡德·弗兰克这位来自德国的经济学家和社会学家的依附理论的阅读,加莱亚诺得以通过欧洲视角来看世界。他是以冷战时期《前进》周刊在欧洲的撰稿人身份和弗兰克结识的。许多自由主义作家都认为,智利人萨尔瓦多·阿连德的这位德国伙伴是一位伊曼纽尔·沃勒斯坦思想的先行者和煽动者。在《拉丁美洲被切开的血管》的致谢名单中,还有来自委内瑞拉的阿迪塞亚·卡斯蒂略教授,她是一位人权战士,对于女性地位有着特别的关怀;还有保罗·希林,一位来自巴西的记者,他是《前进》周刊的通讯员,也是拉丁美洲通讯社的记者和拉丁美洲修正主义成员。费尔南多·卡蒙娜、米格尔·拉瓦尔卡、卡洛斯·莱萨、阿道弗·佩雷尔曼、阿图尔·波尔内尔、赫尔曼·拉马、奥兰多·罗哈斯、胡利奥·罗谢略、卡尔·海因茨·斯坦西克和丹尼尔·比达特，他们是在加莱亚诺千挑万选后，向外行解释拉丁美洲情势的记者和学者。

鲁菲内利在采访时问到了这本书的主题。"这是一项关于拉丁美洲如何从一开始就'专门失败'的研究。这是一项关于掠夺行径的研究，然而是被当作爱情小说写成的。明白吗？国际上的行业分工意味着一些国家是专门的输家，另一些是专门的赢家，尽管政治专家找了借口来替世界上这一财富不平等分配的现象说好话，说这是功能分配的不均衡。因此，这本书将火枪上获得的征服历史和喷气式飞机的技术专家结合了起来。过去是活着的记忆，和现时一直是密切相关的。"加莱亚诺解释道。事实上，这本书由引言、两个章节和结论组成。其间作者倾尽其叙述的本领，加上记者的职业素养，使得这本书首次展示了一个完整的加莱亚诺，他发挥了自己最大的语言潜能，奠定了自己的写作风格。

为了描述美洲大陆上发生的历史对照事件，一篇新闻体裁的记叙文所用的语言是缺乏修饰的。平铺直叙的语言用来描写事实，还有在《雄狮日幽灵》中出现的叙述紧迫感，这种情况在《危地马拉，拉丁美洲的喉舌》中得到了显著的体现。小说通过对18世纪、19世纪的人物的描写，反映了加莱亚诺所宣告的为期四年的研究成果。"1579年，马蒂恩法官抱怨道：'总是少不了新奇的事、厚颜无耻和傲慢无礼。那时的波托西已经有800名职业赌徒，120名著名妓女,那些富有的矿主经常光顾她们明亮的沙龙。'"①他继续说道:"美国在巴西的一个技术代表团的团长约翰·艾宾克于1950年预言道:'如果想避免美国所不能控制的经济高速发展的打击,美国就应准备引导不发达国家不可避免的工业化。'"②这些资料的细腻描写展示了一个近乎虚构的结构,它包含了一本严肃的小说所具有的魔幻现实色彩,并使之在叙述中铺展开来。当我们谈及一些枯燥的句子时,可以引用阿根廷人托马斯·埃洛伊·马丁内斯提出的有名概念作为点睛之笔:"一行一个数据,一段一个观点。"也就是说,没有使用形容词和大量名词来拉近读者和作品的距离,并且向他们展示所有的细节。在详细的描写之后,形容词就会变得成熟,可以用来锦上添花并证实读者刚了解完的事实。"从16世纪初到19世纪末,有好几百万非洲人漂洋过海,谁也不知道到底有多少人,但是大家都知道他们比从欧洲来的白人移民要多得多,而生存下来的要比欧洲来的少得多……他们接连地死去,相当于几个广岛死去的人呢。"③时间、数据、过去和现在的比较也构成了本书能够牢牢抓住读者兴趣点的关键之一。一部无聊的叙事性作品?左翼提纲式的语言风格?事实上,自加莱亚诺本人说腻烦开始,人们并没有了解其中的批评和自我批评的内涵。

《拉丁美洲被切开的血管》是一部具有全球历史性视角的作品。这是一部电影,而不是一张照片。加莱亚诺的部分信仰并非在于一直痴迷地将过去和现在用一条线索串联起来从而去解释这一点。自《拉丁美洲被切开的血管》开始,那种能够将表面上看起来

---

① 译文来自《拉丁美洲被切开的血管》,王玫等译,人民文学出版社,2001年,第13页。——译者注

② 同上书,第272页。——译者注

③ 同上书,第78—79页。——译者注

毫无联系的人与事展现出来并使其相互结合的本领就成了作家显著的特点,也成了他之后几部作品最重要的特征之一。在1979年西班牙《国家报》的一次采访中,他本人也承认了这一点,他于1978年更新了该书内容并且获得了美洲之家的一个奖项。"我写作《拉丁美洲被切开的血管》一书,是为了弄清楚为什么我们拉丁美洲的人民如此悲惨。这是上帝的过错还是大自然的过失?这本书源自亲身经历。我跑了许多地方,跟许多人交谈过。我进行了大量的阅读,包括那些令人振奋的书和令人恐惧的书。《拉丁美洲被切开的血管》一书想要将被其他书打散的内容重新粘合起来。欧洲和美国不断进步的这段历史其实就是拉丁美洲被欺凌的历史。"①

1978年加莱亚诺流亡西班牙时为该书加上了题为"七年之后"的结束语,归纳了全书,提及了《拉丁美洲被切开的血管》一书作为主角发生在拉丁美洲不同城市的日常逸事。这些口口相传的事例当归功于1970年该书在所有拉美国家取得的成就。同样他也提到,由于阿根廷、乌拉圭、智利和巴西的独裁统治对本书的强行审查,该书反而得到了更好的传播。他用了30页修订了初版中的部分断言,并且提出了一个问题:发展对于这个既有战胜者又有失败者的世界到底意味着什么?

　　我写《拉丁美洲被切开的血管》一书是为了传播别人的想法,以及告诉别人自己的经历,或许这能从实际的角度出发,来解释这些一直萦绕在我们心头的疑问:拉丁美洲是否由于受到了判罚,而成为贫穷和遭受欺凌的国家?这是由谁宣判

① 《爱德华多·加莱亚诺:我不认为政治文学源于道理》,马德里,载于《国家报》,1979年8月12日。网址:http://elpais.com/diario/1979/08/12/cultura/303256808_850215.html。

的？这是上帝的过错还是大自然的过失？这份历史的果实难道不是一种不幸吗？这是人酿成的不幸，那么能否通过人来弥补它？

写这本书是为了试图传播那些在胜者讲述的历史中被隐藏起来的，或者说被欺瞒的事实。我知道这可能成为一本离经叛道的书，因为它以爱情小说或是海盗小说的体裁来谈论政治经济现象。我认为可以毫不虚荣地说，很高兴时间证明了《拉丁美洲被切开的血管》不是一本哑巴书。

选自"七年之后"①的短短几行介绍性文字出现在二十一世纪出版社的官网上，放在该书最新版的扉页照片旁，这就表明，作者背弃这本小说并拒绝认为这是他最珍贵的作品的说法可信度不高。

除了作家的雄心壮志和美洲之家提名的认可之外，《拉丁美洲被切开的血管》的出现并没有在文学作品市场掀起波澜，也没有获得惊人的销量。因此，加莱亚诺还是继续在蒙得维的亚从事他的新闻工作，他还是大学的编辑，并且继续在美洲大陆出差。1972 年9 月 24 日那期《西班牙语快车》杂志发表了他在委内瑞拉马库托附近的瓜尼亚莫雨林对采矿热的深入访谈。② 来到那儿，他住在一家名叫"德国"的旅店，对面就是马库托城的海景，这使他回想起小时候的蒙得维的亚。为了《拉丁美洲被切开的血管》的写作，他一直都忙于对拉丁美洲国家经济历史的加工，他认为这次的钻石热就是一次反复出现的剥削和戕害行为。20 世纪的瓜尼亚莫雨林继续

---

① http://www.sigloxxieditores.com.ar/fichaLibro.php? libro=978-987-629-113-2.
② 爱德华多·加莱亚诺，《委内瑞拉瓜尼亚莫的钻石热》，《西班牙语快车》杂志，第 24 期，1972 年 9 月，德国，第 7、9 页。

遵循着 19 世纪的逻辑:对于财富的疯狂追求、淘金者的穷苦日子,以及这片土地上通过经济结构来操控社会秩序和命脉的有钱人。这成了《拉丁美洲被切开的血管》中描写反复上演的当地历史的一个新例子。就像发生在小说中一样,过去变成了现在。而加莱亚诺就在那儿讲述着这件事。作为记者,通过几个月的写作,他再次出现,竭尽全力在调查中以小见大,来解释贫困的现状,反映人性的细枝末节。这次经历也出现在《爱与战争的日日夜夜》这本书里,该书中,加莱亚诺认为自己经历了第二次死亡。

那些年,委内瑞拉正处在拉斐尔·卡尔德拉统治下的资本主义疯狂时期。在劳动中一夜暴富的念头诱惑着那些夜以继日、食不果腹的人,他们加入了挖矿小队,在矿藏中探寻金黄色的运气。为了采矿,那些城市般的露营地被搭建起来,持续了一段时间后消失了,被遗弃了,之后却又重新出现在几公里以外。消息不胫而走,加莱亚诺就这样来到了这里,来阐释拉丁美洲资本主义的完美隐喻:拉丁美洲奴隶制的关键在于奴"利"。

他来到茂密的雨林,见到了混居的人们和物资稀缺的生存条件,以及人们由于利欲熏心而呆滞的眼神。那些为了脱贫的人群歇斯底里的生活状态使他两次患上疟疾,这两次患病将他推到了死亡的边缘。他得再一次感谢上帝之手,它将他送到医院并挽救了他的性命。《爱与战争的日日夜夜》一书中描述的细节可以帮助我们理解这些悲惨的遭遇如何让他坚定了生活的热情。

不同于他 19 岁时所经历的自称为首次死亡的事件,第二次死亡是他的记者身份带来的,并非他自己所选。他一头扎进了这种生活,成了一个狂热的人,成了一个有如拥抱宗教神秘信仰的人,并被生活充实:仿佛猛喝一口烈酒,从头再来了一般。就这样,他开始了写作生涯。写作给他带来了家庭,让他找到了组织,使他悟出了活着的动机。30岁的加莱亚诺并不想死。

溃烂,发烧,呓语,刺骨的疼痛,这些感受足以使一个人放弃抵抗,想就此了结生命。矿工们将这种由疟疾带来的发烧称为"经济型发烧",因为它十分致命,用不着花钱买药,一天就能结束性命。加莱亚诺在医院病床上翻来覆去了一个月才活着出来,不成人样。作为传播媒介的蚊子还是手下留情的,只将其推到了死亡的边缘。靠着补铁药和奎宁,他活了下来。此外,还得遵医嘱,要不断吃扁豆。然而,另一趟旅途马上就要开始了。写作上,他需要起锚远航迎接新的挑战;生活上,他需要起锚远航去南美洲其他地区。

在这个世界上,他重新开始意识到自己的角色。他要坚定信念,继续航行。1971年年末在委内瑞拉沿海城市马库托,他决定不再抛弃他的"情人",也终于不用偷偷摸摸了。

在《爱与战争的日日夜夜》一书中,他以细腻的、如诗般的口吻描述了一种他不愿摆脱的状态。从某种意义上来讲,这也使他意识到他做过的事情以及即将建立的未来。加莱亚诺自己说道,假如一位新闻工作者的生活是动荡的、残酷的,那么他自己的生活也就在几秒的眩晕中度过了。也许,在马库托经历的一切反映了神话对死亡的解释:它的临近使得记忆中的所有生活瞬间,在彻底告别之前,如电影放映一般闪现于眼前。刚满20岁,他就成了《太阳报》的画工,成了《前进》周刊的记者和编辑,与此同时,他主持着电视台一档周日晚的政治节目,并且在周游世界时边欣赏美景,边进行探险。他还缺什么?

是时候停下来好好写作,消化消化经历了。加莱亚诺说,死亡将打断他生命中最美好的时刻。当他在世间还有许多未竟事宜的时候,死亡就会出来,将这时刻带走。他缺少世界上的另一副面孔。那时候,他已经拥有了许多身份:记者、作家、父亲和丈夫。他经历了许多他人的生活，他人的许多生活也带着各自的文化、习惯、特征涌向了他。现在他想给他人讲述他们的生活，为了能够同区别于自身生活的他人生活共存下去，加莱亚诺是时候付出了，并且需要更多的付出。

另外，对他来说，讲述他所经历过的一切也是一项挑战。他知道这是值得的。同样他也明白来自自我提升的挑战，即用更为流畅的笔触去写作。这并不是为了交流而写作，而是使读者能沉浸于交流本身。对于某些人来说，这是一种文学技巧；对于加莱亚诺来说，则是完全的交付，使他能分享，并且感同身受地分享他的故事。"那一晚我意识到自己是一个文字狩猎者。我就是为此而生的。"

在那些天，他下定决心挑战自我，不断更新写作技能，这也意味着不断更新他在人群中的形象。由于不知从何下手，他打算更为深入地讲述每个故事，涉及更多的细节，甚至深入骨髓。[1]

然而，在《拉丁美洲被切开的血管》一书出现之后，爱德华多·加莱亚诺的生活还是继续记录着那些对未来产生影响的事情，这些事情都跟政治有关。1965年，在乌拉圭的政治舞台上出现了民族解放运动组织（图帕马罗斯）。自1966年1月决定性地从左派革命运动（MIR）中独立出来之后，它宣告正式成立，并成立了"协调员"组织。同月举办了首届国民公会，民族解放运动组织的成员来了不到半百，主要是由拉特哈城区"协调员"组织成员、以劳尔·森迪克为首的阿蒂加区的甘蔗园主，以及社会党最后的继承者组成

---

① 爱德华多·加莱亚诺，《爱与战争的日日夜夜》，目录出版社责任有限公司，布宜诺斯艾利斯，1984年，第51、55页。

的。不久后,1966 年 12 月,他们以民族解放运动组织的署名签订了声明,并在蒙得维的亚街道上与警方发生了武装冲突,导致一位成员死亡。从那时开始,该团体因其在公众意见中的透明度发展了起来,这同样和警方在那次行动中发现该组织有好几处军火库有关。然而从 1968 年年初开始,民族解放运动组织的人员有了指数般的增幅。根据西班牙政治学家爱德华多·雷伊·特里斯坦在《历史的转角》①中的解读,这是由国内工会运动的增长,以及大、中学生对法国"五月风暴"的回应所导致的。

从民族解放运动组织作为城市游击队的武装力量或者说武装的宣传组织开始,以及从左翼剩余力量内部产生的不同观点来看,《前进》周刊内部人员都开始热身了。基哈诺还是表现得毫无畏惧,他还是坚守阵地,遵守宪法,不去支持暴力武装,然而他与社会党反帝国主义原则的政治变革的步调是一致的。

国家暴力事件在增多,红党领导下的政府通过镇压手段来解决问题。国内传统党派的进步阶层对当时的状况无比担忧。1967年 12 月 12 日,《时代报》被永久关停,这使得它跟政府刚刚签订的协议遭到了严重的破坏:团结左翼。它的负责人是卡洛斯·玛丽亚·古铁雷斯,他是平衡日报内各势力的最后希望,这些人愈发倾向于支持国家暴力,也就是说,支持以暴制暴。尽管这些社会主义者还是协议的拥护者并为该项目提供资金支持,但加莱亚诺已经离开了。他刚从危地马拉回来,那时他正在专注于处理书最后的细节部分,并且大学里的工作也使他心无旁骛。然而,他还是十分关注政治运动,关注《时代报》遇难之后的那些幸存者,以及诸如劳

---

① 爱德华多·雷伊·特里斯坦,《历史的转角:乌拉圭革命左翼(1955—1973)》,世纪末出版社,蒙得维的亚,2005 年。

尔·森迪克之类的朋友的地下处境。

《时代报》被关停后,比维安·特里亚斯和何塞·迪亚斯这样的社会党改革派人士发行了名为《国家、人民、社会主义左翼》的新周刊,并于1968年邀请爱德华多·加莱亚诺来领导。该周刊的主题为"对国内存在的问题和解决途径的每周分析、'伟大祖国'的事实和世界革命中最重要的话题"。然而由于缺少经费以及政府对出版业和政治活动分子的强硬措施,这本杂志没几个月就夭折了。

1969年,一方面,政治形势跟大街上的工会运动都变得很复杂,另一方面,民族解放运动组织和豪尔赫·帕切科·阿雷科政府无法制止经济危机。不论在白党还是红党的内部都发生了分歧,进步派、反镇压派和主镇压派之间产生了分歧。尽管那时左翼已经拥有一支准军事力量,并且进行过刑罚和绑架事件,但它还没有从《时代报》被关停的麻木中反应过来,也没有对官方的镇压进行有效的回应。《前进》周刊仍然是一盏明灯,能够将人们的视线汇聚起来。塞雷尼,一位被国家强行逼退的将军,成了1971年大选中进步派感兴趣的人物。他接受了《前进》周刊吉列尔莫·希夫莱特的采访,其大部分理念和卡洛斯·基哈诺的理念以及周刊的核心思想不谋而合。红党议员塞尔马·米切利尼在多元分化的时期想要收拢党内其他派系的人,希望他们认清最重要的是共同目标,而不是保守的具有攻击性的官方政策。1970年,当加莱亚诺在古巴担任美洲之家拉丁美洲文学竞赛奖的评审的时候,《前进》周刊的记者,胡利奥·卡斯特罗、奥斯卡·布鲁斯切拉、阿图罗·巴利尼亚斯、阿道弗·阿吉雷·冈萨雷斯和埃克托尔·罗德里格斯,启动了一个"十月号召"计划,这是一个为了1971年总统选举而进行的融合不同政治力量的计划。国会里、咖啡店中和大街上的政治领导人和进步军人的交谈促生了一支新的力量,这支力量将结束两个传统派所建立起来的体制。

"领导人之间在进行交谈时，由朋友组成的委员会就形成了，也成立了人民阵线，还有基督教民主党和塞尔马·米切利尼的Lista 99派，他已经完全离开了红党。运动变得一发不可收拾：'国会沸腾了，街头也沸腾了。'这些传统党派被寡头政治下的保守派统治着，他们面临着倒台的危险……广泛阵线虽然没有名义，但是实际上是存在的，假如它靠着什么才变得不可摧毁，那就是它最本质的统一性，它存在于公众层面从未有过的多元化之中。"这段文字选自记者萨穆埃尔·布利塞恩的《塞雷尼：次日晨》一书，作为左翼政治变体的这本书描写了广泛阵线形成时的环境气候。①

为了参加11月28日的总统大选，广泛阵线作为一股政治势力于2月5日成立。它由社会主义者、共产主义者、基督教民主党派人士和传统党派分离出来的人组成，虽然这是阵线的第一次行动，并且以失败而告终，但是在大选之后它幸存下来了。1971年，利韦尔·塞雷尼和何塞·克罗托希尼的参选方案收获的选票不过30.5万张，位列第三，然而在国会中获得了18个众议员和5个参议员的席位。本次选举中作为候选人的白党的威尔逊·费雷拉·阿尔杜纳特得票最多，然而根据双重直选制的规定，总统还是帕切科·阿雷科，尽管数年之后美国前总统理查德·尼克松承认，此次选举结果是为了防止费雷拉得权以及广泛阵线得势而进行的暗箱操作。广泛阵线的出现使得《前进》周刊一代人的努力达到了顶峰，包括加莱亚诺，他们给想要改头换面的左翼带来了新思想。

1971年，在选举结束后没多久，民族解放运动组织的某次行动跟加莱亚诺和其前妻格拉谢拉·贝罗有了一次近距离接触。吉

---

① 萨穆埃尔·布利塞恩，《塞雷尼：次日晨》，缺口出版社，1997年8月，第二版，第63页。

多·贝罗·奥里韦,格拉谢拉的父亲,他是国家律政部部长兼最高法院法官,他于 3 月 10 日在家被民族解放运动组织的一个头目绑架,被带到人民监狱,由人民法庭对其司法过程的所作所为进行审讯。贝罗一贯反对使用军法来判决民事案件,然而"1970 年下半年,他对四位法官下达指令,让他们在刑罚判决过程中对政治犯坚定立场,严厉判罚",这来自民族解放运动组织的司令卡洛斯·洛佩斯宣读的第 18 号通告①。由于涉事者为最高法院法官,关于这起案件的报道自然见诸国内和国际媒体。在绑架当天,其妻玛丽亚·梅塞德斯·罗维拉·图雷尔在绑架者中认出了她在达马索·拉腊尼亚加中学教书时的学生。最后,贝罗·奥里韦在两周之后的 3 月 24 日被释放,没有碰上大问题。

爱德华多·加莱亚诺马上就要开启一个新阶段了。对《拉丁美洲被切开的血管》的作者来说,1971 年的美好预兆结束了。他进入了拉丁美洲革命的文学天堂。乌拉圭政治事件给他带来的操劳也告一段落。新的时期将包括巨大的喜悦和一个灰暗的夜晚。

---

① 第 18 号通告,民族解放运动组织(图帕马罗斯):http://www.cedema.org/ver.php? id＝4347。

第九章

跨越拉普拉塔河的爱

与阿根廷和《危机》的羁绊（1973—1976）

1972 年，不论是对加莱亚诺来说，还是对乌拉圭乃至整个拉丁美洲来说，都意味着一个新时期的开始。除了 60 年代末开始的检举和告发，全面的镇压氛围也随之而来。虽然大部分的镇压行动都是以美洲大陆国家的法律为基础的，但其部分举措超出了法律规定的范畴。此外，这些都是地下行动。比如，从 1970 年开始，乌拉圭就禁止民族解放运动组织（图帕马罗斯）的活动，新闻业谈到它时都用"某组织"这样的措辞。该禁令的颁布是基于豪尔赫·帕切科·阿雷科的合法制度，该制度自 1967 年 12 月奥斯卡·赫斯蒂多总统逝世起就开始施行了。然而，同巴西、阿根廷和巴拉圭等周边国家一样，乌拉圭开始了刑罚和绑架行动。展开这项镇压行动的人员为武装力量的成员，后来 80 年代民主复兴时对违反人权的调查研究证实了这一点。新闻业搜集了这些检举的行径，然而在临近发布的时候却运气不佳。1971 年,该现象在红党候选人胡安·玛丽亚·博达贝里赢得选举之后愈演愈烈,他于 1972 年 3 月 1 日上任,在之后不到一年时间就解散了国会,进行了武装力量支持下的统治。

1972 年,暴力事件变本加厉。准政府机构的镇压事件尤甚。在同年 8 月的交火中被逮捕的图帕马罗斯民族解放运动组织的领导人劳尔·森迪克和同伴何塞·穆希卡、埃莱乌特里奥·费尔南德斯·维多夫罗、豪尔赫·萨瓦尔萨、莫里西奥·罗森考夫、胡利奥·马伦纳莱斯、豪尔赫·马内拉、阿道弗·瓦森以及亨利·恩格莱一起在监狱里待到了 1985 年。历史上称上述 9 人为"独裁的人质",这是由于在 1972 年,在践踏人民权利的博达贝里政府和民族解放运动组织所剩的自由成员进行谈判之后,该组织就被解散和消灭干净了。之后的一年,独裁统治开始形成绝对规模,一直持续到 1973 年的政变。

1972 年快要结束时,加莱亚诺接受了从事新闻业以来的最大挑战。这是他第二次经营新闻刊物,然而这次不是在自己的国家,也不再依靠启蒙老师卡洛斯·基哈诺。

12 月的前几天,在蒙得维的亚的家里,加莱亚诺接了一通从布宜诺斯艾利斯打来的电话。这是他的老朋友、《切》杂志的同事胡利娅·孔斯滕拉打来的。1960 年,这位乌拉圭人去阿根廷碰运气,有了那次冒险经历。"有位朋友要给你打电话,他想了解你的近况并给你推荐一个活儿。我觉得你是不二人选。"她在电话里说。在圣诞节前夕,加莱亚诺跟孔斯滕拉的这位朋友在蒙得维的亚老城区旁港口附近的一家餐厅共进晚餐,他是一位阿根廷企业家,叫费德里科·博赫留斯。

费德里科·博赫留斯,朋友叫他"菲科",他是一位实干家,跟文化领域关系密切,他是造型艺术家和作家的保护人。当时,他是个人物。他于1919年出生在布宜诺斯艾利斯,19岁的时候成了一名土地测量员。之后他进入了本赫-博恩公司工作,他父亲是那儿的经理。首先他被分到了圣达菲省的圣洛伦索城,在本赫-博恩集团下属公司莫利诺斯工作,这家公司在那儿有个食品加工厂。在那儿他结识了会计曼努埃尔·利拉,他们俩之后一起经历了许多事情。

因其不安分的个性,博赫留斯很快就走上了新的道路。我们有许多反映其事业心的逸事,他还喜欢冒险,喜欢做些打法律擦边球的事情。不久后,他全身心投入了艺术品市场,艺术品市场是一把双刃剑。对艺术品的伪造、中间人对艺术作品的漫天要价、打着艺术幌子进行的涉及大量资金的黑暗交易,所有这一切将艺术市场推向了警戒线的边缘。肾上腺素的高低可以体现菲科这一生体温的变化,对艺术品市场的投资仿佛给他提供了一个证券交易所,让他能够在金融领域讨价还价。

不久之后,他决定另立门户,切断和莫利诺斯的联系。他开了一家印染厂,凭借其商业能力又一下子进入了木材领域,开始从事木地板的生产和销售。他从小就对音乐和油画感兴趣。他的律师女儿安赫利纳·博赫留斯回忆说:"他没有演奏乐器和绘画的天赋,因此他将所有心思都花在了收藏这些艺术作品上。"事实上,费德里科·博赫留斯热衷于造型艺术,尤其喜好油画和版画藏品。他拥有一套乡间别墅,位于距阿根廷首都30公里的圣米格尔。在那里,他收藏了殖民时期的金银工艺品、拉丁美洲一些著名作家的肖像画以及总督时期的历史文件和手抄本。

那一晚,在蒙得维的亚的推杯换盏间,加莱亚诺和博赫留斯立刻成了性情相投的朋友。"菲科很精明,且眼神中透露着诚恳,从一开始我们就互有好感。"加莱亚诺回忆说。从那时起,博赫留斯就完全信任这位年轻的乌拉圭新闻工作者,并将月刊的项目托付给了他。《拉丁美洲被切开的血管》一书的作者刚过完 32 岁生日,他的书也开始卖得不错,尽管不是大卖特卖。他对大学的工作、对蒙得维的亚几家小型出版社的私活感到疲惫,除此之外,他还得加上在几家国际媒体上发表简讯的酬劳才能维持生计。在这个时候,博赫留斯的橄榄枝对他来说能够使他将 18 年来从《太阳报》和《前进》周刊所学,以及在中国、俄罗斯、危地马拉、古巴和拉丁美洲各地的各种采访中获取的经验付诸实践。那一晚,他成了同事心目中最耀眼的明星记者:可以经营一份自己的刊物。"爱德华多要了在当时来说很高的薪水,外加一套住房,菲科当然一口答应了。"胡利娅·孔斯滕拉在接受我的一次采访[①]时这样说道,没有提及更多的细节。

　　博赫留斯对加莱亚诺的为人以及所经历的生活非常着迷。所谓加莱亚诺的经历,即对这块大陆上所发生的文化和政治事件进行解读的经历,这块大陆拥有各种创造力,与此同时,还拥有不断的社会动乱和知识分子的活力。对菲科来说,这是一个机会,他可以在布宜诺斯艾利斯之外发挥其文人保护者的身份,这时的布宜诺斯艾利斯还处于靠着对巴黎和古老欧洲的观望来寻找自己的城市文化本质的时期。与加西亚·马尔克斯和胡利奥·科塔萨尔等拉丁美洲文学大爆炸时期的作家的密切交往,以及与"一战"之后处于重建时期的欧洲的重要知识分子和艺术家的联系,使得加莱亚诺有一个全新的艺术圈子可以依靠,还有了一个可以谈生意的

① 胡利娅·孔斯滕拉于 1992 年 12 月接受笔者的采访。

立足点。那晚的接触不但使他们开启了友谊，而且还催生了《危机》月刊，在此之后的文化界，它将成为一份继西尔维纳·奥坎波领导的《南方》杂志之后最为生机勃勃的刊物。

然而，关于这本杂志，之前还有一段跟加莱亚诺无关的故事。事实上，这位乌拉圭人的到来扭转了博赫留斯所要求的原始计划，凭借着自己的商业嗅觉，他最终改变了计划。

> 《危机》月刊是从一个模糊的概念、一种不明确的意向中被提出的，它想要做一些对国家文化有益的事情。这种模糊理念出自埃内斯托·萨瓦托，他总认为一份级别高的、覆盖面广的文化刊物肯定会在阿根廷获得成功。以上想法出自一位因法律纠纷被逮捕的公民。他被指控贩卖佩德罗·菲加里[1]的盗版画而被关进了监狱，出狱的时候并没有许多人跟他有所牵扯。萨瓦托是为他辩护的人之一，尽管他们并不相识。这位公民很有钱，他就是费德里科·博赫留斯。这是发生在1972年年初的事。博赫留斯感激萨瓦托对他的帮助，并决定拿点钱出来投资文化项目。埃内斯托·萨瓦托建议他创办一本杂志。这位企业家大为所动，他决定出售两幅画来资助杂志的出版。

这是胡利娅·孔斯滕拉的回忆[2]，她于2011年9月去世，生前是记者和编辑，曾参与《危机》月刊的创办过程和初期运营。

---

[1]　佩德罗·菲加里(1861—1938)，具有拉丁美洲关怀的乌拉圭画家。

[2]　她于1992年12月接受笔者的采访。

　　博赫留斯雇用了胡利娅·孔斯滕拉和罗赫尔·普拉[1]两位新闻工作者，并在普埃伦东大街 860 号租下了办公室来创办《危机》月刊。他想将埃内斯托·萨瓦托、维克托·马苏、阿韦尔·波塞、豪尔赫·罗梅罗·布雷斯特和埃内斯托·埃普斯坦这些人组建成一支编委会，并且邀请各领域的名人来担任撰稿人，为杂志提供新闻稿件。"问题在于这些人从来没有见过面，谁也不做决定，这就导致了杂志的出版被无限期拖延。这时，我建议博赫留斯去找加莱亚诺。"在谈到这本传奇杂志的起源时孔斯滕拉强调说。[2]

　　为了组建编委会，博赫留斯找来的这些人非常有意思，他们与加莱亚诺最后决定的成员形成了一个反差。1992 年，杂文家和研究员豪尔赫·贝尔纳多·里韦拉在我对他进行的采访中回忆说，萨瓦托和其合伙人的初版《危机》月刊"犯了萨瓦托深陷其中的荣格式诠释法的老毛病，并且受到了现代非理性主义潮流的影响。据我所知，这份刊物跟那两份名为《雅努斯》和《行星》[3]的图书杂志夸张地相似。不同于那两份，这份刊物受历史影响比较大，它具有时代特点，记录了人们的生活，反映了广义的拉丁美洲文化和更为适时的问题。在那时，历史不断加速，政治和意识形态争论不休的场面是如此激烈，以至于倘若倾向于表现另外一个主题的话，就会脱离实际，与这个世界，与这个银河系、这个宇宙脱轨"[4]。

　　然而，在认识加莱亚诺之前，博赫留斯最初的计划以及他对计

---

① 罗赫尔·普拉(1912—1982)，记者、作家、艺术评论家，出生于阿根廷罗萨里奥，存在主义小组成员，跟埃内斯托·萨瓦托关系很好。

② 她于 1992 年 12 月接受笔者的采访。

③ 《雅努斯》和《行星》这两份图书杂志是月刊形式的文化出版物，发行于 60 年代，探讨了人类社会从 20 世纪 50 年代开始在新技术革命背景下的哲学问题。

④ 里韦拉于 1992 年 10 月接受笔者的采访。

划执行者的选择并非毫无根据。这位企业家跟文艺界的联系来自那些年逐渐系统化的沙龙和文化圈。上述方案在商业可行性上还没有获得足够的力量,也没有群众基础。1953 年,也就是 20 年前,戴维和伊斯梅尔·比尼亚斯两兄弟创办了《轮廓》杂志,他们想将其作为对官方文化的一种批判,却没有能够取代它,这基本上是由于社会的文化条件还没有成熟。博赫留斯选择的团队成员都是公认的、官方的,根据这一标准他才进军出版业。

> 那时候,重新定位是困难的。很明显,马苏、波塞和萨瓦托对于《危机》月刊之后的发展的想法都不够成熟。他们更倾向于认为这是一本文学杂志。我们要考虑到在 1973 年或者 1975 年,人们生活在一个历史飞速前进的时期,可以想象如果博赫留斯的杂志成为当时的一份精英刊物,他会很满意。在那时,他所考虑的是一份更成熟的出版物能有更大的流通量,能产生更大的影响。这是马苏、波塞和萨瓦托无法给予的。我认为博赫留斯发生了转变,那些年,那阵撼动全阿根廷的大风也将他撼动了,却无法撼动那项计划中的其他人。

这段叙述来自记者罗赫略·加西亚·卢波[1],他是加莱亚诺的朋友,也是《危机》月刊的参与者之一。

豪尔赫·罗梅罗·布雷斯特是一位外向的、具有争议性的艺术批评家,他在庇隆主义者掌权时被禁的社会党的《先锋》报上发表了一些文章。对于罗梅罗·布雷斯特来说,艺术作品应当具有

---

[1] 卢波于 1992 年 10 月接受笔者的采访。

"一定的主观性,不能一味地对欧洲运动进行后期的仿效"①。庇隆主义对他的迫害使他不敢有过多的信念,从而躲进了社会党。他在萨缅托大街上一家名为莫乔修士的传奇书店讲授艺术课。他在那儿对先锋派艺术的坚持和拥护,以及在很多场合对公认作家的辛辣批评使他在艺术市场占有一席之地。这一系列的课弥补了他因庇隆主义失业后收入上的欠缺,与此同时,由于在艺术市场的名气,他结交了一批艺术家保护人,并在1948年秋天创办了《观察和品鉴》杂志。"如果《观察和品鉴》成了一本具有影响力的杂志,这靠的不仅是它牵线搭桥的角色。它是一次幻想的旅行,或者说是它将地方和人物相联结,因此,它在国际舞台上成了必需的参考资料,而且它变成了一个平台,可以举行对阿根廷的艺术舞台新旧价值观的祝圣仪式。它成了读者的参考框架,读者品位和美学观念的引领者:不论在阿根廷还是在国外,他们都是一群贪婪的追随者。"安德烈娅·琼塔和劳拉·马洛塞蒂在他们的《战后艺术:豪尔赫·罗梅罗·布雷斯特和他的〈观察和品鉴〉杂志》②一书中说道。

收到博赫留斯的邀请时,科尔多瓦的青年作家阿韦尔·波塞36岁。1965年他开始从事外事工作,所获得的两个奖项肯定了他的文学造诣。1970年,他因其小说《龙虾》获得了阿根廷作家协会(SADE)颁发的荣誉绶带。《龙虾》围绕1968年神秘的巴黎展开,那是一个充满乌托邦色彩的骚乱的巴黎。故事讲述的是一位具有理想主义的年轻人、一位疯狂的画家和一位怠惰的知识分子三人交织在一起的生活,其时代背景从西班牙佛朗哥的独裁统治跨越到卡斯特罗的古巴革命。小说在1970年出版,时刻关注出版界动

---

① 《豪尔赫·罗梅罗·布雷斯特》,载于《头版》杂志,1967年4月。

② 派多斯出版社,布宜诺斯艾利斯,2005年。

向的博赫留斯很快注意到了波塞，他于 1971 年凭借《虎口》斩获阿根廷国家文学奖三等奖。波塞本人于 1966 年到 1969 年在那里的阿根廷使馆工作过，时值苏维埃和中国开始分道扬镳，这对全世界的左翼知识分子都产生了影响。波塞来自一个传统的科尔多瓦家庭，他同时拥有接地气的外交官身份和桂冠小说家的光环。

同样来自文化圈的维克托·马苏更是一名学者。出生并成长于图库曼的他获得了该省国立大学的哲学博士学位，之后又于 1958 年和 1964 年分别去蒂宾根和芝加哥的大学进修。跟博赫留斯一样，马苏来自商业家庭，从事与纸张生产相关的生意。到 1972 年，马苏的思想也恰好同这位决定推出《危机》月刊的文学保护人的想法不谋而合。这两位成长于自由的、充满新兴事物的文化气候中，接触着先锋派的思想，尤其熟悉那些在欧洲这个大舞台上反响强烈的思想——欧洲这一舞台仍然是世界文化规则的反映。正如琼塔和马洛塞蒂所强调的，那些年的文化和美学气候还是处于交替竞争当中。世界正在不断变化着。

那些年，埃内斯托·埃普斯坦被称为音乐理论家，他专门从理论角度来研究音乐。以博赫留斯犀利的眼光来看，他还拥有一种最根本的特质。他 1910 年出生于布宜诺斯艾利斯，三年后随家人去法国生活，之后又去了柏林，并在洪堡大学获得了音乐理论博士学位。1939 年，由于遭到纳粹的迫害，他们举家迁回了布宜诺斯艾利斯。在给《号角报》写讣告的时候，费德里科·蒙赫阿乌回忆起埃普斯坦的一个特点："他从没丢弃自己的德国口音，也不想丢弃它。他因自己属于德国和奥地利那一代的音乐学家感到自豪，他同埃尔温·洛伊希特、特奥多罗·富克斯、吉列尔莫·格雷策和勒科·斯皮勒一起于纳粹时期移民回了阿根廷，并和他们在 1946 年成立了大学合唱团。"①1954 年，他加入了胡利奥·派罗艺术学院，并在文哲学院讲课，在 1966 年胡安·卡洛斯·翁加尼亚将军发动政变时离开。"我承认，纳粹的那些经历使我确定了我一辈子的政治信仰。就像今天一样，在那时，我反对集权主义的所有形式，不论发生在什么时候，什么地点：极左主义，更不用说极右主义，它们对我都没有任何吸引力。"他在 1995 年埃梅塞出版社出版的《回忆》一书中强调说。假如说在 20 世纪 70 年代，博赫留斯在豪尔赫·罗梅罗·布雷斯特身上找到了对造型艺术的批评，在波塞和马苏身上找到了文学，那么他想在埃普斯坦身上找寻的是后者 20 世纪 70 年代初对都市文化的归属感。

埃内斯托·萨瓦托早已成为将博赫留斯俘获的人物之一。他出生于 1911 年，在 1933 年成了共产主义青年团的总书记。靠着这个头衔他去了趟莫斯科，之后对苏联模式和真实的社会主义不再抱有幻想。离开之后他去了巴黎，在那里他被超现实主义运动所吸引，那时正值该运动的巅峰时期。他在拉普拉塔大学物理系学习，并获得了去巴黎居里夫人实验室进修的奖学金。在鼓励他去巴黎的众人中，有一位是之后的诺贝尔生理学或医学奖得主贝尔纳多·奥赛。他最终决定接受这笔奖学金并履行其中的条款，尽管他自己后来说那时他面临一个巨大的危机，不想继续从事艰苦精确的科学研究，而想从事社会科学研究。"科学是非道德的，它将人类带向了灾难。"许多年之后他如此说道。他跟奥赛的友谊淡化了，也渐渐疏远了奥塞，而跟作家和杂文家佩德罗·恩里克斯·乌雷尼亚的交情日益深厚，并全身心投入文学世界，成了一个具有

---

① 费德里科·蒙赫阿乌，《埃内斯托·埃普斯坦大师去世》，载于《号角报》，1997 年 2 月 1 日。

人文关怀的自由主义作家，但是这跟宗教信仰和意识形态的教条是不搭边的。

1970 年的萨瓦托是国家文化领域的参照，没有被庇隆主义招安的他成了一些自由主义立场的批判者。从 1955 年反对庇隆政府的军事政变开始，这种立场成了遍布阿根廷的军事独裁的衍生物。萨瓦托是以一个跟所有极端主义都保持距离的形象出现的。与此同时，他已经写出了他的代表作之一。《隧道》一开始被布宜诺斯艾利斯好几家出版社拒绝，最后于 1948 年由《南方》杂志出版，这本杂志是一直紧跟巴黎的布宜诺斯艾利斯高级文化阶层的代表刊物。在战后，《隧道》获得了法国人阿尔贝·加缪的盛赞，此举使其获得了法国传奇出版社伽利玛出版社的赞助，被翻译成 10 种语言。三年后的《人与齿轮》这部杂文集不仅揭露了斯大林式的集权主义，而且还揭露了压迫人类的资本主义历史进程，资本主义使得人类因科技的发展而窒息，并对其唯命是从。10 年之后，他出版了评论界公认的 20 世纪阿根廷最优秀的小说《英雄与坟墓》。该书于 1961 年出版，萨瓦托在三年之后凭借该作获得了由作家安德烈·马尔罗设立的法国艺术与文学勋章。作为不可知论者和无神论者，萨瓦托引起了博赫留斯的注意，后者当时正在寻找一个能创办一本批评性杂志，并且既有点研究又有着叛逆精神的人。

在与我的信件往来中，萨瓦托讲述了其与《危机》月刊的关系：

由于博赫留斯有大笔的财富，我就向他建议做一本彻头彻尾的批评性文化杂志，主要针对现代末期出现的一切重大问题，这也是 1961 年出版《人与齿轮》一书后我持续的关注点。在那儿，他将找到许多对他来说有用的问题的答案，可以解释他办杂志的初衷。因此我向他推荐有着独立思想的人作为指导委员会的成员，比如马苏（他成为独裁政府的外交官之后我们的关系就疏远了）、埃内斯托·埃普斯坦以及另外一些人，我记不得了。不，我还记得的有罗梅罗·布雷斯特，我一直都不认为他是一位严肃的知识分子。关于杂志的起名，我定的是《危机》月刊，这只是一道程序而已。有时，许多因素会让我觉得事情不会像我所预期的那样顺利，然而博赫留斯决定做下去。①

有了一个能将博赫留斯踏入新闻媒体行业的愿望落到实处的团队，这位保护人为《危机》月刊一直特别关注的文化圈积极造势，并收获了些回响。然而，这个项目并没有正式启动。

胡利娅·孔斯滕拉回忆道：

事情多少变得缺少目的了。我既了解萨瓦托，又了解这时候的博赫留斯。我向他们建议说编辑委员会有点拘泥于理论，最好能够雇用一位主编和一位秘书，其他人作为知识分子，充当撰稿人。杂志为文化事件和政治事件隆重登场之地，由于其他人不是专业的新闻工作者，我推荐了两个人。其中一个我极其了解，另一个不了解，但是他们对我都非常信任。他们是当时《观点》日报文化版的主编胡安·赫尔曼和爱德华多·加莱亚诺，他的书《拉丁美洲被切开的血管》获得了巨大的成功，我坚持举荐他。我说服了博赫留斯，让他去乌拉圭拜访加莱亚诺。1972 年他们在蒙得维的亚见面了，之后加莱亚诺就开始担任杂志的主编，他的拉丁美洲人脉给我们提供了

---

① 来自 1993 年 11 月埃内斯托·萨瓦托写给笔者的信件。笔者私人收藏。

大量的素材。在那个不确定的项目的基础上，我们开始干活了。[1]

博赫留斯性格强势，干劲十足。他还是一个有争议的人。他招募了加莱亚诺后，一下子就撒手不管了。作为杂志上一任主编的阿尼瓦尔·福特对他就没有美好的回忆。"博赫留斯是个糟糕的、爱冒险的人。有时他虽然不赞同，却非常尊重我们。我们一开始关系不错，最后却以争吵结束。我记得博赫留斯有很多公司，并且他能在这个世界里游刃有余。有一天他对我说：如果你想赚钱，并且想将你主编的才能发挥在别处的话，我可以教你。很明显我没学会。"他1992年跟我说道。

豪尔赫·贝尼尼奥·里韦拉是一位阿根廷新闻编年史学家。到2004年去世时，他一直都是布宜诺斯艾利斯大学传播学专业的教师，他也加入过《危机》月刊。据他回忆，博赫留斯是一个"非常神奇的人，一个沟通起来不那么容易的复杂的人，博赫留斯一直处于极度多动的状态。我是一个非常喜欢聊天的人，我可以很容易就跟别人成为朋友。博赫留斯是那种你不能持续跟他聊十分钟的人。他聊天时不能随时变换话题，比如从专业领域或特殊领域过渡到日常生活领域。他是一个彻头彻尾的企业家，却有个跟其他企业家不同的特质：他对文化有着非常强烈的需求。没有了文化领域，很多人都会感到遗憾"。

另一个跟《危机》月刊的日常工作有关联的人是来自乌拉圭的路易斯·萨维尼，他较少被公众所提及，20世纪60年代时，他同加莱亚诺一起在蒙得维的亚共和国大学的出版部门工作。他对博赫

---

① 来自笔者1992年12月的访谈。

留斯的回忆也强调了后者强势的性格特征，这是 60 年代阿根廷行政人员的共同性格特点。"他是一个风风火火的人，是一个执行者。做决定非常迅速，工作起来不容辩驳。对他更好的形容是，他是国家资产阶级的典型人物。对于我们这些没有以积极的眼光看问题的人来说，他显得有点暴躁。从某种意义上来说，他是一个非常富有的人……倘若现在要他回答的话，他就会说，这将是最重要的。每天他口袋里都放有好几万美金；他说要是不这样，他就会觉得自己迷失了。除了物质给他的行动提供了足够的资本外，他的富有还在于他投身文化领域，并且有过许多冒险经历。之后，独裁统治没有放过他那些站在意识形态对立面的文章，他因此付出了高昂的代价。他不仅运作了这本批评分析性质的、带有质问意味的杂志，还拥有许多项目。"萨维尼回忆说。那些年间，菲科的创业精神成了《危机》月刊的一大特点。

"由于这是一份危机时期的出版物，同时又是具有文艺气质的出版物，我们认为它应当是高雅的、精致的，同时又是质朴的。我们选择的纸张是最便宜的，这反而引起了剧烈反响，因为它很厚，具有一种灰色偏黄的色调。封面用的是质量非常好、触感粗糙、只有两种颜色的纸张，上面没有照片，什么也没有。我们拼装了一本名为《危机中的理念、艺术和文学》的杂志，因为'危机'这个名称已经存在，我们就把这个很长的名称给注册了，这是埃内斯托·萨瓦托提供的解决方案。"孔斯滕拉说道。

埃内斯托·萨瓦托提供的名称不仅解决了《危机》月刊注册时的法律问题，还将字母 K 写进了核心词，变成了 KRISIS[①]。"我记得在办公室的一些草稿纸中出现了 KRISIS 这个名称，有了 K，就

---

① 西班牙语的"危机"写作 crisis。——译者注

有了德国的风格。加莱亚诺凭借其丰富的新闻从业经验将它改成了 C，跟'街道'①这个单词一样的 C。"阿尼瓦尔·福特回忆说。②

萨瓦托带领下的杂志的初期状态和加莱亚诺的最终版本有许多反差和明显的紧张感，这反映了对文化两种不同的理解方式，以及面对文化的两种态度：将其当作概念还是工具。萨瓦托与加莱亚诺之间的不和不完全集中于那个时期，而是随着时间的推移，慢慢地显露出来。博赫留斯的话使天平倾向了这位乌拉圭人，并且没有给最初的团队回应的权利。

"关于这本杂志之前的事情我不是很了解，事实上这也跟我没关系。"1992 年 12 月，加莱亚诺在蒙得维的亚一家名为"巴西人"的咖啡馆接受我的采访时回忆说。"我认为有段时间他试过跟另一批人合作，但没有成功。然而对我来说，《危机》月刊的历史开始于我在这儿认识博赫留斯的那一天。我之前并不知道他是谁。我觉得他是一个可爱的人。他有着清澈机灵、兄弟般的眼神。我们俩很投机，看起来我们对对方的感觉都不错。对我来说，那天就是历史的开始。"加莱亚诺对他的朋友博赫留斯的回忆表明了他们俩之间的惺惺相惜。"我有着关于他的最美的回忆。他的态度无可挑剔。一开始他就给了我很多自由，让我凭自己的意愿来规划杂志。他从没给我施加过压力。我知道他玩得有点儿大，首先是因为这是一笔巨大的投资。后来由于渐渐地牵扯上了政治和经济，对他来说，局面就变得更危险了。没过多久他就被捕了，但事情已经过去了。"他说。据他回忆，"菲科出售了藏品中夏加尔的一幅画，换来了一笔巨款作为杂志的启动资金"。然而，加莱亚诺没有

---

① 街道为 calle。——译者注
② 来自笔者 1993 年 3 月的访谈。

提及萨瓦托的不快。"我跟萨瓦托之间没有什么过节。菲科给了
我足够的自由来创办杂志，在此之前的那个项目没有得到落实。
据我所知，他们花了好长时间做这个事，但是没能成功。我们仅仅
沿用了注册好的'危机'这个名称而已。他没有别的要求了。我对
萨瓦托没有成见。我不知道他是否对我有意见。"他说。对换人这
件事儿，《隧道》的作者多少有点想法，他也对任命加莱亚诺为负责
人有点看法。1993 年 11 月的一封信件中，萨瓦托对加莱亚诺的态
度有点强硬。"博赫留斯想要继续（杂志），他采取了一种马克思式
的领导方式，这甚至会毁了我的名声，换上来的都是斯大林主义
者。这就是他们所谓的辩证法。"①

　　刚接任《危机》月刊不久，加莱亚诺就给它打上了个人的印记，
开始以自己的风格进行出版工作。月刊就这样从 1973 年 5 月开始
到 1976 年 8 月度过了第一个阶段，直到阿根廷军事独裁开始后的
第五个月，加莱亚诺才决定离开。

　　那个最初由博赫留斯召集的团体会受到出版行业中各种新闻
理念的影响，比如《南方》杂志、《观点》日报，还有一些经典的周刊
日报，如《国家报》《报社》或者《号角报》。博赫留斯是在上述文化
世界中成长起来的，然而在不久后的 60 年代，政治动荡、由左翼阵
营推动的新文化形式，以及对于商业活动的重新理解，所有这一切
使得这个埃内斯托·萨瓦托领导下的知识分子团队设想好的杂志
项目发生了剧烈的变化。

　　"当我们开始创办杂志的时候，"胡利娅·孔斯滕拉在 1992 年
回忆说，"博赫留斯发现了该项目的一个附加值。他让最好的画家

① 埃内斯托·萨瓦托 1993 年 11 月给笔者的信件。笔者私人收藏。

213

来完成出版工作,由他们用木版印刷来出版,让巴勃罗·奥韦拉尔位于拉博卡的工作室来做这个活儿。加莱亚诺在乌拉圭被捕时,一切都准备就绪了,并且得到了来自其他新闻媒体的许多支持。"

加莱亚诺和他的小团队花了不到四个月的时间就使杂志开始运转。在此期间,阿根廷从胡安·卡洛斯·翁加尼亚的六年独裁统治中解放了出来,他之前发动政变推翻了阿图罗·伊利亚的激进统治。之后由罗伯托·马塞洛·利文斯顿短暂出任了临时总统,直到亚历杭德罗·阿古斯丁·拉努塞将军继任,继续推动军事进程。《前进》周刊①的罗赫略·加西亚·卢波和格雷戈里奥·塞尔瑟如此描述,以此来解释那些年玫瑰宫军靴上的政权。

来自社会和人民的压力使拉努塞撤销了对庇隆的驱逐令,之后,1973 年 3 月 11 日,来自正义自由阵线(FREJULI)的埃克托尔·坎波拉获得 600 万的选票崛起,成为 1973 年 6 月 20 日胡安·庇隆决定性回国之前过渡期的总统。在坎波拉 47 天的任期中,他紧随拉丁美洲其他国家的形势开展执政措施。5 月 25 日坎波拉上台,智利总统萨尔瓦多·阿连德和古巴总统奥斯瓦尔多·多尔蒂科斯都出席了当天的一些官方活动。同一天,坎波拉宣布释放关在首都维拉德沃托监狱里的政治罪犯,他们中的大部分是诸如蒙特内罗斯②以及人民革命陆军(ERP)或者其兄弟阵营工人革命党(PRT)的人民武装组织的成员。在他推行的首批政策中包括恢复跟古巴的外交关系,向其输送食物和提供资金来打破美国的封锁。除此之外,他跟东欧国家建立了联系,还跟中国的毛泽东有过很好

---

① 罗赫略·加西亚·卢波,《拉努塞家族的 X 光剖析》,以及格雷戈里奥·塞尔瑟,《翁加尼亚的失败》,载于《前进》周刊, 第 1497 期, 1970 年 6 月 12 日。

② Monteneros 的音译,又译作团体游击队派,见《爱与战争的日日夜夜》,爱德华多·加莱亚诺著,汪天艾译,百花文艺出版社,2016 年,第 340 页。——译者注

的接触。这意味着军事独裁统治之后，阿根廷终于有了在世界范围内已经白热化的社会主义氛围。

当《危机》月刊准备推出第 1 期时，乌拉圭的政治局面变得越来越复杂。加莱亚诺再次成了《前进》周刊的正式员工，根据人员名单，1970 年他是撰稿人，从 1972 年 8 月开始他成了"分区和简讯"的编辑之一。

1973 年是《危机》月刊的关键时期，几个月中，加莱亚诺无数次跨越拉普拉塔河，往返于阿根廷和乌拉圭，恶劣古怪的气候环境慢慢变得恐怖。在《时代报》工作的日子里，他没日没夜地和编辑部的朋友们一块儿待在警察局的牢房里。但这不是针对这些处在日常斗争中的青年新闻工作者的镇压运动集训。

然而，1973 年并非 20 世纪 60 年代。在那些往返两地的日子里，警察去他蒙得维的亚的家里找他，却没找到。回来后，他决定自己找上门去，可警察局却大门紧闭，跟铁笼一样萧条，跟恐怖电影一样恐怖。因为恐惧，他紧张了一个小时，直到感到疲惫。发生这种情况，他的身体已经承受不住了。在经历了两次死亡之后，一个人对这种绝对的状态已经再熟悉不过。死亡过去后就什么也没有了。没有一个警察知道经历两次死亡是什么样的，而他知道。

从警察局的院子里传出受严刑拷打的尖叫声。政变还没开始，爪牙们却可以肆意横行。毫无羞耻可言，这些被处刑的人被拖到蒙得维的亚那个不起眼的警察局二楼。当一切结束之后，加莱亚诺再次看到了他们，那是一块块经受多次击打、电击、水刑之后的模糊物体。他们被遗弃在角落里，不省人事，已经不成人样了。

叫喊声和吼骂声交织在一起，混合成了命令和麻痹囚犯的工具。加莱亚诺明白事态的严重性，他惧怕一个已经做好了杀戮的准备、丧失了理性的国家。他在那儿待了两天，也许更久，听着剑子手们出发去城市里狩猎时期待满载而归发出的叫喊声。不久后有人将他从那儿拽了出来,丢到一辆车上,带他进了一间囚室。他后来说在那个房间的墙上,他刻上了他的名字。1973 年 4 月 15 日,在蒙得维的亚警察局待了一周后,加莱亚诺最终被释放了。①

"博赫留斯决定将知识分子和新闻工作者们用专机送往蒙得维的亚,要求还爱德华多自由,盛况空前。与此同时,我们也在给《危机》月刊做准备,无论如何也得使它如期出版。事实上,最后也没有用上专机,加莱亚诺和《危机》月刊同一时间双双出来了。"孔斯滕拉继续说道。

1973 年 5 月 3 日星期三,月刊的第 1 期出版了。几个小时过后,由于人民革命陆军(ERP)发动袭击,杀害了海军上将埃梅斯·基哈达,军事总统亚历杭德罗·阿古斯丁·拉努塞下达了对布宜诺斯艾利斯、门多萨、图库曼、圣达菲实行全城戒严的命令。《号角报》封面刊登了总统候选人埃克托尔·坎波拉和政府军事高级委员会开会的场景,同时还刊登了关于生活成本上升了 4.5 个百分点的报道。它还谈及了恐怖主义,提到了人民革命陆军成员。

对于南锥体②国家来说,1973 年是关键的一年。阿根廷重新回到了两党共同执政的民主时期,于 1973 年 3 月 11 日举行了大选,埃克托尔·坎波拉胜出。他首先宣布恢复胡安·庇隆的被选举权,后者于 1973 年 9 月 25 日结束西班牙的流亡生活回国。两周前,即 9 月 11 日,在智利,奥古斯托·皮诺切特将军血腥推翻了萨尔瓦多·阿连德政权。更早些,即同年 6 月 27 日,乌拉圭总统博达

---

① 爱德华多·加莱亚诺,《爱与战争的日日夜夜》,目录出版社责任有限公司,布宜诺斯艾利斯,1984 年,第 96—97 页。

② 南锥体指南美洲位于南回归线以南的地区,一般认为包括阿根廷、智利和乌拉圭三国,有时认为还包括巴拉圭、巴西等地区。——译者注

贝里解散了国会，在武装力量的庇护下开始了独裁统治。

　　《危机》月刊就诞生于这种充满着不定数和暴力的环境之中。其人员组成有行政主编费德里科·博赫留斯，执行主编爱德华多·加莱亚诺，编辑胡利娅·孔斯滕拉，人称"萨尔兰加"①的排版员爱德华多·鲁西奥，行政人员曼努埃尔·利拉，以及多位撰稿人，有罗赫尔·普拉，《号角报》的记者爱德华多·巴利亚里、胡利奥·瓦斯、奥兰多·巴罗内、马里奥·希赫曼、埃尔曼·马里奥·奎瓦，以及《号角报》和《观点》的绘图师埃梅内希尔多·萨瓦特和卡隆迪。不论是《号角报》还是《观点》，都对《危机》月刊的发行给予了大量帮助。在《号角报》的增刊《文化和国家》中，以及在哈科沃·齐默尔曼的《观点》晨报由胡安·赫尔曼运营的文化版块中，都刊登了相关新闻。

　　第1期发表了埃内斯托·萨瓦托的小说《地狱使者，阿巴东》的先行版，该文由作者本人筛选的几段文字组成。考虑到他之前已发表的部分内容，一则简短的匿名评论认为这本小说"奇怪至极"，尽管到发表该评论为止这部作品的反响都还不错。豪尔赫·罗梅罗·布雷斯特也给这一期献上了一篇长达7页的名为《博物馆危机》的书评，以展现该刊的价值观和实践方向。这一期专门给《危机》月刊的原班人马萨瓦托和罗梅罗·布雷斯特预留了页数，这是博赫留斯为了加快团队更新换代，甚至结束萨瓦托领导的团队在该刊中发挥作用而与其协商好的条件。杂志的其他部分就非常符合加莱亚诺的口味了：一篇关于智利作家曼努埃尔·罗哈斯的传记体文章；一份由历史学家奥斯瓦尔多·巴耶尔以及印刷业工联主义者雷蒙多·翁加罗、牧师卡洛斯·穆希卡和莉莉亚娜·

―――――――――

① 阿根廷足球运动员，踢前锋的位置。——译者注

埃克尔完成的调查问卷，其中只有"您对胡利奥·科塔萨尔的《曼努埃尔之书》有什么看法?"这一个问题，相关内容组成了一篇书评;巴西作家若昂·吉马朗埃斯的三个故事，由来自墨西哥的瓜达卢佩·波萨达配图，他是加莱亚诺最喜欢的插图师;巴拉圭人林肯·席尔瓦的小说《将军,将军》的先行版;戴维·比尼亚斯的一篇关于戏剧理论的文章;美国人亨利·米列尔首度用西班牙语写的对油画以及毕加索的看法;对阿根廷诗人里卡多·莫利纳里的一篇简短采访文，配有巴勃罗·聂鲁达专门写给莫利纳里的一篇文章;列宁的一首诗——《创举》;费尔南多·皮诺索·拉纳斯和奥克塔维奥·亨蒂诺合写的电影脚本《未来几日》中的几个段落，这在独裁统治如日中天的时期，在工会和庇隆主义者会议上被秘密展出过;最后以社会学家埃里韦托·穆拉洛的题为《门把手:谁是拉丁美洲媒体的主人》的一篇报告结束了这期杂志。第1期从销售来看甚是成功。"根据萨瓦托的建议，第1期印刷了一万册，结果一周内就被抢光了。这就导致在第2期出来之前要进行加印。在阿根廷，没有一下子卖掉过这么多文化刊物，不论是在伯多文学团体时代，还是在《南方》杂志，都没有出现过这种情况。"孔斯滕拉指出。她又谈到由阿尼瓦尔·福特提供的数据。"除了出品一份文化刊物的名声之外，博赫留斯想在这本杂志上看到的重要的一点是亏钱的可能，因为他在别的生意上赚了太多，想要通过这么做少给国库贡献税收。博赫留斯面对着一个令人悲哀的情形:这个新公司没有给他亏钱，反而又盈利了。《危机》月刊除了帮朋友登些广告之外，没有寻找广告商，他也不想这么做，但它仅靠销售就收回了成本。"她说。

　　加莱亚诺领导的《危机》月刊存活了40个月，其间它时刻关注着阿根廷和美洲大陆的政治动向。编辑部和记者们经常进行辩论,参与其中的有阿根廷人、乌拉圭人和之后从智利流亡过来的人。"这是一个相遇之地,不仅是象征性的相遇,还有在现实世界的相遇。象征意义上的相遇汇集了阿根廷和拉丁美洲的文化。然而更多的是现实的相遇,这是一个许多美好的人的聚集地,非常美妙,因为《危机》月刊成了一个充满能量、供人类交流沟通的舞台。虽然从工作的角度看,那么多人聚集起来其实是不好的。这虽然是一条羊肠小道,却不断有一些美好的人从上面经过。他们来了,待了一会儿,就走了。刚开始在杂志社跟我们仨(孔斯滕拉、马里奥·奎瓦和加莱亚诺)一块儿工作的有个基本团队,还得另外算上几个人。后来,很多人又加了进来,在激情四射的 70 年代,在阿根廷和拉丁美洲富有活力的文化中最具有代表性的许多人物都来过。"加莱亚诺回忆说。[①]

在阿根廷工作的这段时间里,加莱亚诺跟作家阿罗多·孔蒂建立了深厚的友谊,后者在 1976 年 5 月 4 日晚被军事独裁政府绑架。"我们的深厚友谊建立在无数的沉默不语和屈指可数的交谈之上。"加莱亚诺回忆道。孔蒂跟《危机》月刊的关系在于他经常出现在编辑部的会议上,同样也出现在城市咖啡馆里的座谈会上,以及那些在杂志工作人员家里举办的私人聚会上。那时,圣地亚哥·科瓦多罗夫以撰稿人的身份找到杂志社,之后他成了葡萄牙文学评论的编辑。"接下来我要讲的是真实发生的事情。有一天我去编辑部找主编,一个跟我年龄相仿的热心人接待了我。他让我进去,问我为什么要来。我回答说:'我一直在看这份杂志,并且我想参与进来;我比较了解巴西文学,可以做些翻译的活儿,或者你看看我可以做什么。'他沉默了一会儿后对我说:'你就负责杂志

的葡萄牙语版块。在那儿你可以做你想做的,你不需要问我;假如我想到什么有趣的,我就告诉你,假如没有,那就由你自己去想。给你 6 页。'我惊呆了。从那时起到停刊,他给了我绝对的自由。"①

加莱亚诺同样在杂志的建设过程中灌输了自己的信念和要求。科瓦多罗夫又回忆道:"我们在两个场合有过分歧。葡萄牙大选前夕(1974 年),萨拉查政权倒台之后,爱德华多对我说:'我们来做一期关于大选的内容,我们对共产党候选人阿尔瓦罗·库尼亚尔做些报道。'我回他说:'不,我不站在库尼亚尔这边,我支持社会党的马里奥·苏亚雷斯,我觉得他会赢得大选。''你疯了,'他对我说,'库尼亚尔会赢得大选,你应该写他。''我要写马里奥·苏亚雷斯。'我回答说。他反驳我说:'但是苏亚雷斯不支持我们所坚持的东西。''库尼亚尔不支持我坚持的东西,马里奥·苏亚雷斯却不同。'我又回他一句。到了这个地步,他说:'好吧,这是你的版块,你看着办。'最后马里奥·苏亚雷斯赢得了大选。后来他对我说:'虽然在这件事上你是正确的,但我还是不赞同。'"②

编辑部之外的交往会增进友谊,加莱亚诺也会以这样的方式来培养并促进同事间的友谊。"我记得有次在离开编辑部后,加莱亚诺要来我家睡觉。晚饭后,我们坐在客厅写东西,我写我的杂文,他写他的故事。爱德华多边写边吹口哨,吹了好多次。他吹得很小声,吹错了还会改正。这是美好的一天,我给他读了一段我正在写的关于费尔南多·佩索阿的杂文,他听后哭了。他哭得很安静,不加掩饰,边哭边对我说:'关于这个,老弟,你此时此刻不能发表它。这是你的秘密,我们一块儿看看就好。但是终有一天你可

---

① 来自笔者 1992 年 8 月的访谈。
② 来自笔者 1992 年 8 月的访谈。

以发表，现在却不行。'他说得对。能够分享这一切就足够了。"科瓦多罗夫追忆道。

奥拉西奥·阿查瓦尔是出版界的人，他跟布宜诺斯艾利斯大学出版社和拉丁美洲出版中心都有来往，他也是《危机》月刊的成员。"这太令人兴奋了。大家都充满干劲。我们每天都跟爱德华多·加莱亚诺、阿尼瓦尔·福特、罗赫略·加西亚·卢波、安德鲁·格拉罕·约尔一块在拉莫斯咖啡馆吃午饭，那时候安德鲁是布宜诺斯艾利斯《先驱报》的人。还有巴西《贝哈》杂志的通讯员埃里克·内波穆塞诺也在，他之后不得不离开，法国《世界报》的通讯员也在，这是一片小天地。那张桌上有各种趣事儿和不同版本的故事，它们相互交融，然而所有的一切都被蒙上了一层悲伤的气氛。几乎每天早上，我们都会讨论我们的人员是否跟昨天的一样。因为人们经常离开。"他在跟我的谈话中说道。①

在那个激情四射的年代，胡安·赫尔曼是另一个被挽留住的挚友。他于1973年9月以同孔斯滕拉一样的编辑身份加入杂志社，在1975年年中受到阿根廷反共联盟（三A联盟）的威胁并选择逃亡之前，他一直待在那儿。奥斯瓦尔多·索里亚诺和豪尔赫·阿西斯也加盟了，后者在那一时期坚持践行左翼的意识形态，他不仅能写文章，也能参加加莱亚诺制定的日常活动。"豪尔赫·阿西斯、比森特·西多·莱马、加莱亚诺、我，还有一些人，我们经常在马努埃尔·贝尔格拉诺公园和巴勒莫区踢球。"科瓦多罗夫回忆道。

加莱亚诺来布宜诺斯艾利斯的事儿也引起了注意。"爱德华多很享受《拉丁美洲被切开的血管》一书给他带来的名气，但他不

---

① 来自笔者1992年7月于布宜诺斯艾利斯的访谈。

觉得自己高人一等，而是认为这部作品有助于建立一种新的秩序，一种以新的角度看世界的秩序。对他来说，这是一种集体主义的建设，在此基础上他需要承担起自己的角色所负有的责任。"一位阿根廷朋友回忆道。然而在布宜诺斯艾利斯，公众的认可度超出了他新闻工作者和作家的身份。"一组有趣的数据表明，《危机》月刊是一本拥有布宜诺斯艾利斯城最有魅力的记者的杂志，包括爱德华多·加莱亚诺和阿尼瓦尔·福特。"圣地亚哥·科瓦多罗夫回忆说。古巴记者帕基塔·阿马斯·丰塞卡是在加莱亚诺的小说《我们的歌》获得 1975 年哈瓦那美洲之家文学奖的时候认识他的。"跟我同龄的女人对爱德华多·加莱亚诺的评价如出一辙：有男人味，身材好，不拘小节。这些特质加上他超群的智慧和独特的沟通能力，使得我们所有人——或者说几乎所有人——只要和他交谈就会被他的话语深深吸引。"①帕基塔那时候 25 岁，比我们的加莱亚诺小 10 岁。

刚到布宜诺斯艾利斯那会儿，爱德华多·加莱亚诺住在位于蒙得维的亚大街距离老科连特斯大道不远处的一所公寓，这条街是 70 年代文艺运动的主要阵地。他在那儿住到了 1976 年年底，那时他处在一个即将被驱逐的半非法境地。他在首都的那家寓所度过了杂志运营时期最美好的时光。

接手《危机》月刊的时候，加莱亚诺才刚过 32 岁，然而他已经拥有了丰富的新闻写作经验。在那个时期拍摄的照片中，加莱亚诺是一个留着络腮胡的严肃的人，照片中的他仿佛在距离相机光

---

① 帕基塔·阿马斯·丰塞卡，《爱德华多·加莱亚诺的玛法达》，载于《喜利比亚》杂志电子版，2012 年 1 月 21 日至 27 日，第 559 期，古巴，哈瓦那。

圈很远的地方聚精会神地做着其他工作。他似乎很无奈，是被强迫拍照的，直到最后按下快门的那一刻，他还是心不在焉，在思考着将来的事情和计划，照片上的他每个毛孔都透露出他坚定不移的性格。

玛加丽塔·德·利拉是曼努埃尔·利拉的妻子，后者是博赫留斯1973年的会计和行政人员。她回忆起加莱亚诺年轻时期极具时代特征的一件事儿。"加莱亚诺当时在内政部的办公室办理手续，拍证件照的时候必须穿西装。在联邦警察局的办公室里拍照的时候，他被要求系上领带、穿上西装。'我是一位革命者，西装和领带是官僚主义的基本元素，我不会穿的。'他说。曼努埃尔回家找来了一套西装和一条领带，爱德华多不得不穿上，拍了照，这才有了去阿根廷的证件。"她在1992年10月接受我的访谈时说道。

在杂志社工作期间，他坚持写作，时刻准备着打造一个作家加莱亚诺。那时他写了两本小说，开启了他文学生涯的短篇小说阶段。1973年7月，博赫留斯的出版社出版了《流浪者》一书，这本故事集收录了他在1972年11月那期《前进》周刊刊出的三个简短的故事①。该书同《雄狮日幽灵》一样收录了一系列故事，并通过语言对该文学类型进行了深入探索。对于通过《拉丁美洲被切开的血管》一书了解加莱亚诺的人来说，《流浪者》是他选取日常生活场景，以文学家的身份进行短篇小说思考与创作的一次新尝试。据该书记载，"其精装版印了1000本，简装版印了7000本"，该发行量对博赫留斯和加莱亚诺来说算是一次成功，他也拥有了一批新的读者。本书共有四个主题：孩子、纠缠、经历、旗帜。四个主题使加莱亚诺得以自由展开创作。全书包含了童年的纯真、用女性语言

---

① 《前进》周刊，第1676期，1972年11月3日。

描写的爱情、从亲历者视角描述的世界以及那些年在军队"规训权力"影响下的生活。《流浪者》也反映了加莱亚诺从一开始就坚持要走的道路:打破叙事体小说的界限。

1973 年年中,加莱亚诺有四次机会将他的成名作《拉丁美洲被切开的血管》搬上银幕。古巴纪录片大师圣地亚哥·阿尔瓦雷斯·罗曼同他一起写剧本,结果他们将剧本写成了该书的梗概。谈到文学类型,这应该是碑文体。"圣地亚哥肯定地说这将不同于到目前为止他所使用过的语言形式。这样的话,我推测电影的类型将变得不容易确定,同样这本书(《拉丁美洲被切开的血管》)的类型也不好定义,这跟很久以来我自己在文学中的定位一样……我坚持要打破传统的文学分类。"他在 1973 年 5 月《前进》周刊①的豪尔赫·穆斯托的访谈中说道。在注释中他提到,除了阿尔瓦雷斯·罗曼,还有人想将《拉丁美洲被切开的血管》翻拍成电影,比如智利的米格尔·利丁、乌拉圭的马里奥·汉德勒,还有荷兰电视台。"利丁边阅读《流浪者》中的故事边跟我说,有些桥段并非来自现实,而是来自电影,有些故事的场景就是电影画面。"加莱亚诺谈道。

1974 年 5 月 31 日,蒙得维的亚的《前进》周刊在第 30 页和第 31 页刊登了爱德华多·加莱亚诺未正式出版的小说《我们的歌》的先行版。② 内容节选自"谋生"和"乞食"两章。这两章的题目同时也是故事中两个主人公的名字,作者为其装配了在拉丁美洲资本主义体制下遭受不公平待遇的皮囊。1975 年 8 月,《我们的歌》出版了,并获得了美洲之家文学奖,同期获奖的还有加莱亚诺的朋友阿罗多·孔蒂的《马斯卡洛:美洲猎人》一书。这本书中每一个

① 《前进》周刊,第 1641 期,1973 年 5 月 4 日,第 25 页。
② 《前进》周刊,第 1673 期,1974 年 5 月 31 日。乌拉圭国立图书馆。网络资源。

故事的写作都体现了作者希望打破一切文学类型的界限的热情。作者将其内容定义为"小说，或者随便什么体裁都可以"，用这几个先入为主的词来贯穿这本由 39 个故事串联起来的小说集。然而，它仿佛是一系列的新闻报道，分开来阅读的话，每个故事也都可以读懂。他坦言这本书是 1973 年到 1974 年他在布宜诺斯艾利斯逗留期间写成的，即这是一本描述流亡的书。书中描绘的是蒙得维的亚城，全书描写了一座由日常恐怖笼罩、被轮值权力统治的城市，以及在里面发生的各种故事。其中还有马里亚诺、克拉拉、"乞食"和"谋生"的生活，还有一些对乌拉圭人和拉丁美洲人开始行使准政府权力的镇压场景的简单描述。"你无法逃出我们的手掌心。没有一个洞穴是我们找不到的。不管是世界上的哪个洞穴。"一位行刑者对一位告发者①如此说道。这达到了加莱亚诺寻找的效果：用赤裸裸的方式描写居住在自己所出生的城市里的不同人物的处境。没有一则故事超过 6 页，每则故事都有着自己的意义，互不相关，但又并非毫无关联。其语言是诗意的，又是经验性的，这就使得加莱亚诺的故事难以被分类。

《危机》月刊充满活力地成长起来了。其间也可以看到《前进》周刊的身影，他们中许多人都在新出的《危机》月刊上发表过文章，其中有加盟的撰稿人，比如玛丽娅·埃斯特尔·吉利奥。作为《前进》周刊的新闻记者，她为《危机》月刊做了许多珍贵的访谈，以至于后来阿尼瓦尔·福特称她为"拉普拉塔河伟大的访谈家"。紧随其后的有卡洛斯·玛丽亚·多明格斯和比森特·西多·莱马，他俩是走街串巷的采访者的代名词。他们将采访写成讲述生活的故

---

① 爱德华多·加莱亚诺，《我们的歌》，南美出版社，布宜诺斯艾利斯，1975 年，第 84 页。

事,根据吉利奥的说法,这是《危机》月刊首创的新闻体裁。《危机》月刊同加莱亚诺一样,将《前进》周刊作为新闻行业的模范。时代标记了作者的倾向,因此这本阿根廷月刊上也记录了好一些同期作家的名字:胡安·卡洛斯·奥内蒂、奥古斯托·罗亚·巴斯托斯、加夫列尔·加西亚·马尔克斯、卡洛斯·德鲁蒙德·德·安德拉德、达西·里贝罗、海地人雷内·德佩斯特、古巴人阿莱霍·卡彭铁尔、乌拉圭人费利斯韦托·埃尔南德斯、秘鲁诗人塞萨尔·巴列霍,以及阿根廷人阿罗多·孔蒂、马尔塔·林奇、埃克托尔·蒂松、胡安·赫尔曼、鲁道夫·沃尔什、佩德罗·奥尔加比德、马塞多尼奥·费尔南德斯和豪尔赫·路易斯·博尔赫斯,上述这些仅是冰山一角。

有关文化、政治、新闻的话题是精心设计的,他们做了充分的调查准备。整体看来,所涉及的话题都是符合时代背景的,是从历史和社会的角度对时代的投射,反映了很多深层次的问题。比如在前三期中出现了社会学家埃里韦托·穆拉洛关于"电视广告"的评论。1975年3月和5月发行的几期收录了有关全球石油危机及其在阿根廷产生的影响的报告文件。除了新闻之外,该杂志还涉及政治和文化事件,对其进行相关报道并配有数据。已流亡国外的埃内斯托·冈萨雷斯·贝尔梅霍是《前进》周刊的乌拉圭记者,他也成了《危机》月刊在旧大陆的通讯员。他从国外提供了1974年葡萄牙和希腊先后发生政变的新闻素材。

月刊专门给文化和人类学的话题预留了位置,比较突出的有1973年8月刊出的有关瓜拉尼部落的报告,以及它所遭受的"文化惩罚",这是一项由巴拉圭作家奥古斯托·罗亚·巴斯托斯参与协调的工作。在同样的研究路线上,1974年7月到9月出版的第15、16、17期中出现了另外三份报告。这三份报告用葡萄牙语写成,讲述了非洲、英国和法国文化，由杂文家圣地亚哥·科瓦多罗夫整理出版，在杂志社初期，他正好负责葡萄牙文化版块。

发行了两年之后，《危机》月刊获得了认可，其印刷量和月销售量也证实了它的名气。该刊的总发行量到底有多少似乎带着神秘色彩，但可以肯定的是，一个文化领域的媒体达到如此程度是空前的。阿根廷流通数据检察院（IVC）在 1974 年 3 月到 1975 年 4 月期间记录的最高数量为首月的 17468 本和最后一个月的 26145 本。每页都有加莱亚诺的标记。如果说《前进》周刊就是卡洛斯·基哈诺，那么《危机》月刊就是加莱亚诺。

杂志的销量逐月增长，销售地区也由整个拉丁美洲扩大到了欧洲。跟乌拉圭的兄弟杂志《前进》周刊一样，它很快就成了法国、西班牙、德国、比利时、英国和美国一些重要图书馆的必藏资料。"每期一出来就会在整个拉丁美洲大陆产生独特的反响。"科瓦多罗夫补充道。"我记得有一次在面临审查压力时，我们收到一封来自让-保罗·萨特的电报，他公开对审查进行唾弃。所有拉丁美洲作家都站在我们这边，更不用说其他知识分子，如胡安·鲁尔福、何塞·玛丽亚·阿格达斯。此外，《危机》月刊聚集了一代人。在那儿我和胡安·赫尔曼、阿尔韦托·斯蓬博格及阿尼瓦尔·福特都有长时间的接触，阿尼瓦尔·福特是杂志的关键人物之一。我并不是杂志社的正式员工，因为我只负责一部分，并且在家工作，但是我可以在编辑部待上很长时间。加莱亚诺的办公室不是私人的，许多次，当他不在的时候，我都坐在那儿工作。"他说道。

加莱亚诺组建起来的杂志社名声不断增长，博赫留斯甚至推出了一些附属项目。胡利娅·孔斯滕拉在 1992 年回忆说：

从杂志的第 3 期还是第 4 期开始，出版架构日趋成熟。因此我们成立了出版社。1973年9月,胡安·赫尔曼成了我们的编辑,之后阿尼瓦尔·福特也加入了,那时的我已经没有专门的活了。此外,杂志社开始朝着带有政治色彩的方向发展,政治虽然是我的领域,但是我并不认为需要通过《危机》月刊来表达我的观点。文章都是写好之后发过来的,不需要过多的编辑。排版也步入了正轨。编辑部多出了许多人,因此我建议成立一个出版社,我被任命为主编。

自1973年7月起,出版社出版了爱德华多·加莱亚诺的《流浪者》、埃内斯托·萨瓦托的《国家十字口上的文化》——这又是由博赫留斯出面给萨瓦托和加莱亚诺的关系注入的润滑剂——以及弗朗西斯科·乌龙多的《被枪决的祖国》。《被枪决的祖国》是关于发生在特雷利乌城海空军事基地的处决幸存者的一系列报道,他们是阿根廷人民革命陆军(ERP)和蒙特内罗斯游击队的成员,在逃出罗森监狱后又被捕了。

同年10月开始出版所谓的《〈危机〉大事记》,主要记录拉丁美洲某些领袖人物,以及发生在拉美大陆上与人民有关的重要事件和话题。大事记以书的形式出现,它的文章都配有充足的图片资料。这都是仿照《〈前进〉周刊大事记》做的。这是一套出版时间持续最久的选集,从1973年10月到1976年8月,一共出版了29本。虽然其中的工作人员也是杂志的撰稿人,但他们是独立于杂志的。

孔斯滕拉去了杂志的出版社之后,她在杂志社的位置就给了阿尼瓦尔·福特,他既在编辑部工作,又在出版社大事记部门工作。胡安·赫尔曼一直都是分管拉丁美洲诗歌版块的编辑,1975年6月他流亡欧洲之后,就成了《危机》月刊在罗马的通讯员,这还得归功于阿根廷反共联盟的威胁。

　　得益于出版社,他们完成了无数个文学项目。首批选集当中的政治选集由罗赫略·加西亚·卢波担任主编——他在布宜诺斯艾利斯大学出版社积累了丰富的工作经验,也是加莱亚诺的朋友——他同时又给杂志当今政治评论版块撰稿。在他的领导下,选集收录了6篇文章,均反映了拉丁美洲和第三世界的问题。

　　另一套由智利作家和记者阿方索·阿尔卡尔德主编的选集被定名为《〈危机〉月刊的重大报道》。该选集出版于1974年5月——胡利娅·孔斯滕拉在那时也参与了编辑——同样包含6本书,然而只出了2本。这些书是正方形的,内容为人物传记,主要通过照片来讲述。然而,只有关于"玛丽莲梦露"和"萨尔瓦多·阿连德"的两本才得以面世。

　　乌拉圭作家马里奥·贝内德蒂,除了作为杂志的撰稿人之外,还负责了名为《如此美洲》的选集的主编工作,专门收录文学类文章,包括叙事类文章、杂文和诗歌。出版时间自1974年5月开始。一共有10本书,相关出版工作在同年11月就完成了。书籍为口袋书的形式,平装,以便节省成本。

　　最后,1973年到1976年这段时间,杂志出版社还出版了不属于任何选集的图书。参与出版工作的有撰稿人奥拉西奥·阿查瓦尔,他是布宜诺斯艾利斯大学出版社和拉丁美洲出版中心(CEAL)富有经验的编辑,并且拥有"阿查瓦尔专属"印章——用来在杂志中进行宣传。他们编辑出版了许多小说,比如《马斯卡洛:美洲猎人》。该书于1975年在古巴美洲之家举办的比赛中获奖,作者阿罗多·孔蒂因军事独裁统治而下落不明。

　　1976年8月,在《危机》月刊闭刊的时候,出版社也关门了。然而,博赫留斯的商业头脑不仅用于出版社和书籍。在月刊编辑部的同一栋楼里,这位保护人又资助了另一份出版物,这或许是他倾注了更多热情的出版物。这本新杂志叫《编年史学》。作为一份新闻出版物,它完全独立于《危机》月刊,因为只有五六个史学家在研究和写作历史相关的话题。博赫留斯位于大布宜诺斯艾利斯的乡间别墅里的图书馆和档案库可以为其提供研究素材。那里保存了史料文件、拉美大陆上首次出版的书籍以及造型艺术作品。那儿的珍贵藏品由图书管理员和档案人员看管,他们负责将藏品分门别类地放在各自的房间,里面安装了暖气系统来控制每个房间的藏品所需的温度。

作为《危机》月刊的出版社,东北出版社拥有四个项目,包括书籍、大事记、政治选集以及《如此美洲》选集。然而,他们基本上是由与加莱亚诺合作的撰稿人负责的。他本人主要负责杂志社的领导工作,以及布宜诺斯艾利斯《前进》周刊通讯员的工作。

自 60 年代开始,军人成了拉丁美洲的热门话题,在文学当中也有具体的体现。《危机》月刊中,巴拉圭人林肯·席尔瓦的《将军,将军》一书的节选就是一个例子。1966 年,里奥哈人丹尼尔·莫亚诺的《黑暗》一书荣获了《头版》杂志文学奖,该书讲述了一个女人和她丈夫的生活,她的丈夫是一位霸道专制的军人。在拉丁美洲大陆那个悲惨时代,这是仅有的能够激发阅读兴趣的两个例子。在 70 年代的拉普拉塔河流域,形势变得非常复杂,加莱亚诺的杂志每天都会受到考验。这段经历的一部分被他写进了流亡时期所著的书里,这本书叫《爱与战争的日日夜夜》。

1975 年 12 月,杂志社图像编辑路易斯·萨维尼在布宜诺斯艾利斯城郊被一名军事预备队成员逮捕。"我被包抄了,那时候,军队已经对街道进行了管制。同我一起被逮捕的还有维拉马尔泰利区的 100 个人,这次行动一共有 300 个士兵参加⋯⋯有点恐怖。他们不知道我是《危机》月刊的,当他们问我的时候,我也没提及这事儿。我只说了我在东北出版社(《危机》月刊的出版社)工作。他们知道后,过来告诉我说我是那里面的头儿。'什么头儿?'我问他们,'我连一个字儿都没写过。'他们回答我说:'那你的罪更大,你让别人写。'所有这一切都说明,我在《危机》月刊的工作以及我是乌拉圭人这一事实都会使我罪加一等。那时,所有乌拉圭人都会被当作'图帕马罗斯'的人。据我所知,在《危机》月刊杂志社我们有7个乌拉圭人,9个阿根廷人,但没有人是图帕马罗斯的人。最后我和女人们一块儿被送上了飞机,他们给了我一脚,我不得不离开。"几年之后他回忆道。

发生在卡洛斯·比利亚尔·阿劳霍记者身上的事儿比较类似,他在1975年出版的几期杂志上发表过关于国家以及军队之间的黑暗石油交易的调查文章。

文章的信息来源为关于石油活动的官方和工会的文件。《危机》月刊编辑部的空气中早已弥漫着威胁的气味。这却成了同事们开玩笑的对象。比利亚尔·阿劳霍问:"什么时候轮到我们?"加莱亚诺严肃地笑了,因为他知道,面对死亡,除了嘲笑之外,别无他法。

威胁还是来了:比利亚尔·阿劳霍被绑架了。编辑部采取了一切可以采取的方法。向警方报案,在媒体上刊登消息,向立宪政府举报。记者工会以不定期罢工相胁迫。此外,为了在不公正面前表明万众一心的态度,所有日报停刊一天。不过政府的回答是可以预见的:不知情,会想法寻找比利亚尔的下落。编辑部收到了各方的匿名来电,人们提供了失踪记者的情况,但可信度不高。48个小时后,他和另外四个人在埃塞萨机场附近的小路上被发现了。他几天下来都没有吃饭,也滴水未进。他们只问了他所发表的有关国内石油交易的信息来源。审讯过程中,他仅能看到审讯人的鞋。没过多久,联邦警察局承认比利亚尔被错抓了,加莱亚诺在他的《爱与战争的日日夜夜》中这样写道。①

1976 年 3 月 24 日,军事独裁来临,杂志社的大多数记者受到了威胁,有些撰稿人要么被绑架,要么失踪,另外一些则开始了流亡的日子。

比利亚尔·阿劳霍的案子并非唯一。路易斯·萨维尼·费尔南德斯作为杂志的出品人——或者说图像编辑——在 1975 年 12 月被关了好几天,在那之后,他不得不离开这个国家。发生在委内瑞拉通讯员乌戈·乌利韦身上的情况也比较类似,他在 1976 年 1 月访问乌拉圭(他出生的国家)期间被捕入狱,军政府连借口都没想好就这么做了。在所有杂志社的撰稿人当中,阿罗多·孔蒂是跟编辑部走得最近的。1976 年 5 月 4 日,他遭遇了非常严重的绑架事件,这加速了同年 8 月杂志社的停业。

孔蒂几乎所有的书都得过奖,这给他带来了名气。他的获奖作品有:《东南方》《年年夏日》《笼围》《活着》《马斯卡洛:美洲猎人》。获得的奖项分别为编辑制造文学奖、布宜诺斯艾利斯城市文学奖、墨西哥维拉克鲁斯大学文学奖、西班牙巴拉尔文学奖以及古巴美洲之家文学奖。他在《危机》月刊中发表的文章继续反映了他对日常生活的思考以及对于边缘人物的调查研究。他的失踪加速了杂志社的关门,在此之前,社里的人员发生了最后一次变动。

比森特·西多·莱马是杂志社最初几期的记者和撰稿人,于

---

① 爱德华多·加莱亚诺,《爱与战争的日日夜夜》,目录出版社责任有限公司,布宜诺斯艾利斯,1984 年,第 11—12 页。(译文参考了《爱与战争的日日夜夜》,爱德华多·加莱亚诺著,汪天艾译,百花文艺出版社,2016 年,第 7 页。——译者注)

1976 年年初成了正式员工,6 个月之后他成了主编,因为这时的加莱亚诺已经受到了威胁,在布宜诺斯艾利斯躲藏了起来,并且准备开始西班牙的流亡生活。

军政府体制强加的审查机制迫使新闻材料在送往车间印刷之前要送到总督府。接连几个月,加莱亚诺和西多·莱马都会去送材料。圣地亚哥·科瓦多罗夫写的一篇关于拉丁美洲毒品的报道被禁以及坚持要求获取阿罗多·孔蒂的下落这两件事(由于这个,他们遭到了威胁),使得博赫留斯、西多·莱马和加莱亚诺不得不关闭杂志社。

杂志社最终只能决定停业,在第 40 期出版之后,它的最后一项计划也只能暂停:《危机》杂志奖。比赛分为四个项目:绘画、故事、报告文学和杂文、历史调研。这本是打算跟《编年史学》杂志合办的比赛。奖品是一笔奖金和在《危机》月刊上发表的机会。然而这已经不可能实现了。1976 年 8 月,杂志社结束了它生命的第一个阶段。

与萨瓦托的描述不同,加莱亚诺对《危机》月刊的运营的看法如下:

> 当菲科第一次跟我谈及他是如何一路思考组建最初团队的时候,我感到这是对欧洲文化新潮流的一种传送带式的继承,它对拉普拉塔河流域来说是姗姗来迟的。这就好像我们照着欧美那些伟大文化生产中心的影音文件来更新我们自己。而我们所做的杂志具有根本性的不同,它不囿于对市井琐事、乡间义理的描写。相反,它总是直面世界文化的风潮,不仅直面那些久负盛名的大都市,也直面那些在此风潮下被忽视的,甚至不知其存在与否的地区。我还记得《危机》月刊

献给非洲文化的那几期。这应该是西班牙语文化杂志首次涉及这类话题吧。对不止一位读者来说，聆听非洲之声是一件非常神奇的事。关于杂志最初作为巴黎和纽约的信息载体的计划有了许多改变。它变成了另外一个样子。从第1期开始，它就被打上了我们的印记。这并不是出于盲目的自矜，而是基于对文化是交流沟通这一概念的坚信，为了使文化存在，必须进行平等的交流，这就意味着一种互相尊重的关系。拉丁美洲文化的一个基本问题就是它处在一种自卑情结之中。这就需要一种自我尊重，自我尊重就包含了自我认知。一个连自己都不了解的人是不会尊重自己的。我们一直被教育成不喜爱自己，忽视自己的外貌。这本杂志从一开始就想成为这样一种载体：它将文化理解成一种出于爱的行为以及对自尊的肯定。①

对于豪尔赫·里韦拉来说，《危机》月刊绝大部分的质量和影响力都要归功于加莱亚诺这位主要负责人。"我从来没有见过像爱德华多·加莱亚诺一样的人，他对杂志每期的主题都有着清晰的思路和迅速成形的观点。他行事风格非常犀利。一看到一篇报道，他立马就知道它多了什么内容，缺少哪些部分。这是毋庸置疑的，爱德华多是从《前进》周刊过来的，具有丰富的经验，且得到了卡洛斯·基哈诺先生长期的言传身教。从长远角度看，我认为这种影响使得《危机》月刊跟《前进》周刊有了一致性，尤其是在最初阶段。从那几期就可以看出来，尽管那时候该月刊还没有完全成形。《危机》月刊这个名字完美地说明了这一情况。就好像鸟儿的

① 来自笔者1992年10月于蒙得维的亚的采访。

飞行：一只鸟在飞行中可以选择任何一个方向。我认为它是选对了方向。"①

"加莱亚诺在应答电话间要么轻松地安排好了采访，要么为我们谈好了初稿和未出版的稿子，这对我们来说是极大的帮助，没有其他人能做到。"胡利娅·孔斯滕拉补充道。

对于科瓦多罗夫来说，《危机》月刊在加莱亚诺手中被做成了一个模板，成了唯——份阿根廷和拉丁美洲反映 20 世纪社会文化机遇的刊物。

> 我认为，从自由主义的思想来看，《南方》杂志非常重要，而《危机》月刊成了与其相关的来自左翼的声音。这两本刊物浓缩了这个国家两个最重要的时刻的精神。我将该精神同战前的阿根廷精神，同北美洲和南美洲仍处于相互对照境地的精神相结合。无论是在维多利亚·奥坎波身上，尤其是在她的书信中，还是在瓦尔多·弗兰克的书中，都可以看到两个美洲是互补的这一观念。关于团结两个美洲的精神，《南方》杂志有一期非同一般，收入了当时最好的思想。而关于分裂的精神，《危机》月刊反映了出来。我们这份出版物最深刻、最具新闻性地表达了美洲大陆在意识形态、文化、政治上可能向进步左翼靠拢的坚定信念。如果说需要在某个地方记录这一份坚定信念以及这一股捍卫社会主义价值的激情的话，我觉得就是这本杂志了。然而与此同时，我认为《危机》月刊在将左翼的远见和其他意识形态结合起来时也体现出一定的困难。我们所有人都处于反对独裁的战斗中，我们反对那时期在我

---

① 来自笔者 1992 年 8 月于布宜诺斯艾利斯的采访。

们看来具有真正剥削性质及否定社会主义理想特点的帝国主义，他们通过军事独裁对拉丁美洲大陆上的人民群众进行剥削。如今，考虑到革命思想的可行性，《危机》月刊可能会因其具有某种程度上的天真的意识形态遭人质疑。然而我认为，在对集权主义的揭发上它还是做对了的。在这个意义上，我认为《危机》月刊现在还应当是一份鲜活的出版物。它知道如何表达为什么依附、欠发达和文化边缘化成为拉丁美洲身份认同的损害之源。在这一点上，爱德华多·加莱亚诺对其个人文学作品的态度始终如一。他本人就是《危机》月刊的延伸。它不是一本阿根廷杂志。它是一本创办于普埃伦东大街的拉丁美洲杂志。通过各方努力，它成了美洲大陆与那些年的集权主义、镇压主义做斗争的证据，也是一份一期比一期更为重要的出版物。①

独裁统治的到来结束了加莱亚诺的出版经历。这样，他的第二份出版物就此告一段落——第一份是蒙得维的亚的《时代报》。不久之后，他便开启了流亡之旅。

---

① 来自笔者 1992 年 8 月于布宜诺斯艾利斯的采访。

第十章

政变和独裁

流亡的悲怆（1976）

　　2014 年 2 月，阿根廷国防部公布了 20 世纪 80 年代和 90 年代记者揭露的文件：黑名单。1974 年年初，三 A 联盟，也称阿根廷反共联盟，推出了一份名单，上面登记了被预备军政府判了死刑的艺术家、知识分子、新闻工作者、工会成员和政治家。这是一种有效的恐怖演练，并且被多次付诸实践。三 A 联盟以杀害目标并且抛尸于众见长，受害者的尸体要么被大卸八块，要么全是枪眼。这成了对怀疑他们的意图的人最有效的恐吓。在那些杀人魔列出的名单中，爱德华多·加莱亚诺的名字赫然在列。

　　军政府起来之后，杀人犯的角色就被洗白了，这时候独裁政府就成了威胁并散布恐惧的责任人，同时他们还通过不为人知的形式迫害那些三 A 联盟想置于死地的人。

　　根据国防部公布的那份文件，"乌拉圭护照号为 NO.107.808

的爱德华多·赫尔曼·玛丽亚·休斯·加莱亚诺",因其"记者兼《危机》月刊主编"的身份,被阿根廷政府宣布为"不受欢迎的人物",需要离开这个国家。他名字的编号是F4,这就意味着他是高危人物。

"他有马克思主义意识形态的前科,不建议其进入以及待在行政体制内。不能对其提供任何支持。"这就是军事独裁对"第四条规定F4"所下的定义,F4所涉及的人包括知识分子、新闻工作者、艺术家和煽动者。当感受到来自国家恐怖主义的威胁之后,他们成了最危险的一批人。

"第一条规定F1"指的是那些有"马克思主义意识形态前科的人"。"第二条规定F2"更高一级,是那些前科"无法根据马克思主义意识形态定性为于其不利的人"。"第三条规定F3"是那些记录"马克思主义意识形态然而不足以达到一个无法挽回的程度的人,比方涉及任命、宣传、奖学金的发放等"。"第四条规定F4"(简单点就是"F4"),就独裁统治来看,是最严重的,不能对F4所涉及的人进行宣传、提拔,以及提供帮助。事实上,加莱亚诺处于所有人中最糟糕的情况,或者说,他是最坏的那种。

政府的寡头统治以及独裁的残暴行径遍及加莱亚诺的作品,尤其是在60年代和70年代。他是从杀人犯的爪牙中脱险的为数不多的人之一,并且能够使用其全部感官来发觉那些年军事独裁文化渗透进拉丁美洲社会的方式。从《危地马拉,拉丁美洲的喉舌》(1967)到流亡期间写的《爱与战争的日日夜夜》(1978),加莱亚诺的文章收集了拉丁美洲地区的军事寡头统治的行为,反映了每个人的情况。首先进行直接的揭露,之后借助诗歌来隐匿痛苦和悲怆。1960年，阿根廷作家埃斯特拉·坎托①向《前进》周刊的读者信箱投了一封告发信，在信中详细描述了她怀疑有一次联邦警察局到其住处施加威胁的非法行径，这就拉开了之后几年军事政变带来的合法或非法镇压事件的序幕。

　　生存和死亡手牵手在街上走着，并出入政府大楼和军政机构。它们走街串巷，穿过大学、工厂，以及一些公共空间。威胁是散播恐惧最有效的种子，既经济又易扩散，它穿透了那些能渗透恐惧的小孔。街上，汽车正在巡逻，军人挥舞着长长的武器，道路交通被管制。各种文件被检查，文件携有者被扣留在警局，执法人员在核查每位公民的记录。气氛愈发紧张，有如一层厚厚的雾气压着整座城市，一下下地压下来，想要淹没一切。这一切的结果正开始在日常生活中上演。

　　在来自政府内外的威胁下，至少有两起公共事件描绘了上述恐怖的氛围。1976年7月末的一天，长期悉心从事服务于穷人的事业的拉里奥哈省主教恩里克·安赫莱里收到了一则特别的消息，这跟1974年就开始四散的威胁信不同。当时，他正在拉里奥哈省的查马卡尔镇举办卡洛斯·德·迪奥斯·穆里亚斯和加夫列尔·隆盖比利亚的守灵弥撒，他们俩是他的牧师，于7月18日被杀害，他们被丢在市郊的公路边，尸体上留有被严刑拷打过的痕迹。弥撒还在进行，全省的人民还在为这起犯罪深恶痛绝，拉里奥哈大教堂的负责人由胡安·卡洛斯·戈罗西托神父临时担任。一位女士走了过来想要忏悔，她轻声说道，她的兄弟是军队的一名情报人员，下周就要从科尔多瓦过来了，那儿是第三部队的基地，这次是来杀害安赫莱里的。"如果能够将主教救出去一两个星期，这份命

────────────

① 埃斯特拉·坎托，载于《前进》周刊，第1021期，1960年8月12日，第3页。

加莱亚诺传

令就作废，到时就有另一份名单，但是就不包含安赫莱里了。请你们在这几天帮他逃出这个国家，这样你们就能救他的命。"那个女人说。绝望的戈罗西托马上致电查马卡尔镇，将这个消息告诉了安赫莱里。主教了解自己的境地后，却选择了留下来。8月4日，他在从查马卡尔回教堂的路上被杀害。

另一起事件发生在加莱亚诺身上。他在《爱与战争的日日夜夜》中记录了一件发生在1976年4月恐怖时期的事，那时独裁政府已经成立并且开始露出它的尖牙。比森特·西多·莱马，《危机》月刊主编，接到了一通电话。那通电话是警察局局长打过来的；之后的一个上午，他与这位局长约在港口边的一家咖啡馆见面。几年前，这位局长因空头支票有过些司法问题，西多·莱马帮了他的忙并且没有收他一分钱。"我现在加入了特殊行动小组，我接到了一个除掉你的命令。"

安赫莱里案子中的建议是离开这个国家，或者躲藏几天等到命令失效。这种机制也显示出了独裁政府镇压机器的体制化运作情况，直到2004年，在对损害人权罪进行宣判时，该体制才引起了重视。每周都会有新的名单传到地下逮捕中心，接到名单后，这些捕猎者就出发了，他们跑遍整座城市搜寻猎物。那位拥有了"黑手党法则"的警察局局长想要还一个人情。虽然西多·莱马是一个政治犯辩护人，然而在1975年，他却不是独裁政府走狗们的目标。"我们有很多事要做，您不是很重要。现在我们相安无事，要是我再看到您，我就杀了您。"这是一则不容辩驳的信息，加莱亚诺的朋友回忆道。①

① 爱德华多·加莱亚诺，《爱与战争的日日夜夜》，目录出版社责任有限公司，布宜诺斯艾利斯，1984年，第124—125页。

1974 年正是三 A 联盟如日中天的年份,《危机》月刊编辑部的固定成员及其撰稿人开始陆续受到死亡的威胁,有些人由于杂志社的工作,有些人由于所谓的前科,根据匿名的捕猎者反映,在出版物上发文的话他们就算罪加一等。三 A 联盟的第一次袭击发生于 1973 年 11 月 21 日,当天伊波利托·索拉里奥·伊里戈延的座驾被炸弹引爆,他负伤住院。他是激进公民联盟的国会议员,该联盟是一个反胡安·庇隆政府的组织。

比森特·西多·莱马在我的一次访谈中回忆说:

> 在编辑部我们经常受到威胁。这是日常。有次我们和加莱亚诺一起待在编辑部,电话响了,他接的。我听到他生气地答道:"我们正在工作,别烦我们!"当我问他是谁打的时,他有点懵,不过态度非常自然:"是三 A 联盟的。""你就这么回他们了?"我问他。"他们想置我于死地,你想我怎样?!"他回答我说。另一天,在我身上也发生了类似的事。电话响了,我当时正在写东西,我接了电话,又是一次死亡的威胁。"请等等,等等,我马上接听,我正在给一首诗结尾,就差最后一个词了,我马上好了。"我说。我们并不潇洒,然而这种紧张的氛围要求两种回应:离开这个国家;如果你想留下来而且不变成疯子,你就幽默地面对它。

这种事情在他身上发生过,在蒙得维的亚,当他们去他家找他的时候,他决定过几天再去自首,然而阿根廷的局势更为黑暗和悲惨,不论是合法镇压还是非法镇压,落入他们手中之后就由不得你了。西多·莱马继续回忆道:

有天下午，当我们在编辑部的时候，大楼的门卫给我们打电话说有一队非常奇怪的人问了我们在哪儿后上楼来了。由于这栋楼很大，他们从电梯上来时，加莱亚诺和我就从另一道楼梯下楼了，这得感谢编辑部的其他同事，由于他们跟这些爪牙进行周旋，我们才得以逃脱。那晚我们再次碰头了，而且我们做了一个荒唐的决定：为了避免在我们身上发生什么事，我们就分开，不待在一块。然而第二天，我们又一块儿去了编辑部。在杂志社不能不在一块儿，除非关门大吉。①

胡安·玛丽亚·博达贝里总统于 1973 年 6 月 23 日发动公民军事政变后，加莱亚诺就不能回到他的城市蒙得维的亚去了。政变当天，跟他关系非常好的一位老师兼友人去世了，即弗朗西斯科·帕科·埃斯皮诺拉，一位作家兼教育家，曾参与《前进》周刊的创办，在蒙得维的亚的咖啡馆和《前进》周刊编辑部，他和加莱亚诺分享了各种各样的经历和故事。国门关上了，加莱亚诺就在布宜诺斯艾利斯扎了根。

留在乌拉圭的人也不容易。1974 年 11 月 22 日，《前进》周刊的第 1676 期发行了，这将成为最后一期。从第 1674 期开始，加莱亚诺是布宜诺斯艾利斯的通讯员，当时他已是《危机》月刊的主编。乌拉圭政府强行关停了《前进》周刊。其实从 1971 年开始，《前进》周刊就时不时关停，要么为期一周，要么为期一个月。最后一次是 5 个月：在 1974 年 5 月 31 日停刊后，11 月 8 日它又出现在了报刊亭里。周刊在发行了两期之后又停掉了，它的编辑和撰稿人跟加莱亚诺一样，要么被关进监狱，要么被杀害，要么流亡国外。

---

① 来自笔者 2014 年 10 月于布宜诺斯艾利斯的采访。

智利和乌拉圭出现的独裁统治包围了阿根廷,《危机》月刊的处境也是注定的。胡安·庇隆带来的长久稳定的民主统治也并未显露出迹象。埃塞萨屠杀发生后,埃克托尔·坎波拉宣布不再参加总统大选,就意味着庇隆将被选为总统,庇隆主义加速了以暴力为准绳的国内体制的解体进程。阿根廷的民主进程悬于一线:从西班牙流亡回来的领导人健康堪忧。

1984 年到 2003 年,关于 1974 年到 1983 年发生在阿根廷的违反人权的调查研究获得了许多证据。在参与秃鹰计划恐怖契约的其他国家,比如智利和乌拉圭,收集到证据的时间稍晚些。然而由于缺少司法人员的参与,之后只能由新闻媒体来负责,重新为司法案件收集数据。

镇压行动愈演愈烈,已定居阿根廷的加莱亚诺没法回到蒙得维的亚去了,因为他的名字已经上了黑名单,后来《危机》月刊被禁,他决定开始逃亡。他去旅游、换房子、找朋友,用尽一切办法来躲避死亡。

1975 年,三 A 联盟发展迅速,他应美洲之家的邀约离开了阿根廷,去参加小说奖评选工作,获奖的小说是《我们的歌》。距离他上次跟朋友在那儿相聚已经过去了 5 年时间。在那里,他跟罗伯托·费尔南德斯·雷塔马尔和艾德·圣玛丽亚谈到了南美的问题。那时南美已经在政治镇压中沦陷,且并非由于直接的独裁统治。庇隆去世之后由伊莎贝尔·马丁内斯出任总统,阿根廷在继续抵抗,希望镇压力量能够手下留情。1976 年年初,他去厄瓜多尔参加大学活动,在那儿他和他的朋友豪尔赫·阿多姆重逢,后者是一位记者和作家。3 月,他返回阿根廷,正好赶上政变。

政变发生时,《危机》月刊正好发行第 35 期。跟政变一块儿到来的还有一份有关阿根廷南部的马尔维纳斯群岛、南极洲以及海上钻井平台的石油报告。这是一项直到 21 世纪初都有价值的前沿调查,在那时这是一份关于重要油田的关键数据的报告,阿根廷政府也已经发布过这些数据。在另外一篇报道中,一位《危机》月刊的记者来到首都以及大布宜诺斯艾利斯地区的小学询问小学生对国家现状的看法,尤其涉及暴力、比索贬值和国家杰出历史人物等话题。得到的回答是恐惧:如果谈到这些问题的话,"不行,老师会杀了我",一位 9 岁的小女孩说。在军事政变正式开始前,审查和恐惧就已经遍及全社会了。在另一份报告中,玻利维亚天主教会揭露了科恰班巴地区两年前发生的一起农民惨遭秘密杀害的事件。已经流亡西班牙的卡洛斯·比利亚尔·阿劳霍发来了一则关于独裁者弗朗西斯科·佛朗哥去世的消息以及一篇关于西班牙民主化进程的文章。杂志第 35 期还包含以下内容:一篇揭露跨国军工企业在电能源领域对阿根廷和巴西的游说力量的文章。"所有这一切成了关闭杂志社的充分理由,事实上,事态非常复杂,一直持续到关停杂志前。"豪尔赫·贝尔纳多·里韦拉补充道。①

次月,即 4 月,第 36 期重磅出击,在揭露独裁统治及其上届政府伊莎贝尔·马丁内斯·德·庇隆政府的同时,发布了两篇重要的报道。第一篇题目为《每两个工人中就有一个生病》,第二篇表达了讽刺,定题为《工资:一蹶不振》。加莱亚诺和西多·莱马从 4 月开始就不得不将文章的原稿送到玫瑰宫,由政府来审查,审查负责人为海军司令阿尔韦托·科尔蒂,他担任独裁政府新闻出版的负责人。死亡临近了,虽然步伐缓慢,但是大家都心知肚明。

1976 年 5 月 5 日清晨,在巴勒莫城区一处公寓中,一条军政走

---

① 来自笔者 1992 年 7 月的采访。

狗将身为记者和作家的阿罗多·孔蒂带走了。从那时起,孔蒂出现在了独裁政府那份汇集了 160 名失踪的新闻工作者和知识分子的名单上。几位目击者提供了模糊的线索,说看到他在首都以及布宜诺斯艾利斯市郊几个地下逮捕中心出现过,除此之外没有更多的消息。《危机》月刊的最后一期,第 40 期,恰好于 5 月出版,它发表了孔蒂写的对神父莱昂纳多·卡斯特利亚尼的简短回忆,他是一位民族主义神父,写过许多故事,他因在捍卫自己的观点中表现出的坚定信念而受到大家的尊敬。这是孔蒂在加莱亚诺主编任期中写的最后一篇文章。孔蒂被绑架后的两周,豪尔赫·魏地拉将军的军政府召集了四位作家吃午饭,想要通过新闻媒体向全社会展示独裁政府是如何重视文化的。1976 年 5 月 19 日,豪尔赫·路易斯·博尔赫斯、埃内斯托·萨瓦托、当时的阿根廷作家协会(SADE)主席埃斯特万·拉蒂和卡斯特利亚尼神父四人跟魏地拉共进了午餐。

《危机》月刊在第 3 页和第 4 页报道了对卡斯特利亚尼神父和拉蒂的采访,内容为那次午饭的结果。加莱亚诺和西多·莱马打算给阿罗多·孔蒂事件带来一丝希望,并与此同时给独裁政府施加压力。他们试图采访萨瓦托,但是没有成功。“我们打电话过去,想要进行一次采访,埃内斯托·萨瓦托坚定地说道:‘我不会向《危机》月刊做任何说明。’[1]”卡斯特利亚尼明确表示反对午餐会的官方结果,然而他提了一个要求:“我至少试图利用这个机会来缓解一下我这个基督徒内心的惶恐。几天前有个人来拜访,他眼含热泪,陷入了绝望,他恳求我介入作家阿罗多·孔蒂这件事。我只

---

[1] 《国家总统和作家们会面的回声,埃内斯托·萨瓦托的证词》,载于《危机》月刊,第 39 期,1976 年 7 月,第 3 页。

知道他是一个有名的作家,青年时代开始是神学院的学生。然而,不管怎么样,我不会关心这件事,不论对谁我都会这样做。出于道德的原因,我不得不对我的求情人做出回应,那个人的命运在这个时期是不确定的。我将他的名字写在一张纸上,交给了魏地拉,他毕恭毕敬地接过去,并保证说和平很快会重新回归这个国家。"①

跟沃尔什一样,孔蒂也成了埃尔蒂格雷岛上永远的流浪汉,岛上的居民曾经奠定了他大部分的文学基调。1962 年,他出版了《东南方》,这本小说通过描述三角洲的河流获得了编辑制造文学奖。从那时起,他成了拉普拉塔河流域的文学新星之一,他关心社会变化,并积极为该变化做斗争。他加入了工人革命党(PRT),开始通过文字给这些年的生活注入创造性的活力。

绑架事件一周后,加莱亚诺写了一篇关于他这位朋友的文章,直抒胸臆、感情充沛。根据朋友马尔塔·斯卡巴克的讲述,文章描写了 5 月 5 日那天清晨的情况。所有武器都被装上了消音器,他们抢走了一切东西之后逍遥法外,让人胆战心惊、惶惶不安。

"今天,距他被带走已经有一周了。以前,因为害羞,也因为懒惰,我一直没告诉过他我很想他,但现在我已经没机会再说了。"他公开坦言。②

阿罗多·孔蒂的失踪加速了关闭杂志社的决定。加莱亚诺有最终决定权,尽管所有员工都在冒着日渐临近的危险,他还是花了好长时间才下定这个决心。从将《危机》月刊的命运交到加莱亚诺手里开始,博赫留斯就非常遵守这个约定。身为律师、记者和艺术

---

① 《国家总统和作家们会面的回声,埃内斯托·萨瓦托的证词》,载于《危机》月刊,第 39 期,1976 年 7 月,第 3 页。

② 爱德华多·加莱亚诺,《爱与战争的日日夜夜》,目录出版社责任有限公司,布宜诺斯艾利斯,1984 年,第 138 页。

批评家的西多·莱马也知道,必须由他的同事来做出这个决定。

1976 年流亡前的最后几个月,他花在了周游阿根廷上。5 月他跟埃克托尔·蒂松待了几天。这位朋友提前从欧洲流亡回来了,他根本适应不了那儿的生活。蒂松是一位律师,最后成了雅拉镇的法官,雅拉是胡胡伊省的一个小镇。他发表过一些故事,出版过几本书。1975 年,《危机》月刊出版社编辑了他的作品《权杖仆人,宝剑骑士》,这是他三部曲的最后一本书,它讲述了西班牙殖民时期以及独立时期的艰难日子。然而,正如他跟加莱亚诺提到的一样,这本书是以创造时代的人的视角写的,描写了那些不知名的为正史献身的社会底层人士。他们俩一块跑遍了雅拉这座小镇,蒂松跟他简述了小镇的故事和人物,这有助于给加莱亚诺的创作带来灵感,也有助于让他忘记那个即将变成监狱和地狱的国家。在谈及阿罗多·孔蒂时,他们感到无能为力和心痛。5 月 20 日早上,加莱亚诺起床后刚准备吃早饭,蒂松又给他带来了噩耗。收音机还在播放着新闻。人们在一辆汽车的后备厢里找到了千疮百孔的乌拉圭前议员塞尔马·米切利尼和众议院前主席埃克托尔·古铁雷斯·鲁伊斯的遗体,还有另外两具尸体。米切利尼是乌拉圭广泛阵线创始人之一,在博达贝里发动政变的前几年,他流亡于布宜诺斯艾利斯,并且在哈科沃·齐默尔曼的《观点》日报上评论国际政治,这又是一处在死亡夹缝中存活下来的进步人士的避难所。米切利尼有重新恢复国家体制的自信,因此他留在了前线。假如 1977 年还进行大选的话,他将成为竞争总统的有力人选。博达贝里下令让布宜诺斯艾利斯的大使不要更新他的护照,因此在阿根廷,他因为没有合法证件而被捕了。米切利尼当时和他几个年纪大点的孩子住在科连特斯大道靠佛罗里达街的自由酒店。5 月 18 日晚,他们找到他的时候,直接给他判了死刑:"塞尔马,你的时间到了。"他们当着他儿子们的面将他带走了,而孩子们什么也做不了。

和加莱亚诺一样,米切利尼也是越过拉普拉塔河去寻找自由的乌拉圭人之一,然而希望一次比一次渺茫。他们被给予微薄的帮助,或被推荐去做某个工作,或被提供一个临时的藏身之地或者是直接前往下一个目的地。在这些小恩小惠下,他们需要团结一致才能活命,才能使所有的努力不白费。所有人都希望这阵恶风早点刮过去。他们俩都知道现在是离开布宜诺斯艾利斯的时候了。

同一天晚上,在使馆所在的雷科莱塔区,埃克托尔·古铁雷斯·鲁伊斯是在妻儿面前从床上被带走的。保安们目睹了这次行动的全过程,他们什么也没有做,因为那个地区已经对匿名的捕猎者和相关人员开放了。

古铁雷斯·鲁伊斯是另一位流亡的乌拉圭政治家,他期盼着不久之后祖国和拉丁美洲地区能够通过武装斗争走上民主之治的道路。他在 2 月份的时候来到杂志社,并邀请作家年底的时候去蒙得维的亚喝马黛茶。每日的疯狂程度使乐观指数变得愈发难以置信。然而,米切利尼显得更为现实主义,他靠讲述黑色幽默来抵制悲观情绪,他曾经问到比起蒙得维的亚的折磨,布宜诺斯艾利斯的直接在后脑勺嘣一枪是否来得更好受些。那时他已经不能办护照了,还经常接到威胁电话,说他的女儿被抓,被关在乌拉圭独裁政府的监狱,受尽折磨。然而,流亡和活下去的愿望太强烈了,以至于没有人发问:为什么不一下子远离死亡的魔爪,去欧洲?[1]

---

[1]　爱德华多·加来亚诺,《爱与战争的日日夜夜》,目录出版社责任有限公司,布宜诺斯艾利斯,1984 年,第156—157 页。

《危机》月刊的之后几期只刊出了所有内容的一半。那时,每则评论都会被轮值审查员任意解读,而使其作者遭受牵连。"事态已经变得非常严峻了,在大独裁时期没人能够向我们做出任何保证。因此按照我们的理解来做一期杂志是非常困难的,尽管我们每个月都是这么做的。"西多·莱马回忆说。

独裁体制建立起来后,传媒标准完全靠审查。没有得到专家评论的报道不能发表,不能当街采访公民的观点。对加莱亚诺来说,这甚至是针对观点的私人所有权的建立。对于国家力量的垄断同样出现在了对于话语权的垄断上。在这个大环境下,供《危机》月刊生存的氧气越来越少,其运营者当然也知道。

1976年,一切都已成定局。1973年的准军事人员,恐怖的散播者,在全国范围内散播了早期的恐怖,他们的接替者是军人,作为政府当局,军人直接进行恐怖主义活动,直到没有什么可以做了为止。生活只剩下苟延残喘。等待着。违背意愿地等待着。最坏的情况随时都会出现。鉴于此,出于安全考虑,在名为"危机"的华丽冒险中,每个遇难的人每天都在不同的房子、不同的床上过夜。"这不是一条凭借一腔热血就可以走下去的道路。在失去伙伴后又寻找新的伙伴,我们所有人都尽力而为。"西多·莱马强调说。幸存下来的人有巴西的通讯员埃里克·内波穆塞诺、编辑奥拉西奥·阿查瓦尔、排版编辑爱德华多·鲁西奥,鲁西奥别名为"萨尔兰加"①,因为他犹如爱情中的先锋。鲁西奥和博赫留斯还有亲戚关系,他的妹妹和这位企业家结婚了。此外还有年轻的卡洛斯·玛丽亚·多明格斯——他进行过一些街头采访——以及西多·莱马和加莱亚诺。博赫留斯虽然全权负责企业的商业运作,但是他

---

① 萨尔兰加为阿根廷足球运动员,踢前锋的位置。——译者注

并非处在核心位置。圣地亚哥·科瓦多罗夫和玛丽娅·埃斯特尔·吉利奥已经流亡巴西。罗赫略·加西亚·卢波、豪尔赫·贝尔纳多·里韦拉和阿尼瓦尔·福特留在国内,他们隐没于人群,寻找着新的起点。

"爱德华多几乎已经不在蒙得维的亚大街的寓所过夜了,在城市之中他挨家挨户地走到哪儿算哪儿。我看到了一个悲伤的他,于是有天我提出在周末的时候去菲科·博赫留斯的乡间别墅聚一下,让他缓一缓,毕竟之前我们好几次都在那儿庆祝过我们的友谊。他答应了,我们就去了,当时我的妻子埃莱娜·比利亚格拉也去了。我介绍他们俩认识,他们很聊得来。第二天他们俩告诉我说他们相爱了,就在那时,在独裁政府的恐怖中,他们相爱了,他们逃跑了,在躲过死神的追击后,爱情来了。"这段回忆同样来自西多·莱马。

"我喜欢她边吃边享受的样子",加莱亚诺在《爱与战争的日日夜夜》的一段中这么写道,来描述他们初次见面的情景。"我和她时不时地互相交换微笑和眼神,那个眼神来自一位叫埃莱娜的小姑娘",他开始描述当时的场景。

60 年代中期的埃莱娜·比利亚格拉是记者马里奥·马克塔的妻子,他们俩生下了玛丽亚娜,后来她也成了记者。埃莱娜是图库曼人,在老家她学的是法律,但她从来没做过律师。她是罗西塔·法因戈尔德·德·比利亚格拉的女儿,祖籍乌拉圭,有三个姐妹,分别为利利、埃尔莎和拉克尔。70 年代初,她离婚了,由于动乱她被卷入了政治运动,并成了鲁道夫·奥尔特加·培尼亚的妻子,他是一名知识分子、作家、大学教师以及支持庇隆主义的国会议员,于 1973 年 3 月入选。他的左翼身份使得他过于捍卫政治犯,甚至跟庇隆本人发生冲突。这位考迪罗领袖①去世30天后，奥尔特加·培尼亚光天化日之下在街上被杀，这时他和他的妻子埃莱娜·比利亚格拉刚从司法办公室一块儿出来，上了一辆出租车。这是首起由三A联盟署名的犯罪事件，时间为1974年7月31日。

在卡洛斯佩列格里尼大街和阿雷纳雷斯大街街角，出租车停了下来，埃莱娜·比利亚格拉先下的车。从另一辆绿色的福特费尔兰上下来一个刺客，他头戴丝袜，为三A联盟团伙成员。他手持机关枪，连发了25颗子弹。其中第一发碰到埃莱娜的嘴巴，将她的嘴唇擦破了，剩下的都打到了奥尔特加·培尼亚的身上。"发生什么事了，亲爱的？"最后他嘟哝道。这是晚上10点的阿雷纳雷斯和卡洛斯佩列格里尼街角，这片区域早已布满陷阱。尸体被送到了第十五警察局，可怕又有传奇色彩的卡洛斯·阿尔韦托·比利亚尔局长出现了，他是联邦警局的头。尽管跟支持庇隆主义的部长何塞·洛佩斯·雷加不和，他还是组建了一支非正式的准军事力量。埃克托尔·何塞·坎波拉在当时已经不是总统了，他的继任者为阿尔韦托·拉斯蒂里，阿尔韦托让埃莱娜将其丈夫移到国会守灵。她拒绝了，最后将其放在了布宜诺斯艾利斯印刷联盟二楼，将他放在他要好的朋友爱德华多·路易斯·杜阿尔德和好斗的工会负责人雷蒙多·翁加罗旁边。

从那时候起，在许多个由爱情和战争组成的夜晚，埃莱娜和爱德华多都是分开过的。最后他们在一起了。"我们发现我们不能分开生活。"加莱亚诺说。这是这位乌拉圭作家生命当中的第三次

---

① 考迪罗制是拉美地区大多数国家在19世纪20年代独立后至20世纪前盛行的一种以暴力夺取政权、维持统治，代表地主（庄园主）利益，对人民能够生杀予夺的独裁制度。——译者注

爱情。在这当中可以看到、触碰到、嗅到一个富有激情的加莱亚诺。埃莱娜和加莱亚诺是集体梦想的一分子。从那时起,他们开始相互了解印在对方身上的标记。

月复一月,加莱亚诺和西多·莱马不得不去玫瑰宫上交文章的原稿,事实上这些文章在经历轮值审查员的肆意审核之后都被枪毙了。在总督府最后一次会议上,他们围绕1976年8月刊出的第40期内容进行了一个小时的讨论,随后马上提出了对阿罗多·孔蒂失踪案的诉求。考虑到军队拒绝参与其中,以及国外对阿根廷的声讨,他们小心翼翼地试图解释刊登失踪信息的重要性。然而,斩钉截铁的否决让他们无法继续坚持。就像西多·莱马所经历的一样,现在军队警告他们假如再生事端的话,得到的答复将不再是友好的,因为国家正在经历战乱。

加莱亚诺明白是时候离开了。他轻轻碰了一下朋友,两人一起走到了五月广场。他们没有交谈,而是看着这个国家历史上的著名场所,现在他们俩也在这里创造了一段历史,即决定将这一份在过去几年里如日中天的文化杂志停刊。然而在7月份的那天,令人感到担忧的是一个有名有姓的人:阿罗多·孔蒂。当他们俩在酒吧里喝着酒,通过大窗户望着广场的时候,他们知道,也能感觉到,孔蒂已经死了。

"他是《危机》月刊的一位撰稿人,"我们说道,"他们绑架了他。现在音信全无。你们跟我们说他没有被捕,政府跟这事儿也没关系。为什么不允许我们发布这则信息?禁令意味着曲解。你们知道国外有人不怀好意……"

"你们对我们有意见?"司令问我们,"我们一直都正确地对待你们。我们接待了你们,我们倾听你们。这就是我们待在这里的原因，这也是我们在政府里的工作。但是我得提醒你们，现在这个国家正在经历战争，如果在另一个地方，我们对你们就得是另外一种态度了。"

我碰了碰朋友的膝盖。"比森特，我们走吧，时候不早了。"我对他说。我们在五月广场缓缓走着。在广场中间，我们停了下来，很长一段时间我们都没有看对方。天空一片澄净，街上是嘈杂的人声和鸽子的声音，青铜圆顶折射出了太阳光。我们什么也没说。之后我们来到一家咖啡馆，准备喝一杯。出于害怕另一个人的肯定回答，谁都不想这样问："这意味着阿罗多死了，是吗？"

在普埃伦东大街 860 号的编辑部，加莱亚诺召集了大家并且讲述了跟军政府最后一次碰面的事情。事情的结果就是《危机》月刊将不再继续出刊。为期三年多的美好旅程即将结束，因为不能将屈辱作为一段充实的、活力四射的生命的结束。许多证据都表明，加莱亚诺提出结束杂志社和出版社工作的想法非常坚定且非常有尊严。

决心已下。加莱亚诺和他的新伴侣埃莱娜·比利亚格拉即将一起离开这个国家。时间不多了。德国法兰克福书展给他提供了通行证，他们邀请加莱亚诺于该年 8 月出席活动并组织拉丁美洲评审团。

1976 年 7 月 3 日，他来到里约热内卢，然而之前的 7 月 1 日，他给哈瓦那的艾德·圣玛丽亚和罗伯托·费尔南德斯·雷塔马尔写了一封信，他们是美洲之家的领导。

亲爱的艾德和罗伯托：

这是一封私信，我不希望它传出去。《危机》月刊在布宜诺斯艾利斯已经办不下去了。这是一个非常痛苦的决定，同样也是难以避免的。最近我一直在思考，觉得活着比死了要更好些，在这儿我们已经来到了坟墓的边缘。

8月底我要去欧洲。我被任命为法兰克福书展拉丁美洲座谈会的负责人之一；虽然我还不是很清楚这个神圣的位置是做什么的，我将去那儿捍卫你们所熟知的理念，至少我是这样觉得的。在那儿，我不知道我要做些什么。所有的一切都表明这里我是回不来了。我是一位幸存者。每天当我在刮胡子的时候，我都会捏一下耳朵。另外，现在我结婚了，我无可救药地坠入爱河，我不希望某些打坏主意的人妨碍我的好日子。我想过一段不受打扰的小日子。我的妻子比我更需要这样的日子。她叫埃莱娜·比利亚格拉，三A联盟打在她嘴上的子弹并没有改变她那无与伦比的美丽。

我们俩想在古巴待一两个月，可以吗？请给我们回信吧，发到罗马以及巴黎的大使馆。9月份最后几天我们去那儿取。就这么定了？

还有件事。《危机》月刊另一位主编，比森特·西多·莱马，他必须马上离开。我想你们应该知道是谁。他是政治犯的老律师了，他的办公室和房子都被炸毁了。他是一级诗人，是一块发光的金子，也是我的挚友，是我在这个城市里结识的最棒的人。离开的话对他来说将大有好处。我想，刚开始他也许可以担任评审，如果可以的话，之后再为比赛出点力。埃莱娜、比森特和我，我们都很想在古巴见面，可是现在我们不得不分开。比森特的邀请函需要发到墨西哥大使馆。

请原谅我这几段拉康式的叙述，但是今天是我在布宜诺斯艾利斯的倒数第二天，我已经被好多事情和不停的道别弄疯了。我想让你们知道我现在非常幸福，虽然身处这些恐惧之中，我每时每刻都会确认一下：没有任何庆祝活动比活着和爱着更美好。

献上一个能粉身碎骨的拥抱。

你们永远的爱德华多·加莱亚诺[①]

事实上，独裁所带来的是不断的审查、死亡威胁和牢狱之灾，加莱亚诺和埃莱娜在最恶劣的时期离开了这个国家。1976年，在图库曼的独立行动中，人民革命陆军（ERP）遭受清剿。1975年，这次行动首先由阿克德尔·比拉斯将军领导，之后由多明戈·布西接手了。蒙特内罗斯开始重新部署，他们也没能成为一股与独裁政府抗衡的力量。因此，在1976年年中，来自布宜诺斯艾利斯政府的军事调解员伊韦里科·圣琼将军几个月之后说的那句话得到了应验。"首先我们要杀死所有的扰乱分子，之后我们要杀死他们的同伙，接着是支持者，紧随其后的是一直无动于衷的人，最后是那些胆小的人。"[②]

加莱亚诺不是胆小的人，他的名字位于政府列出来的最危险的人的名单上，这份名单来自2014年关于独裁的背景资料。"在布宜诺斯艾利斯的最后几天，他处于高度紧张状态。那时他已经

---

① 这封信最终于2008年11月19日由加莱亚诺本人在另一封信中表示允许发表。详情可参见古巴《喜利比亚》杂志电子版的网站：http://www.lajiri-billa.co.cu/2010/n482_07/482_26.html。

② 伊韦里科·圣琼将军，1977年5月。

不在蒙得维的亚大街的寓所居住了,该寓所靠近科连特斯大道的
拐弯处。他有两三位朋友家里的钥匙,也有我的。我们家在马拉
比亚大街,在植物园的正对面,一周之内他大概会在我们这儿睡两
到三次。他是从我们这儿直接去的里约,他去那儿等他的妻子埃莱
娜·比利亚格拉,然后他们一块儿去德国。爱德华多还是想待在里
约的。"埃里克·内波穆塞诺回忆说。① 他是 1976 年巴西《贝哈》杂
志的通讯员,也是《危机》月刊的撰稿人,是加莱亚诺的葡萄牙语译
者。一到里约,加莱亚诺就去记者加莱诺·德·弗雷塔斯家里落
脚,两周之后他和埃莱娜重逢。"如果我没记错的话,1976 年 7 月 19
日是罗伯托·桑图乔遇害的日子,那天我和埃莱娜去了伊瓜苏。我
记得我们一大早就从马拉比亚出来,大约是早上六点钟,带着一大
堆流亡辎重,挤在一辆小型菲亚特 600 上,爱德华多·路易斯·杜阿
尔德是驾驶员。他将我们送到机场。埃莱娜和我就离开了。没遇
上任何麻烦。在伊瓜苏,她登上了去里约的船。最后我打电话给里
约那边,也就是加莱诺·德·弗雷塔斯记者的住处,他是爱德华多
的朋友和东道主,在确认了她安全到达之后,我飞回了家。"

"也就是说,不论是爱德华多还是埃莱娜,他们的离开都没有
遇上太大的问题,然而都充满紧张感。"内波穆塞诺说道,"没过几
天其他朋友也给他们提供了帮助:电影人鲁伊·格拉,最主要的还
得算奇科·布阿尔克。除他们俩之外,还有加莱诺·德·弗雷塔
斯,他们三人都告诉加莱亚诺说巴西的事态仍然非常严重、非常危
险,不适合他长待,因为他很有名,如果继续待着的话将会遭到迫
害。"根据加莱亚诺的说法,他的《拉丁美洲被切开的血管》一书在
拉丁美洲独裁的审查和禁令开始之后销量有所增加。然而这本巅

---

① 来自提供给本书的报告。2014 年 8 月和 2015 年 1 月。

峰之作的销售量和发行量表明,该书在 1973 年 6 月 27 日乌拉圭发动军事政变之前,以及在 1973 年 9 月 11 日智利发生军事政变之前,已经拥有"成千上万本的销售业绩,甚至有些版本在地下流通,因为军队在一取得政权之后就发布了禁书令",安赫尔·罗科回忆道,他是加莱亚诺在《前进》周刊和《时代报》的同事。

巴西的独裁开始于 1964 年,且没有削弱的迹象。此外,1975 年 11 月在智利圣地亚哥签订了死亡契约,在那儿来自阿根廷、乌拉圭、巴拉圭、玻利维亚和秘鲁的军政府代表团签署了一份名为"秃鹰计划"的地区性镇压合作计划。正如现在所知道的一样,巴西参与了这次镇压行动,甚至更早就开始了,也许是因为它是地区的首个独裁国,并且资助了镇压力量,包括于 1969 年和 1973 年向乌拉圭警方出售、赠送武器和军用车辆等,帮助他们对抗图帕马罗斯以及那些年的工会和社会运动。事实上,没有哪个巴西城市可以成为像加莱亚诺这样的被迫害的名人的避难所。

"不管怎么样,如果爱德华多真的想留下来的话,所有人都会帮他的。然而在我和妻儿到达之后没多久,爱德华多和埃莱娜已经达成一致,觉得最好能待在西班牙。"内波穆塞诺继续说道。"由于我也不能留在巴西,我之前工作的杂志社安排我去当马德里的通讯员,我们又一次在西班牙相遇了。没过几个月,许多朋友都来到了西班牙:爱德华多·路易斯·杜阿尔德和他一大家子,即他的孩子们、兄弟们和父辈们;我和我的妻子,爱德华多和埃莱娜,还有一位爱德华多,爱德华多·米尼奥尼亚。最后,大家都来到了一个目的地。在里约的最后几个星期,爱德华多和埃莱娜受到了许多人的热情招待。他们有加莱诺·德·弗雷塔斯、奇科·布阿尔克,后者将其介绍给了安东尼奥·卡洛斯·霍比姆;还有鲁伊·格拉、牛顿·卡洛斯,后者是当时巴西左翼的通讯员领导;以及一些巴西一级艺术家和知识分子。"他说。

　　加莱亚诺和埃莱娜的离开并非十分突然，但是也没有得到某个政府部门的帮助或遭遇麻烦。费德里科·博赫留斯的影响力还不够大，也不能用来救命。一年之后，由于支持文化业这一大胆举动，以组建标志性的《危机》月刊杂志出版社开始，加上在其他新闻传播业的投资项目，博赫留斯本人也付出了巨大的代价。镇压的力量一发不可收，然而其中的人员都来自官僚机构，可以钻他们的空子来逃脱追捕，甚至躲开死亡的威胁。加莱亚诺、西多·莱马和另一些人能够做到。"《拉丁美洲被切开的血管》在巴西是一本禁书。我已经翻译了《流浪者》中的那些故事以及《我们的歌》这本小说，这两本译作都得到了积极的评价且为广大读者接受。加莱亚诺成了众所周知的人物，这可是一把双刃剑。从某种意义上来说，在那时候的巴西，成为一个人物是一把保护伞，然而也是非常冒险的，尤其是在秃鹰计划中。许多阿根廷和乌拉圭的军队已经驻扎在了巴西，他们听命于自己国内的捕猎者。到今天为止我都非常确信，要不是法兰克福书展的邀请，爱德华多离开这个危险之地的计划会变得困难重重。魏地拉的独裁以及他的党羽可不想使自己犯下的野蛮行径传到国外去。那时候还没有正式发表声明，贸然逮捕加莱亚诺会成为影响巨大的丑闻。更不用说杀害他了。逮捕行动的扩大报道是由爱德华多·路易斯·杜阿尔德和古斯塔沃·罗加以及由他们俩牵头的其他律师展开的。"埃里克·内波穆塞诺总结道。[①]

　　爱德华多·加莱亚诺住在巴塞罗那附近一个叫卡莱利亚的小

---

① 来自 2014 年 8 月到 2015 年 1 月搜集的证据。

镇里。他开始了第二次流亡生活。他本该从他的祖国乌拉圭出来，他在那里成了记者，人生中的大部分时间在那里工作和居住。他1973年6月开启的布宜诺斯艾利斯流亡生活意味着跟吉列尔莫·希夫莱特和卡洛斯·基哈诺这两位老师告别。三年多后，在1976年7月，他不得不带着他的作品离开布宜诺斯艾利斯，跟自己创办的《危机》月刊告别，跟他的朋友菲科·博赫留斯、鲁道夫·沃尔什、罗赫略·加西亚·卢波、已故的朋友阿罗多·孔蒂、诗人弗朗西斯科·乌龙多以及电影人雷蒙多·格莱塞尔告别。

一个阶段结束了。其间发生了许多事。独裁统治、对手无缚鸡之力的人的严刑拷打、几年间国家政治人物的失踪、对持不同政见者的秘密杀害或者众目睽睽之下的杀害、成了一种沉默的疾病并像病毒一样弥漫开来的流亡生活，经历过这些事情的加莱亚诺现在需要重新开始他的生活。

"每天规律的新闻工作是非常磨人的、残忍的，它能将任何人的创造力吞噬殆尽。长此以往就会耗尽你。然而人们有很多种方式去实践它。事实上新闻是文学的一种形式。在试图搜集生活的脉动这个意义上，我的书都具有很强的新闻性，它们源自日常事件。"这是加莱亚诺于1987年提出来的，这时候乌拉圭已经建立了民主统治，他也结束流亡的生活回来了，这是他从出生到成为现代作家的晚期时代。《危机》月刊使他成为一位媒体主编，即他作为记者长期从事的繁忙工作。这是他将每天的新闻和话题用新闻性的语言进行编辑并加上日期的最后一站。

"《危机》月刊是一段非常美好的经历，同样也是非常残酷的。他吞噬了你的一切。你不能同时骑两匹马，特别是其中一匹还是野性未驯的小马的时候，比如说一本文化杂志……这就好比一个人无论在清醒还是昏睡的状态都在忙活着，因为就算你睡着了你也还在做杂志。"①

从流亡时期开始,加莱亚诺成了纯粹的作家。换句话说,他形成了一套游走于虚构和事实之间的叙事风格。这是一个在文字狩猎者这条道路上投入双倍赌注的加莱亚诺。他身后留下了那些长长的、新闻体的文章——他之前在书中收录的故事除外——取而代之的是以金银匠般的耐心,以及研究员般的细心写出的短文。一位记者出身、使用概念性的视角观察现实并用浮动的影像记录现实的作家出现了,他试图描述美,然而也试图赋予这份美本身一种意义,并找寻它和包围它的内容之间的一种联系。"如果想要了解一个国家的政治情况,那么就得去阅读日报中的政治版块。"这是将要完全穿上作家外套的加莱亚诺对这个世界的看法。对他来说,事物不会拥有其最初形态的纯粹,这即是说不会魔幻般地凭空出现。作者会找到这种魔法,然而需要明确的是这些事物身上携带着人类活动产生的绝对印记和 DNA。"事实依然保存着那种神奇的能力,它让你继续生活着,并且不将当下的事实和一种无法避免的命运相混淆,就好像宿命论一样。"他在 2011 年强调说。②

流亡时,他 36 岁,此前已经从事了三份每日为之操劳的新闻工作。流亡的加莱亚诺拥有丰富的经验,也拥有《拉丁美洲被切开的血管》给他带来的名声,这使他处于 60 年代文学大爆炸之后的知识分子行列。然而同其他作家一样,他也受到了来自大爆炸时期拉丁美洲作家以及第三世界的影响。在长达近 5 个世纪对于新世界领土的劫掠之后,旧欧洲把他们当作令人尊敬的委任状。60

---

① 爱德华多·加莱亚诺,来自笔者的采访,1992 年 12 月,乌拉圭,蒙得维的亚。

② 来自对爱德华多·加莱亚诺的访谈。纳迪娅·芬克和伊格纳西奥·波特拉,《事实比阐述它的声音更有力量》,载于《东南大风暴》杂志,第 100 期,2011 年 7 月。

年代发生在法国、意大利和东方某些国家——它们仍处在已经生锈的苏维埃轨道上——的革命和动乱，以及整体上反对雅尔塔会议上提出的新秩序运动的存在，从某种意义上来说给那些遭受本国独裁迫害的拉丁美洲人民提供了一处避难所。因此，加莱亚诺就出发去征服旧世界了。

第十一章

流亡西班牙的岁月

驱散幽灵的写作（1976—1984）

　　朋友们都在附近。还有很多甚至早就到了，并且已经找到谋生的工作。加莱亚诺和其他成千上万的人来到了旧大陆，虽然近代史上有很多地方都成为流亡人员的避难所，但在欧洲，西班牙是大家的首选。首先是共同的语言，这意味着他们拥有同样的根基，以及或多或少继承的传统。仿佛这是在经历了拉丁美洲独裁统治的创痛之后回到了母体一般。许多情况下，西班牙成了一个继续启程去瑞典、德国、法国、意大利和荷兰的准入门户。澳大利亚成了拉丁美洲人的另一个目的地，尤其是乌拉圭人和智利人。加莱亚诺和埃莱娜虽然不是第一批去西班牙的人，但他们亲历了西班牙的民主化进程。

　　从里约热内卢到法兰克福这一路非常顺利。最紧张的时刻当属在布宜诺斯艾利斯突破独裁包围圈的时候。在德国，生活变得不那么迫在眉睫,然而他们需要尽快找到一个地方来缓和一下这些年如吞铅般的苦痛日子。他们将西班牙作为目的地,那些早已流亡西班牙的朋友给他们安排了位于加泰罗尼亚一个海边小镇的一处住所。卡莱利亚是一个往北 56 公里便到达法国边境线的小镇,这是加莱亚诺亲自选的居住地。它是西班牙历史上一个富饶且不安分的小镇,人均收入要高于该国其他地区,它在西班牙法律提供的自治权之下有一种强烈的独立欲望,在 70 年代是欧洲其他国家游客的旅游胜地。即便在 2014 年,市民的独立情绪还持续着,他们将卡莱利亚看作西班牙中的一个国家。

加莱亚诺到来时,弗朗西斯科·佛朗哥这位考迪罗领袖和独裁者已经于 1975 年 11 月 20 日去世,整个国家处在民主化进程中。继任他绝对权力的是年轻的国王胡安·卡洛斯一世。起初,国王答应了跟卡洛斯·阿里亚斯·纳瓦罗共同执政(后者是佛朗哥生前指定的政府领导人),共同推动政治体制开放来换取他职位的稳定。从 1975 年 11 月 22 日(国王登基的日子)到 1976 年 7 月 1 日(国土请退的日子),他俩一直共掌大权。国王退出后换来的是另一位温和派的佛朗哥主义者,他叫阿道弗·苏亚雷斯。历史称之为西班牙民主化进程的工匠,尽管如此,他还是受到了一些左翼人士的批评。

过渡并不容易,这也是在近 40 年独裁统治之后难以避免的情况。在 1936 年 10 月 1 日成为绝对独裁者之后,佛朗哥表现出了只会对"上帝和历史投降"的态度,没人能阻止他。

西班牙内战之后,流亡者人数高达 40 万。关有政治囚犯的集中营和对持不同政见者的枪决直到他去世的那一年还在上演。西班牙成了一个"反对共产党和天主教"的人士的大监狱,引号部分为这位大独裁者自己用来描述其体制的原话。这样的统治已经摇摇欲坠。

　　加莱亚诺刚到西班牙时，佛朗哥体制虽说已经瓦解了，但还有残存的势力。1966 年，当他还在蒙得维的亚共和国大学出版社工作的时候，他被派遣到欧洲对旧世界同样性质的大学办公室进行访问，并且学习他们关于宣传工作的经验。跟他同行的有他的第二任妻子格拉谢拉·贝罗，他们一起游览了几个欧洲国家。他去西班牙的时候 26 岁，那时作为记者的他已经在圈内小有名气，这得益于他对《前进》周刊的贡献。其中一个读者正好是胡安·庇隆，在名为"解放革命"的政变之后，他于 1955 年 9 月开始流亡生活，在沿海周旋了一阵子后，他顺理成章地来到了佛朗哥领导之下的西班牙。庇隆的秘书比森特上校促成了他们的会面，加莱亚诺和庇隆将军聊了四个小时。他记录了在铁门另一侧的阿根廷领导人完美的表情。这是一张前阿根廷总统非常乌拉圭式的面孔。①

　　与此同时，他还勤勤恳恳地接二连三采访了许多社会活动家关于国家社会政治的看法，并且写成了长达四页的文章，该文章刊登在 1967 年 1 月和 2 月的《前进》周刊上②。佛朗哥体制的瓦解连带产生了一些通过竞选骗局来掩盖公务员腐败行为的现象。在上交的第二篇评论中，他发现并报道了创作型歌手拉蒙·佩莱赫罗·桑奇斯。拉蒙被称作雷蒙，是西班牙新歌运动的代表人物之一，他在刚变得小有名气的时候，就跟获了奖一样受到了佛朗哥体制的审查。

---

① 爱德华多·加莱亚诺，《考迪罗、麻雀和奇迹，铁门另一侧的胡安·庇隆》，载于《前进》周刊，第 1369 期，蒙得维的亚，1967 年 9 月 3 日。

② 爱德华多·加莱亚诺，《那种血液中的人性》，载于《前进》周刊，第 1339 期和第 1340 期，1967 年 1 月 27 日星期五和 1967 年 2 月 3 日星期五。

加莱亚诺在流亡西班牙之前去法兰克福参加了书展，并且揭露了拉普拉塔河流域的形势以及古巴大革命后处在历史关键期的拉丁美洲的形势。到1976年9月末他才来到卡莱利亚。卡莱利亚是巴塞罗那往北仅56公里的小镇，它靠海，是加莱亚诺向往的地方之一。他一边忙着在那儿定居，一边没有放弃联络所有拉丁美洲流亡的团体，然而他最希望的还是从他刚经历过的历史创伤中恢复过来。近十年来，紧张的局势一直伴随着他。1967年，在被武装力量逼着跑遍危地马拉、在山区到处寻找游击队的时候，他有过这种紧张感；1968年和1970年之前，在他遍历南美洲，去搜集5个世纪以前对这块大陆的殖民掠夺的证据的时候，他有过这种紧张感；他花了90个夜晚写作《拉丁美洲被切开的血管》后，在从古巴回来去委内瑞拉的途中遭遇死亡陷阱的时候，他有过这种紧张感；独裁政府找到他蒙得维的亚的寓所后，他决定流亡阿根廷，开始创办《危机》月刊，这份杂志有如"一匹野性难驯的小马没日没夜地折磨他"，这是出于热爱。最终，三年后，这个项目搁浅了，死亡再一次将他推向了流亡的生活。这得分泌多少肾上腺素，那些找上门来的人也一样。

在卡莱利亚，他希望这种撕裂般的生活能停一停，并且他也需要这么做。他脑子里在酝酿着两个计划。其中一个很早之前就想好了：用短篇小说的形式，从不同于《拉丁美洲被切开的血管》一书的角度讲述拉丁美洲的历史。另一个是出于快速释放压力的需要，基于自身经历——然而需要结合新闻出版文件提供的数据——来讲述近几年忙碌生活中或好或坏的时刻。这并不是一次清算，而是用来怀念那些与加莱亚诺在拉丁美洲土地上共事过的人。为了达到这个目的，他身旁就有了另外一些朋友。

为了逃离阿根廷的独裁统治，同样于1977年5月来到巴塞罗那市郊的还有诗人阿尔韦托·斯蓬博格，1975年，他在《危机》月刊上发过文章。他定居在了埃尔马斯诺，这也是一个离巴塞罗那非常近的小城，同卡莱利亚一样位于地中海沿岸。在找工作的时候他找到了记者米格尔·安赫尔·巴斯特涅尔，后者那时是《远程快讯》日报的主编，佛朗哥主义结束之后，这是在加泰罗尼亚地区依靠私人资助创办的首个印刷媒体。40年之后，巴斯特涅尔在回忆起报刊的情况、西班牙民主化进程的开端，以及西班牙对拉丁美洲流亡者的接纳时说道："那时我三十出头，从未去过拉丁美洲。然而我上过大学的历史课，一直以来所思考的是，不论好坏，作为世界上的一个国家，西班牙的意义在于它对一个混血的世界，对拉丁美洲的诞生做出了贡献。因此我们总是收留流亡知识分子，并且发表他们的作品，却没有形成一个体系、一份计划，也没有连贯性。尤其是在经济上，我们连象征性的报酬都没给。我想说，不论是我，还是编辑部的其他任何人，都不认为我们在做一些特别的事，我们所做的只是让一些来自国外（如拉丁美洲这样的地方）的撰稿人有个发表的机会。""《远程快讯》的创办意味着长达40年的佛朗哥统治的结束。我们的读者是加泰罗尼亚人，尤其是巴塞罗那市民，是左翼人士，是被加泰罗尼亚共产党（PSUC）吸引的人，是受到西班牙共产党影响的人。"巴斯特涅尔补充道，"同样它继续为流亡人员开启了大门。拉丁美洲的贡献虽然一直都不大，但是拉美具有一种特殊的文学品质，对报刊来说也是一种多元化的补充。这就意味着并非两块大陆简单地汇集到一块，西班牙或者加泰罗尼亚和拉丁美洲，而是唯一的，是第一块大陆和它的扩展版，因为我们拥有共同的语言，以及共同的文化基础。无论如何，我们给拉丁美洲所有的民主复兴和民主体制的建立提供一席之地这种做法是正确的。有一次我打通了监狱的电话，想跟被关在那儿的广泛阵线的领导人利韦尔·塞雷尼通话,跟你所能想到的一样,这显然是不可能的。"①

巴斯特涅尔接收了斯蓬博格,后者没有任何官方文件,也没有工作许可证。斯蓬博格被委托了一个任务,即编辑一本当代拉丁美洲作家文选,让全世界能够了解拉丁美洲独裁的形势。这时有人告诉斯蓬博格说加莱亚诺也来到了卡莱利亚。"我之前不知道他在那儿。实际上,就我的情况而言,一个人开始流亡生活后别无他求,怀着在阿根廷死亡圈里那种自杀的念头,只是没有目的地地出来了,只想找一个能够活命的处所,总会一边找一边回头看看自己所放弃的东西,在到达目的地之前是不会去关注那儿的情况的。到了之后你才会想,现在我该在这儿做什么。"斯蓬博格说。加莱亚诺热心地接受了关于拉丁美洲作家处境的采访。"得知能进行一次采访,他非常高兴,我们在 1977 年年末完成了这次采访并将采访文刊登在了《远程快讯》日报上。这是我刚开始的工作,就这样我跟加莱亚诺有了联系。有一天加莱亚诺对我说:'你是否知道比森特·西多·莱马来这里了,他在寻找工作和住处。我给他打电话后,他就来埃尔马斯诺了,并且在这儿找到了房子。'"

在尝试适应的过程中,他在艰难的流亡生活中与一些人建立起了联系,疏远了另一些人,还得加上对这个旅程持续时间的不确定……"我们经常在人权大会以及流亡成员集会上碰到,然而我们也不是每天都见面,因为每个人都在寻找生存下去的方法。比方说,进入 1979 年后没多久,我跟胡利奥·科塔萨尔接触比较频繁,因为我去巴黎顶替胡安·赫尔曼,后者于 1975 年开始流亡生活,在新尼加拉瓜通讯社工作。胡安被派到罗马做联合国粮食及农业

① 电子邮件采访,2014 年 10—12 月。

组织办公室的翻译官,由于他在通讯社的位置空了出来,他给我推荐的时候,我就接受了。刚到那儿的时候我天天待在科塔萨尔身边,那时候他正忙于桑蒂诺主义革命活动。"斯蓬博格回忆说。

　　对于比森特·西多·莱马来说,巴塞罗那的生活是非常复杂的。"在开始流亡前,蒂托·宝莱蒂①和爱德华多·路易斯·杜阿尔德②这两位记者就预见到将会形成一个流亡反抗组织。当我们离开的时候,我们就开始在西班牙忙活起来了。在费德里科·博赫留斯的帮助下,我离开了阿根廷,他是一位非常富有的人,我们是朋友。他帮了我很多忙,我才能够出来,他给我办了护照,帮我买了去欧洲的机票,然而这是声东击西,实际上我是坐船去的。我先去乌拉圭,再去巴西,最后才从巴西出来,去葡萄牙。之后我立即去了巴塞罗那,胡安·卡洛斯·迪斯特法诺和他的妻子在那儿等我,他是一位造型艺术家,是一个伟大的朋友,他妻子格里塞尔达·甘巴罗是位作家。那时博赫留斯在伦敦,在得知我到来的消息之后,通知了甘巴罗,让他们去接我。我最后和阿尔韦托·斯蓬博格、里卡多·卡帕尼一块儿待在埃尔马斯诺,离爱德华多·加莱亚诺很近。结果,我们所有人都住在了同一条线上。我的住处离卡帕尼的住处有三个街区的距离,离斯蓬博格的有十个街区。在那儿,周日我们会邀请加莱亚诺和埃莱娜过来吃午饭。然而我们并不是经常见面,因为每个人都有自己的生活,都有自己的责任,

①　蒂托·宝莱蒂是阿根廷里奥哈《独立者》日报的主编,他于1973年将该日报发展成了首份拉丁美洲合作日报。1976年被魏地拉独裁政府判死刑后,他举家流亡到西班牙并开始在人类发展咨询中心工作。回到布宜诺斯艾利斯后,他帮助了五月广场的母亲们。他于1986年12月1日去世。

②　1970年,爱德华多·路易斯·杜阿尔德是阿根廷政治犯的律师。在流亡西班牙期间,他是人类发展咨询中心首先站出来反对阿根廷独裁统治的人。他从2003年开始担任内斯托尔·基什内尔和克里斯蒂娜·费南德兹政府人权部部长。他于2012年4月3日去世。

以及应对流亡的方法。"西多·莱马说道。"在佛朗哥去世的当口，加泰罗尼亚人想要独立成一个社会主义国家，这就使得在选择流亡之地的时候多了些麻烦。"他补充道。

西班牙成了拉丁美洲流亡者的聚集中心，最主要也是最重要的原因就是它和那些独裁肆虐的国家语言相通。甚至那些去荷兰、瑞典或者法国的流亡者都在西班牙跟他们自己国家的人权机构和政治文化组织保持着联系。西班牙收集了许多检举报告，这些报告之后成为巴尔塔萨·加尔松法官执法证据的重要补充。他们经常举办有双重目的的活动和聚会。一方面是为了聚集这些流亡者，给他们提供一个公共空间；另一方面是为了让欧洲其他国家了解拉丁美洲的形势，来影响上述给流亡者提供庇护的国家和独裁国家之间的关系。

在文学界，加莱亚诺同样遇到了许多朋友。他和胡安·赫尔曼又重逢了，这减轻了他流亡生活中需要承受的压力。"我们跟加莱亚诺还有赫尔曼都有过几次见面。"伊尔玛·卡佩利诺说，她是拉里奥哈音乐家和小说家丹尼尔·莫亚诺的妻子，他们俩都流亡在西班牙。莫亚诺在阿根廷北部拉里奥哈省的《独立者》日报工作过，因此他不得不流亡，并在马德里住了下来。"由于不能随心所欲地写作，丹尼尔一直都不适应西班牙的生活。我们和赫尔曼经常见面，他们俩互相欣赏。我们和加莱亚诺及他妻子一块儿吃过饭，由于可以聊文学，丹尼尔非常开心，这是他唯一感兴趣的事，事实上这也是所有受迫害的人的共同点。"卡佩利诺补充道。

"我们组织的活动爱德华多（加莱亚诺）都会积极响应，虽然这并不意味着他会出席。他总是署名表示支持，也非常合作。然而在那时的生活中，他决定去寻找新的美学形式，用来深化他的文学和新闻创作。"西多·莱马说道。"从《拉丁美洲被切开的血管》开始,加莱亚诺成了乌拉圭流亡者中的一个伟大人物。虽然我们的生活有了交集,但每个人还是拥有各自的生活。最后一次我们在巴塞罗那的电视采访中见到,他们问了我们关于国家和流亡生活的问题。关于他的处境和国家的情况,他的回答很官方,这是他的风格。对我,他们刚好问到胡安·卡洛斯的布宜诺斯艾利斯之行以及会见魏地拉的事件。我的回答是:即便是国王,只要和一位独裁者握了手,他的手就被染上了鲜血。两天之后我不得不离开西班牙。"他回忆道。

在卡莱利亚,加莱亚诺迎来了他的恢复期。他尝试让自己不再迷茫,全身心投入写作。他将在阿根廷度过的最后几个月记录下来,重新回忆那些路途上的风景、危地马拉的山,还有哈瓦那办公室里切·格瓦拉的微笑,他一直追溯到他的童年,用隐喻的手法来帮助他理解处于痛苦和流亡生活之中的当下。

他还需要生活和工作。他重新建立了跟新闻业的联系,在几家纸质传媒、一家德国电台工作,跟这家电台的联系得益于法兰克福书展,他还和一家墨西哥电台的专栏合作了几个月。得益于所有的这一切和《拉丁美洲被切开的血管》的著作权,他再次掌握了生活的节奏。不管怎么说,西班牙从贝尼托·米利亚开始就出现在了他的生活中,编辑米利亚是一位无政府主义者,创办了蒙得维的亚阿尔法出版社。他们的关系在其他领域帮助了他。他也和那位瓦伦西亚歌手和诗人雷蒙取得了联系,并且通过赫迪萨出版社,记者加莱亚诺又回来了。

1977年冬,居于西班牙的加莱亚诺开始了流亡生涯的第一份工作。《雷蒙谈话录,沉默改写成歌》一书中收录了这位瓦伦西亚创作型歌手的许多作品,也是对佛朗哥统治时期文化审查环境的一份写照。到这部书出版为止,加莱亚诺对雷蒙这位歌手已经进行了十一年的评论,其中两年是在弗朗西斯科·佛朗哥去世之后。
那次采访和这本书的出版意味着对话双方的生活有两次为公众所
了解。1962年,在西班牙,雷蒙成了新歌运动的代表人物,这仅仅
反映了西班牙文化多元性中一种纯正的文化。然而那些年佛朗哥
主义盛行,存在对人民和地区政策的质疑,尤其还包含加泰罗尼亚
人在铁腕镇压和强硬审查制度下的独立意愿。1966年,雷蒙从事
关于家乡瓦伦西亚的创作,成了地方音乐热情的捍卫者之一。

瓦伦西亚人雷蒙歌颂过阿斯图里亚罢工的反抗活动,歌颂过
学生游行,歌颂过好战的新西班牙的愤怒和抵抗;他的歌声彰显了
斗牛士的特性,他唱出了我们这代人砥砺奋进的面貌,唱出了那双
要冲破记忆的桎梏努力创造的手……"我还需要写作更多跟恐惧
做斗争的歌曲。我所有的歌曲都是跟恐惧对抗的。"1966年这位创
作型歌手对加莱亚诺说道。① 那时,他只是一位26岁的年轻人,然
而已经是西班牙家喻户晓的人物了,对佛朗哥主义来说他是一个
来自自由的威胁,他的歌甚至传唱到了马德里,这原本是一个对所
有来自加泰罗尼亚的东西都不会报以信任的地方。这正是一位寻
求不同的、面对压迫表达自由诉求的记者该做的事情。加莱亚诺
的作品一直都具有这个目的,其1966年的报道就体现了这一点:
在一个体制大清洗的统一框架下,这是一种追求生存权利的、充满
生命力的反抗性批判。

1977年的雷蒙是一位态度坚定的艺术家,那时,民主之花开始
在西班牙绽放。加莱亚诺凭借这位歌手的足迹来分析这条一直流
淌于压迫体制下的地下民主之河,来说明这朵民主之花是如何得

---

① 爱德华多·加莱亚诺,《那个几乎不属于我们的时代》,载于《前进》周刊,第1340期,第
18—19页,1967年2月3日。

以见到阳光、逐渐绽放并且完全开花结果的。这本书基于四次访谈内容写就，其中包含了 1966 年的那次访谈，另外三次访谈发生于作者定居卡莱利亚后的 1977 年。所有这些访谈都谈到作为权力对立面的个人、民族、歌曲三者的平行发展。

该书的类型为访谈体文学，也许这是加莱亚诺唯一一部具有一种核心体裁的作品。然而除了一问一答之外，他还通过叙事性的报道，以及篇章中第一人称的叙述——加莱亚诺的叙述——来拉近与读者的距离。这是作者从在《前进》周刊上开始发表评论就一直使用的技法，也表明了作为新闻工作者需要一直处于一种打破文学类型的界限的状态之中，尝试一种新型的、无边界的交流方式。根据加莱亚诺的说法，在此期间所使用的各种技法，是要让读者参与文本描述的事件。

如果不算上给欧洲其他媒体写评论来维持在地中海海岸的日子的话，《雷蒙谈话录，沉默改写成歌》是加莱亚诺在流亡时期的第一笔新闻工作收入。然而，加莱亚诺脑子里正在酝酿的两个想法之前一直被搁置，现在迫不及待地要成书出版并跟世界见面。

在《雷蒙谈话录，沉默改写成歌》之后，不论是小说还是新闻体裁，加莱亚诺将不会写作长篇作品了。从那时起，他决定集中精力从生活中汲取灵感，创作短文章，用来抒发他的情绪、状态和感受。《爱与战争的日日夜夜》成了这种意义上的第一部作品，它出自流亡时期被死亡追赶时的焦虑。这是近三年来对虎视眈眈的死亡恶魔进行的一次驱魔演练。

《爱与战争的日日夜夜》一书的首版出现在 1978 年的西班牙和 1984 年的阿根廷及乌拉圭，那时布宜诺斯艾利斯在 1983 年 1 月的大选后正好迎来了民主的春天。蒙得维的亚的独裁统治也正在缓和。1978 年，这本书获得了美洲之家文学奖，这使得古巴跟流亡人士的避难所更近了一步，尤其使得加莱亚诺跟古巴的关系更近了一步，从大革命刚开始，他就是古巴的朋友。

"有时候，我感到快乐是一种高级的背叛。继续活着、继续自由的权利反而使我成了有罪之人。这时我就回想起秘鲁乌伊尔卡酋长在面对废墟时说过的话：'他们来了这儿，把所有东西都破坏殆尽，连石头都不放过。他们想让我们消失，却没有成功，因为我还活着。'我觉得乌伊尔卡的话很有道理。还活着，这就是一种胜利。还活着，或者说有感到快乐的能力，哪怕还得经历那些离别和犯罪。"①加莱亚诺对活着心存感激，然而死亡从他身边带走了许多东西，比方说朋友，他们占据了他生活中的很大一部分，他跟他们分享了文字和斗争所带来的喜悦。《爱与战争的日日夜夜》一书中有一些短篇故事。有些故事通过较短的篇幅来讨论丰富的话题。从某种意义上来说，文章以极强的逻辑重塑了口头回忆，仿佛叙事者加莱亚诺的形成要得益于咖啡馆的那几张桌子。在这些故事中一两个数据和简单的文字拼凑成了一段段简短的回忆，用不做修饰的语言，详细地寻找一种葡萄牙小说家安东尼奥·洛沃·安图内斯所说的"深入骨髓"的表达方式来描写事物。不着边际的思想仿佛一份记忆的草稿，上面记录着生活的方方面面，人性的各个方面，或者说仅仅是表达情感而已。

《爱与战争的日日夜夜》中谈论最多的主题就是痛苦，即便回忆的内容是某个庆祝活动或者愉快的事件，这是暴风雨来临前的宁静。作者使用马克思的一句话很好地介绍了这本书："在历史长

---

① 爱德华多·加莱亚诺，《爱与战争的日日夜夜》，目录出版社责任有限公司，布宜诺斯艾利斯，1984年，第1版，第198页。

河中,一如在大自然里,腐朽是生命的实验室。"①这本书写作于1975—1977年间,在卡莱利亚,失败的节奏加快了。这是一个社会政治计划的阶段性失败,为此加莱亚诺贡献了他的热忱、工作和生活。这是对那个梦寐以求的世界的整体上的失败,然而这次失败是及时的,因为时机被断送了,努力成了泡影,那些选择同一条路的人消失的消失,死亡的死亡。他们是这场剧烈动荡中爱着的、触手可及的、可以感受到的男男女女。在这条道路上没有走出来的人们的失败,由那些幸存者捡起,被当作过去的证据、当作近在咫尺的证据给提了出来。加莱亚诺将那些死去的朋友重新安放在了一起经历过的鲜活的场景、节日、宗教活动中,来使他们复活。他将讲故事、谈话作为首要的基本形式来感受人性。因此是死亡杀害了他们,因为在活着的时候他们战胜了它。《爱与战争的日日夜夜》这本书的结构是建立在这个基础之上的,它试图通过直接证据,用文学的谨慎态度来讲述事实。

作者用酣畅淋漓的笔触对所有失败的意义和维度进行记录和传播。那些短篇包含了作者对文字的坦白,这也来自他对生活原则的宣告。"那晚我意识到自己是一个文字狩猎者。我就是为此而生的。那将成为我死后跟其他人共处的方式,这样一来,对我来说我所爱着的一切人和事都不会离我而去。"②

这本书成了作者改变写作方式、对文章进行全面加工的一次决定性尝试,将具有时效性的观念发展成了对一切宽泛事物的隐喻性总结。从这个意义上看,加莱亚诺已经能够消除文学类型的

---

① 爱德华多·加莱亚诺,《爱与战争的日日夜夜》,汪天艾译,百花文艺出版社,2016年,前言部分。——译者注

② 爱德华多·加莱亚诺,《爱与战争的日日夜夜》,目录出版社责任有限公司,布宜诺斯艾利斯,1984年,第一版,第56页。

界限,并赋予他的短篇以个人的和普遍的规则。"个人的"是说所描写的事情和人物跟作者是有联系的;"普遍的"指的是文章包含了每个读者都触碰得到的许多含义,这些含义是个人经验的微观反映,它们被整合成了读者们的经验,他们能在其中发现自己的样子,他们置身其中,成了加莱亚诺描写的生活经历的一分子。

加夫列尔·加西亚·马尔克斯说过我们只将事件保存于记忆之中,除此之外它们是不存在的。加莱亚诺和马尔克斯之间的友谊也是建立在对文学的相同看法上的。1978年为《爱与战争的日日夜夜》出版的年份,当加莱亚诺回忆起在《时代报》编辑部的故事时,他一方面在回忆事实,另一方面根据在卡莱利亚流亡时新的生活情况,加入了一些虚构,对他来说,虽然这个地方意味着巨大的痛苦,却是加泰罗尼亚风景如画的天然大浴场①。重建起来的回忆是用来分享和引起感情共鸣的。个人的变成普遍的。用俄罗斯天才列夫·托尔斯泰的话来说:"去描绘你的村庄吧,那样你就描绘了世界。"加莱亚诺用短篇将这个愿望实现了,在后来的工作中他都没有舍弃。回头看看他的作品,他在当时已经做了一个了结,也已经结束了一个时期。加莱亚诺自己将这本书定义为"一次跟自我记忆的对话"②。这个定义出现在乌拉圭的《这里》周刊上,这是该杂志的首次采访,那时乌拉圭还处于军事独裁时期,尽管力量已经被削弱了。因为加莱亚诺仍被拒签无法回国,所以他不得不一边流亡,一边介绍自己的文学作品。

换个角度看,这也是合理的。他讲述了自己和友人那些年所

---

① 爱德华多·加莱亚诺,《爱与战争的日日夜夜》,目录出版社责任有限公司,布宜诺斯艾利斯,1984年,第一版,第175页。

② 《离开的没有人是英雄,留下来的也并非爱国者》,丹尼尔·卡瓦莱罗对爱德华多·加莱亚诺的采访,载于《这里》周刊,蒙得维的亚,1984年3月27日。

经历的促使肾上腺素大量分泌的情感充沛的经历，并用最真实的语言将它们还原成了文章。他怎能不通过美好的场景来回忆那些在他生命中无比重要、对他产生了很大影响的人呢？他跟这些朋友、记者同甘共苦，为了共同目标团结努力。为了反映别人没有的经历，对在《时代报》的日子的描述也需要结合《危机》月刊新闻工作者的身份、在《左翼》周刊的工作，以及他最近几年的旅途。同样他还得跟所有在新闻行业中陪伴过他的人告别——他们现在已经不在了，过几年他会让他们重生。他跟他的朋友阿罗多·孔蒂道别，将阿莱霍·卡彭铁尔当作他那一代人的文学之父，向他的叙事学老师胡安·卡洛斯·奥内蒂致以同志般的敬意，向阿根廷人西多·莱马、圣地亚哥·科瓦多罗夫、费德里科·博赫留斯，以及巴西朋友埃里克·内波穆塞诺、达西·里贝罗献上最真挚的感情。他真情歌颂他的最后一任妻子埃莱娜·比利亚格拉。同样，他也不会忘记他的前几任，西尔维亚·布兰度和格拉谢拉·贝罗，她们是孩子们的母亲。给他打上烙印的还有对拉普拉塔河的爱，还有他的故乡蒙得维的亚和后来的布宜诺斯艾利斯。这样看来，《爱与战争的日日夜夜》同样是一本杂糅体裁的杂文集。"我认为新闻是文学形式的一种。我不赞同将书籍的神圣化当作文学表达的唯一形式。从事新闻工作可能做不好文学，然而也有一些书根本算不上正式的文学作品。新闻业的紧迫性和紧张感会损害文章的创新，但又会给予它们力量和魅力。难道文学是永恒的，而新闻是瞬间的吗？有些久负盛名的拉丁美洲作家，比方说何塞·马蒂、卡洛斯·基哈诺、鲁道夫·沃尔什，他们最好的作品都出现在他们投身新闻业的时候。"①

　　1978年渐渐被翻篇，加莱亚诺的脑海中开始反复出现一个话题：拉丁美洲。1978年年中，他努力寻求回到这一话题的方法，并且思考他新作的主题应该如何确定，即即将问世的《火的记忆》。就像乌拉圭研究员拉克尔·加西亚在其严谨的研究《历史的重建：爱德华多·加莱亚诺〈火的记忆〉的文学分析》——由乌拉圭国立图书馆编辑出版——中所提到的那样，加莱亚诺"阅读了一首康斯坦丁诺·卡瓦菲斯的诗，最终意识到了可以使美洲不同的、被堵塞的声音得到释放，并且在时间上和空间上都可以像那位希腊人的诗歌所描述的那样"②。卡瓦菲斯的作品将两个明显对立的世界混为一谈，比如说基督教和世俗生活，他所处的时代在大众和个人世界两个方面都趋于没落。他拒绝使用严肃的语言，他认为历史是轮回的，会重复发生。据此，加莱亚诺想象出了他的三部曲，三部曲不是《拉丁美洲被切开的血管》的延续，而是他另一个时期的作品。流亡生活已经在他身上发挥作用，使他脑中形成了新的游戏规则。然而当他着手新时期的巅峰之作时，面对他生活的这个世界，他还有一些别的想法。

　　1979年，跟20年前一样，另一次大胡子革命夺取了政权。它的导师和领导人才去世不久，他叫卡洛斯·丰塞卡·阿马多尔。1979年7月19日，得到了国内许多城市的支持的桑蒂诺国家民族解放阵线（FSLN）结束了持续将近16年的山区游击战，进入马那

---

① 《离开的没有人是英雄，留下来的也并非爱国者》，丹尼尔·卡瓦莱罗对爱德华多·加莱亚诺的采访，载于《这里》周刊，蒙得维的亚，1984年3月27日。

② 拉克尔·加西亚，《历史的重建》，乌拉圭国立图书馆，蒙得维的亚，2008年。

瓜,准备推翻尼加拉瓜索摩查家族的独裁政权。该组织是仿照1961年阿尔及利亚的国家民族解放阵线成立的,还受到1959年菲德尔和切在古巴胜利的影响。到了1963年,他们经历了几次失败,许多运动领袖都被抓了起来。在被释放之后,他们决定重新开始政治斗争,不久之后就成了军事反抗力量。他们决定高举农民领袖奥古斯托·塞萨尔·桑蒂诺(1895—1934)的旗帜,他是国内对抗北美干预政权的斗士。之后他们形成了桑蒂诺阵线,并凭借这一运动最终完全推翻了亲华盛顿的索摩查家族政权。

7月19日之后,加莱亚诺想要了解这场革命最初的情况,以及后来的最新进展。1980年,他前往马那瓜,以近距离地了解革命。跟他一样,他的朋友胡利奥·科塔萨尔也爱上了拉丁美洲革命的新进程。长达20多年的社会政治运动获得了一个充满希望的成果。自1967年切·格瓦拉遭遇暗杀之后,南锥体国家的独裁政权对不同国家人民运动的镇压,以及对智利总统萨尔瓦多·阿连德的暗杀,使得拉丁美洲左翼不停地遭受失败和挫折。尼加拉瓜成了70年代一败涂地的左翼运动的新希望。加莱亚诺去了好几次尼加拉瓜,他的许多文章、评论都涉及尼加拉瓜,内容反映了这个中美洲国家在索摩查家族政权统治下的贫穷景象以及革命在健康、教育、住房和经济方面获取的初期成果。然而南美洲又在发生什么事呢?

虽然流亡之中的所有南美洲人每天不得不为了生存下去而面对残酷的事实,但他们都在远处观察着各自国内发生的政治社会事件。加莱亚诺也不例外,1980年11月30日之后的几天,他跟许多拉丁美洲同胞一起庆祝乌拉圭独裁统治的倒台,并举行了呼吁修正1967年宪法、要求恢复民主机制的公民投票。这是关于军队统治的首个负面信号,也开启了通向自由和选举的时代。

　　乌拉圭的独裁政府进行了一次公民投票,但是失败了。人民由于失去言论自由仿佛变成了哑巴;然而他们开口说话了,他们说了"不"。这几年的沉默是声势浩大的,然而军政府将其错看成了隐忍。他们没料到会有这样的反应。最后他们也只是为了提问而提问,就好像一个厨师让他的母鸡发表意见说想要跟什么酱混在一块被做成盘中餐一样。①

　　1980 年,加莱亚诺写了一部很有意思的文学作品——《灼热的石头》。这是一本儿童故事书,由西班牙人路易斯·德·奥尔纳配插图,获得了西班牙文化部举办的儿童趣味读物奖。这是一本单篇故事书,以隐喻的手法讲述了一个流亡故事,即爱德华多·加莱亚诺的个人情况。一位孤独的老年人住在位于山上的镇子里,他照顾菜园,编织篮子赠送给邻居。假如别人付钱给他,他就变得非常愤怒。一个孩子在树林里找到了一块滚烫的石头,这块石头能使摩擦它的人重焕青春。他就将这块石头送给了老人,但是老人拒绝了,并且告诉这位叫卡拉苏西亚的小孩:"我的牙齿不是自己掉的,是被别人拔掉的。我脸上的这道疤,也不是来自一起事故。还有我的肺……我的腿……我的腿是在我逃出监狱的时候弄断的,那儿的墙非常高,下面都是玻璃碎片。还有你看不到的伤疤。除了我身体上的伤疤之外还有没人看得见的伤疤……然而这些伤疤是我的历史,你明白吗? 是我的身份证件。我照镜子的时候就对自己说:这是我,然而我不感到悲伤。我奋斗了大半辈子。为自由而战是一场永不停止的战役。就像之前的我一样,现在另外的

_____

① 《火的记忆》第三部《风的世纪》,二十一世纪出版社,西班牙,1986 年 11 月。

人在战斗,在远方斗争。我的祖国和我的同胞到现在还没有获得自由。你明白吗?我不想忘却这一切。"①这是加莱亚诺唯一一本少儿读物,是唯一一部专为少年儿童写就的作品。他书中隐喻的生活是他正在经历的,他处在西班牙佛朗哥统治过后的民主开放之中。《灼热的石头》讲述的是一位在西班牙流亡的拉丁美洲人以及一位获得拉丁美洲的政治援助的西班牙人的故事。跟《爱与战争的日日夜夜》一样,这样的隐喻成了加莱亚诺用笔头与读者交流的工具。

　　一年过后,1981年,哥斯达黎加中美洲大学出版社编辑出版了《我们时代的声音》。那时出版社的主编是塞巴斯蒂安·巴克拉诺,他是萨尔瓦多人,是人民组织的一员,他是当时尼加拉瓜副总统塞尔西奥·拉米雷斯和作家曼略·阿格塔的朋友,他在桑蒂诺革命中跟加莱亚诺有了联系。在哥斯达黎加中美洲大学出版社出版的《第七日丛书》中,《我们时代的声音》以接近杂文的形式记录了加莱亚诺对很多问题的思考,包括对作家的生活环境以及在世界上所承担的角色的全面反思。他已经在思考第二年准备出版的一部作品,即《火的记忆》三部曲的第一部。

　　1982年5月,《创世纪》一书出现在了西班牙书店,这是《火的记忆》的第一部,由二十一世纪出版社出版。那时阿根廷和大不列颠为了争夺马岛的所有权而开战,马岛位于加莱亚诺流亡西班牙前待过的最后一个国家的最南端。"当加莱亚诺来到西班牙后,很长一段时间都在酝酿这些事儿,它们之后成了《火的记忆》三部曲。

① 爱德华多·加莱亚诺和路易斯·德·奥尔纳,《灼热的石头》,洛盖斯出版社,1980年,第一版,1993年,第五版,第19页。

这都是出自他对拉丁美洲及其历史的激情。"这是加莱亚诺流亡期间的一位老朋友说的。"《危机》月刊的工作和在美洲的奔波使其没有足够时间坐下来写作。如此看来,流亡助其写成了这部作品,而与此同时,这部作品能够使他如此多的背井离乡之苦得到释放。"他补充道。

《拉丁美洲被切开的血管》在许多方面都跟《火的记忆》有相似之处。两部作品都以加莱亚诺的激情拉丁美洲作为原材料。不论是政治历史、地理文化、原始部落,还是五个世纪以来移民和文化植入所形成的混杂文化,它们都出现在了加莱亚诺的两部作品里。《拉丁美洲被切开的血管》一书是第一部出自从事新闻工作的加莱亚诺之手的作品,它有严谨的数据,通过构建令人信服的故事来反映真实。这是一本纯粹的揭露事实的书,同时也是作者对文学类型和规则的一种叛逆。他一直强调新闻是文学类型的一种,是文学的一个子类别,是文学其他形式的变体。《拉丁美洲被切开的血管》一书和《火的记忆》的第一卷的出版相隔了 11 年。

"《火的记忆》三部曲就像《爱与战争的日日夜夜》,然而是美洲的日日夜夜,这是一次与美洲记忆的对话,我同她进行对话,就好像她是一个人。"1984 年,加莱亚诺坦言。他承认这是《拉丁美洲被切开的血管》的延续,"是大规模的延续。这是对美洲鲜活记忆的一次尝试性拯救,尤其是对拉丁美洲的各个维度——气味、颜色和苦痛……希望读者在字里行间感受到不断上演的历史。希望历史脱离博物馆,同我们共呼吸;希望过去成为现实。拉丁美洲不仅仅遭受了黄金、白银、橡胶、铜矿和石油的掠夺,还被剥夺了记忆。他们绑架了它的记忆,使它不知道自己从哪儿来,也不能查明自己将要到哪里去"①。

对加莱亚诺三部曲的分析,研究员拉克尔·加西亚没有从他的意识形态背景入手,而是从对他的新闻工作、历史描写以及小说资源的叙述性和审美结构着手的。加西亚将智利诗人巴勃罗·聂鲁达写于 1950 年的长诗《漫歌集》作为加莱亚诺作品的背景,作为体现拉丁美洲历史的概念和内涵的一部作品。因此,她将这个三部曲定位在了"历史编纂学和诗学之间,虚构和非虚构之间",反映了作者对文学规则的破坏和违反。"从 70 年代开始作者看到在自己的信念和意识形态中最重要的不确定性得到了证实,同时他又调好了用来创作诗歌的乐器的音准。新闻工作者和政治分析师的文章就一步步靠近了诗歌。"定居德国的研究员说道。

然而加莱亚诺又是如何完成这样一部充满雄心壮志的作品的呢? 如果说《拉丁美洲被切开的血管》一书需要花上 4 年的学习时间和 90 个夜晚一气呵成的写作的话,可以说《火的记忆》是《拉丁美洲被切开的血管》这口气的加长版,它涉及了后者中提及的好多经历,然而还得加上 8 年流亡期间的调查研究,其间他参观了欧洲十几所图书馆,竭尽全力进行阅读,只不过这次的调查不是必须要靠硬数据来支撑。相反,为写《拉丁美洲被切开的血管》一书,加莱亚诺曾深入分析成堆的反映"严肃"历史及政治经济状况的书,而在《火的记忆》的创作上,他采用另一种语言,这是一种总结性的充满活力的语言。跟《爱与战争的日日夜夜》一样,这意味着寻找一种事实、一个人来总结一种剥削、贫穷、压迫、奢华或者不公正的概念,揭示这样的普遍性,并将其置于具体的例子当中。它用一种最

---

① 《离开的没有人是英雄,留下来的也并非爱国者》,丹尼尔·卡瓦莱罗对爱德华多·加莱亚诺的采访,载于《这里》周刊,蒙得维的亚,1984 年 3 月 27 日。

合适的隐喻来反映具体事件，不论是愉快的还是痛苦的事件。

这一切来自 8 年的阅读和写作经验，因此，在工作的最后阶段，他对他的西班牙编辑满意地说道："写这部作品，双手都感到愉悦。"直到那时，他才对胡安·卡洛斯·奥内蒂说过的话感同身受。"我们可以用机器进行写作，然而那些真正重要的事情是手写的，因为可以感受到情感的传递。手中的自动铅笔是人的延续，因为在一个念头出现的时候，在一次纯真的感情出现的时候，那儿也会产生同样的感动。"2004 年，加莱亚诺在蒙得维的亚的一次电视采访中强调说。三部曲的第一部，即《创世纪》，写到拉丁美洲的诞生来自白人的发现和强占。

1984 年年初，阿根廷有了一个民主政府，其总统为劳尔·阿方辛，他是激进公民联盟（UCR）的第一位候选人，在自由竞选中战胜了庇隆主义的一位候选人。当然，庇隆本人也亲眼见证了自 1946 年起到那时为止国内举办的所有选举活动。1974 年 7 月 1 日，随着他的去世，照其模式建立起来的运动开始分崩离析。1983 年 10 月 30 日的选举活动中，庇隆主义靠着候选人伊塔洛·卢德尔以及作为体制同伴的工会领导提出的大赦的建议，获得了非常乐观的结果。7 年的独裁罪恶将在正义到来时被一点点细数。之前与工会的协定被阿方辛在大选中废止，对他来说，这意味着在当时那个需要被安抚的社会中他会得到大量选票支持。作为 1970 年倒台的最后一个地区性民主政权，阿根廷是第一个重新举起正义大旗的国家。1983 年 12 月 11 日，即当选总统后的第二天，阿方辛签署了第一条法令，号召国家失踪人口委员会（CONADEP）一致同意对国内违反人权的案件进行沉冤昭雪。埃内斯托·萨瓦托是第一个签名的，他是加莱亚诺《危机》月刊时期的老相识了。

那些失踪的人,比如阿罗多·孔蒂、鲁道夫·沃尔什、弗朗西斯科·乌龙多和雷蒙多·格莱塞尔,会得到公正的对待吗? 在集体选举出新政府之后,胡安·赫尔曼、米格尔·博纳索、比森特·西多·莱马、菲科·博赫留斯和爱德华多·路易斯·杜阿尔德将会有什么期待呢? 在西班牙流亡的人一方面以期待的眼光遥望着阿根廷,另一方面遥望着其周边国家,等待他们祖国的反应。"乌拉圭呢?""智利呢?""巴西呢?"

1984 年 1 月出版的《火的记忆》第二部的首个西班牙语版本,书名是《面孔与面具》。跟第一部的意图一样,加莱亚诺"进行了一个挑战,想让其读者心系美洲的历史和未来,不是通过教学的态度来学习,而是以一次美学经历来体会",拉克尔·加西亚在她《历史的重建:爱德华多·加莱亚诺〈火的记忆〉的文学分析》一书中说道。

她继续补充道:"在《火的记忆》中,简短的章节是一栋房子的窗户,作者通过阅读来搭建这幢房子;有多少位读者,这栋房子里面就有多少个样子。窗户在打开的时候可以用来窥探里面的情形。这大致上是作者的意图:帮助读者来观察。让读者通过三部曲提供的历史视窗来发现过去是如何生成了现在,就好像过去的时间现在还在流淌着一样。"[1]

阿根廷和乌拉圭的独裁统治遭到了国务院的反戈一击。国务院取消他们用来购置武器的贷款,而武器是军队最喜欢的甜食。有时候,国家的统治会出现缝隙,这个时候民主就想方设法渗透进

---

[1] 爱德华多·加莱亚诺,《关于记忆和火的笔记》,"成为他们" 以及其他章节,二十一世纪出版社,阿根廷,1992 年。

来了,乌拉圭也是一样,尤其是在 1980 年公民大选失败之后。

　　流亡生活教会了我谦逊和耐心。我认为流亡是一种挑战。刚开始的时候它是一种苦行,来自无能或者失败,这时候就需要谦逊和耐心来将它转化成创造力,使它成为斗争的前线。那时,人们会向前看并且发现乡愁是美好的,这是对祖国的牵挂,意味着一个人不是凭空出生的,然而,希望是更美好的。这个过程一点都不容易……我运气比较好。我可以一直做自己的事情,并且我从没放弃写作,仿佛否定了马丁·菲耶罗说过的话:换了情人的母牛下犊晚。流亡生活使我明白了一个人的身份不源于身处何处,也不在于有多少证件这个道理:不论我生活在哪里,我都是彻头彻尾的乌拉圭人,哪怕他们撤销了我的护照。在这 10 年里——马上就要变成 11 年了,我只是掉了头发而已:我的感情深化了,我的创造力和爱情升华了,面对不公平时我的愤怒程度也翻倍了。[①]

独裁政府的公民投票失败后,政府重整旗鼓来组织各个党派进行初选。然而只给予了民族党、红党和右翼的公民联盟党参加竞选的机会。广泛阵线作为乌拉圭大部分党派的孩子以及左翼的代表,被拒绝参选。广泛阵线同样也是加莱亚诺的孩子,他 14 岁的时候开始在社会党活动,晚上在城市四处张贴他们的宣传口号;那些天,他离开了考迪罗领袖埃米利奥·弗鲁戈尼,穿过小道,去

---

① 《离开的没有人是英雄,留下来的也并非爱国者》,丹尼尔·卡瓦莱罗对爱德华多·加莱亚诺的采访,载于《这里》周刊,蒙得维的亚,1984 年 3 月 27 日。(译文参考了《爱与战争的日日夜夜》,爱德华多·加莱亚诺著,汪天艾译,百花文艺出版社,2016 年,第 356—357 页。——译者注)

支持比维安·特里亚斯提出的国家人民原则,后者提出了关于组建左翼前线的建议。从《太阳》周报的漫画到《前进》周刊的最初评论,一直到1971年2月他参加广泛阵线的成立仪式并开始广泛阵线的竞选计划,它一直以来都是他的孩子。事实上在那些不公平的初选中,因为三个党派的内部不和获得了胜利,所以国家的选举需要再次进行商议。1983年5月,军队开始和政治党派进行谈判,1983年8月25日,这是乌拉圭独立标志日,蒙得维的亚街道上进行着锣鼓喧天的游行,仅仅在此之后,协议才开始实施。一年之后,即1984年8月3日,红党、公民联盟和广泛阵线——民族党没有接受谈判的条件——之间达成了协议,这就是海军俱乐部协议,根据此协议,选举活动将于那年11月25日开展。该协议的其中一项条款就是利韦尔·塞雷尼将军不能代表广泛阵线成为候选人。代替他的是胡安·何塞·克罗托希尼以及工会主义者何塞·德利娅。胜出者为红党的胡利奥·玛利亚·桑吉内蒂。在那些选举活动中,加莱亚诺没有投票,因为那时他还在西班牙。此外,他还未从一次病痛中恢复过来,这病伴随了他好长时间。

1984年10月9日,加莱亚诺遭受了首次心肌梗死。那时,刚刚到达波多黎各的他参加了一次文学大会,其间,他的状况极为糟糕,在凌晨时分,埃莱娜不得不将他转移到巴塞罗那。他住进了市医院的冠心病科。他很紧张,很可能他觉得那是他和死亡的第三次面对面。埃莱娜将这段经历归结为旅途的压力。"从刚过去的6月份开始,他的家就是行李箱。"她对《国家报》说道。① 尽管如此,《火的记忆》三部曲一直困扰着他,他向埃莱娜要来了第三部的文

---

① 《爱德华多·加莱亚诺从上周二的心肌梗死中康复》,载于《国家报》,1984年10月14日,星期日。网址:http://elpais.com/diario/1984/10/14/cultura/466556407_850215.html。

章,继续进行修改。他的下一部,第三部曲,跟他计划的一样,将在蒙得维的亚正式出版,那时他将结束流亡生涯回国。

从某种意义上来说,返回祖国、返回他自己的城市也成了一次煎熬。霍安·曼努埃尔·塞拉特留在了这儿,他从塞拉特的故事《夜晚》中汲取灵感,写了一首名为《神秘女人》的歌。同样,也留下了不愿再回去的老师:想在马德里长待的作家胡安·卡洛斯·奥内蒂,这是在流亡之初加莱亚诺栖息过的"洞穴"之一。留下来的还有许多朋友,他们跟他一样在70年代开始了流亡的日子,然而,他们还未通过合法的渠道重新开启被中断的道路。还有那些在西班牙港口城市的9年流亡生涯中和埃莱娜一块儿结交的加泰罗尼亚和欧洲的新朋友。1985年3月1日,胡利奥·桑吉内蒂上台,民主回归了,这意味着《拉丁美洲被切开的血管》的作者的一只脚已经踏上了自己的国土。他的手也做好了准备,将重新和他的文字朋友一起回家。

第十二章

流亡回归

独裁的残留和过渡阶段（1984—1995）

南锥体的那些独裁者下台之后，加莱亚诺回到了他心爱的城市。他一开始非常小心，几乎是偷偷摸摸地来看看在应许之地，在布宜诺斯艾利斯和蒙得维的亚这两个地方，那些曾经患难与共的日子留下了些什么。应该用什么样的眼光来看待这片被独裁肆虐过的土地呢？

那时我刚到。我已经有 8 年没有踏上布宜诺斯艾利斯的土地了。没有人知道。只有那天早上陪伴我的朋友知道。我们去寻找当时我常去的咖啡馆，叫拉莫斯咖啡馆，然而我们没有找到，或者说，我们找对了地方，但是找不到那家店。之后我们去了我在蒙得维的亚街住过的房子，我只想在街上远远地看看它。我自己进行了一次秘密的庆祝，我朋友问我挂在我房间床头的那幅画的下落,那是一幅港口风景画,画的是蒙得维的亚的到达港,而不是出发港;我告诉他我不知道那幅画最终去哪儿了,也许跟其他物件一样不见了,我告诉他我也不知道画家埃米利奥的生活变得怎么样了,埃米利奥跟我亲如兄弟。在那儿谈论埃米利奥的时候,我转过身,看到了他:埃米利奥朝我们慢慢走来,好像我们招呼了他一样,他朝我们走来,就在那一刻,朝这座大城市成千上万的街角中的一个走了过去。我告诉自己:我回来了,我未曾离开。[1]

1985 年年初,他回到了蒙得维的亚。这是时间和流亡造就的另一个加莱亚诺。45 岁左右的加莱亚诺不仅经历了新闻行业跌宕起伏的日子,也经历了作为一个作家的那种舒适又充实的平静生活。他再一次回到了红党政府统治下的新乌拉圭,他决定留下来寻找自 1973 年以来的那些支离破碎的回忆,并在新时期重新组装它们。

他住在距离拉普拉塔河入海口几个街区的马尔宾街道附近的达尔米罗·科斯塔大街。达尔米罗·科斯塔得名自蒙得维的亚一位自学成才的钢琴家,他跟加莱亚诺一样,在自己的城市和布宜诺斯艾利斯之间颠沛流离。

科斯塔属于 20 世纪乌拉圭第一代音乐人,也是非常重要的钢琴家和作曲家。他 1836 年在蒙得维的亚出生,跟两位阿根廷朋友雷米西奥·纳瓦罗和罗克·里韦罗学习了基本乐理知识后,以此为基础,开始自学。纳瓦罗是一位黑人,他不仅会弹钢琴,而且还

---

[1] 爱德华多·加莱亚诺,《返程之窗》,载于《布宜诺斯艾利斯记者》,第 1 期,1984 年 9 月 15 日,封面内页。

是阿根廷剧院交响乐队的指挥，1830 年到 1836 年这段时间是他作曲的巅峰时期，也正值胡安·曼努埃尔·德·罗萨斯政府的统治时期。他在往返于布宜诺斯艾利斯和蒙得维的亚两地的时候结识了科斯塔，他们在布宜诺斯艾利斯度过了一段时光。罗克·里韦罗也属于他们这个年代，他是罗萨斯城首批将钢琴演奏融入社会活动来增添气氛的钢琴家之一。科斯塔于 1901 年去世，他留下了一些曲子，如《女罪人》，讲述的是 19 世纪拉普拉塔河流域的城市的保守环境与城市中女人对自由和情感的表达的对比。面对一个如此大胆的钢琴家，加莱亚诺投以微笑，住在这座城市中靠海的这条街上也是他心之所向。

在蒙得维的亚刚一落脚，他就去寻找自己的记忆了，即他的朋友、他的街区、他的同事。70 年代的动荡将大家按不同的政治和新闻从业经历打散到了不同的地方，然而每个人都会记得曾经在那里学习过、开心过的那栋房子，也就是卡洛斯·基哈诺的《前进》周刊所在地。

1974 年 11 月 22 日，当胡安·玛丽亚·博达贝里总统的公民军事独裁统治决定永久关停《前进》周刊的时候，基哈诺却留在了蒙得维的亚。"《前进》周刊已经不存在了，然而基哈诺坚持留了下来，仿佛为它守灵一般。他每天都会去编辑部，坐在那儿一直等到太阳下山，他是空无一人的城堡中忠实的幽灵：他还会打开寄来的为数不多的信件，还会接听错打进来的电话。"[1]一年后，即 1975 年 11 月，他开始流亡于墨西哥，据说奇迹般地活了下来。在新的寄宿城市，他受聘于一所大学，想要重拾《前进》周刊的工作。从 1979

---

[1] 爱德华多·加莱亚诺，《爱与战争的日日夜夜》，目录出版社责任有限公司，布宜诺斯艾利斯，1984 年，第 200 页。

年开始,他编辑了 1967 年到 1974 年的大事记,它跟《前进》周刊相比,对历史的反思更为深刻,它直面政治生活和拉丁美洲文化的境遇。1984 年 6 月 10 日,他在墨西哥去世,在流亡生活中去世。

> 为了对抗遗忘这个真正意义上的死亡,卡洛斯·基哈诺书写了所有能够写下的一切。这个爱嘟哝的、好斗的老者,20世纪初生于蒙得维的亚,死于异国他乡,那时乌拉圭国内的独裁统治已经摇摇欲坠了。去世的时候他还有好多工作,他正准备在墨西哥发行《前进》周刊。基哈诺欢迎矛盾的事物。对别人来说越是异端的事物,对他而言就越是生命的迹象。他反对帝国主义,认为这是对民族、对人民大众的羞辱,他说拉丁美洲需要创造一个符合社会主义先知们所期待的社会主义社会。①

1985 年,人们陆续回到了这片在 70 年代一起待过的土地。在这次行动中,跟加莱亚诺一块儿的还有文娱记者和电影评论家乌戈·阿尔法罗,他是老基哈诺的得力助手,《前进》周刊的行政人员;还有编辑部的标志性人物,马里奥·贝内德蒂;以及卡洛斯·玛丽亚·古铁雷斯,他是政治记者;卡洛斯·努涅斯,他跟基哈诺非常不合;奥斯卡·布鲁斯切拉、罗萨尔瓦·奥桑达巴拉特、玛丽娅·埃斯特尔·吉利奥、埃内斯托·冈萨雷斯·贝尔梅霍、阿尔弗雷多·西达罗萨、丹尼尔·比格列蒂和吉列尔莫·冈萨雷斯等。这些名字汇聚于林孔大街的老编辑部中,它位于老城区的中心地

---

① 爱德华多·加莱亚诺,《火的记忆》,二十一世纪出版社,新版,布宜诺斯艾利斯,1990 年,第244 页。

带。而新地址位于乌拉圭大道,距老城区的旧址只有几个街区,新杂志定名为《缺口》。一切都已准备就绪,1985 年 10 月 11 日星期五,新周刊的第 1 期出版了,出于对基哈诺的怀念,老朋友们都重新聚到了一起。一年前,作为所有人的新闻之父,他去世了,也带走了具有传奇色彩的《前进》周刊。

《缺口》周刊也采用了《前进》周刊的批评性基调,当时是民主的新时代,因此还得加上饱受 12 年零 10 个月的独裁统治所带来的创伤之后的乌拉圭的新气象。这俨然是另一个世界。这也是另一个加莱亚诺。他没有放弃对世界各个角落的犀利观察,他已经不再从事编辑的工作了,也不用每天给报纸分包,也没有关于首页排版的压力。他将精力集中在了文学上,一边写书,一边周游拉丁美洲。他是《缺口》周刊编辑部的顾问,并且给这本周刊的前几期撰写了几篇简讯。他也去编辑部,然而没有一个固定的办公室。他仍在集中精力写作《火的记忆》的第三部,并称之为《风的世纪》,计划于 1986 年出版。

《缺口》周刊第 1 期的封面呼吁道:"正义,什么时候到来?"这时,民主政府已经上台近 8 个月之久,却对失踪的人群,对在 12 年独裁统治下受尽折磨、被迫流亡、惨遭杀害的人群只字不提。比较突出的封面语还有"胡利奥·卡斯特罗:被寻找的人",他是军政府时期的另一个受害者。卡斯特罗曾经是老师、记者,并且从 1950 年开始是老《前进》周刊的责任编辑。这次他的名字在《缺口》周刊中的出现远不止一次呼吁、一次致敬那么简单。这是编辑部发展方向的一次通告,意味着这些后继者想要推出这样一份崭新的出版物。

拥有这些流亡记者且开始呼吸自由空气的《缺口》周刊在乌拉圭传媒行业的出现意味着希望。很难不将其跟《前进》周刊相联系。然而不论是从政治角度，还是从社会文化角度来看，时代已经不同了。新的平面媒体、广播电台，以及电视传媒在民主来临伊始给 80 年代定下了基调。之前在布宜诺斯艾利斯，《前进》周刊的读者数目不断增长，但这一情况在《缺口》周刊上并没有重演。同样，当时《前进》周刊上关于阿根廷的消息占据的版面比《缺口》周刊对拉普拉塔河彼岸的报道要多得多，其重要性也要大许多。时代已经变了，那个加莱亚诺在 1960 年说要回去的大城市布宜诺斯艾利斯，在蒙得维的亚的日常生活中已经不如在六七十年代时重要了。文化政治的范式也已经改变了，人们的眼光聚焦于在竞争不断升级的世界中，乌拉圭将如何从独裁中走出来。

整个南锥体以及中美洲的民主进程还在继续。1979 年，古巴大革命之后，尼加拉瓜的桑蒂诺主义也通过类似的方式夺取了政权。左翼热情支持并且关注着事态的发展。到 1984 年 2 月时，胡利奥·科塔萨尔已经去世了，没了他，只剩爱德华多·加莱亚诺来维持新尼加拉瓜的希望。他在《缺口》周刊发表的首篇报道名为《尼加拉瓜的孩子们，死亡的首度失败》。在这篇报道中，他对国内桑蒂诺主义政府的重建情况做了报道，其中两个专栏尤其强调婴幼儿相关的社会工作。尼加拉瓜在之后的许多年都是加莱亚诺新的北方阵地，就像之前的古巴一样。他跟作家兼副总统塞尔西奥·拉米雷斯的友谊，跟文化部部长埃内斯托·卡德纳尔的许多谈论文学的信件往来，以及跟内务部部长托马斯·博尔赫的见面，都巩固了他与新革命运动的联系。

然而，并非只在蒙得维的亚发生了《缺口》周刊这样的回归事件——《缺口》周刊为在《前进》周刊工作过的人提供了帮助。在布宜诺斯艾利斯,在已经由劳尔·阿方辛政府领导了两年的民主政府的统治下,梦想也归来了。费德里科·博赫留斯,这位《危机》月刊的保护人结束伦敦的流亡生活回国了,他于 1977 年被独裁政府的走狗绑架、处刑,在 1980 年又被逮捕,到最近才得以沉冤昭雪。对他的指控主要集中于他的出版社以及加莱亚诺带领下的《危机》月刊;他们还尝试进一步剥夺他的经济权利。

1977 年 9 月 29 日下午四点,在圣路易斯和布隆涅叙尔梅尔两条大街的街角,博赫留斯被一队特务绑架。5 天之后,他逃了出来,然而又重新被捕,直到 1980 年才得以逃出来,最后定居伦敦。

> 6 年前的一个中午,我在巴塞罗那北方的卡莱利亚的家里接到了一个电话。我听到了一位幸存者的声音。菲科·博赫留斯从伦敦机场给我打电话。他刚从布宜诺斯艾利斯来到伦敦,是从监狱里逃出来的。他跟我说:"你快来吧,我们有很多话要说。我想让你知道,我一点也不后悔。"在伦敦我陪他去看牙医。电击棍把他的上排牙齿电松了。我们一块儿去喝酒。他用糟糕的方式,一点点给我讲述。菲科遭到了绑架、抢劫、严刑拷打以及监禁。他们指控他创办并且资助《危机》月刊。"我一点也不后悔,"他对我说,"哪怕我们现在通过时光隧道回到 1973 年,我还是会这么做的。一点点开始,一天天继续。"①

1985 年回到布宜诺斯艾利斯后,博赫留斯重新开始了 1973 年的项目。这位企业家和爱德华多·加莱亚诺、比森特·西多·莱

---

① 爱德华多·加莱亚诺,《菲科》,载于《危机》月刊,第 42 期,1986 年 5 月,第 3 页。

马一起开启了《危机》月刊的第二个阶段。为了延续最初那份轰动拉丁美洲和全世界的月刊,重启后的第 1 期被定为第 41 期,1976 年 8 月第一个阶段最后一期为第 40 期。1986 年 4 月是新的开端,杂志编辑部坐落在了陆军上将胡安·多明戈·庇隆大街 2234 号,之前,这条街叫坎加略大街。博赫留斯为执行总裁,比森特·西多·莱马为杂志主编,加莱亚诺和新加入的奥斯瓦尔多·索里亚诺一起担任出版顾问。刚开始由卡洛斯·玛丽亚·多明格斯担任编辑,新加入的记者有诗人豪尔赫·博卡内拉和克劳迪娅·帕斯金尼;其余的均为撰稿人。那些仍流亡在外的记者和作家受加莱亚诺的委托还是继续担任通讯员。米格尔·博纳索为墨西哥的通讯员,埃里克·内波穆塞诺为巴西的通讯员,奥斯瓦尔多·巴耶尔为德国的通讯员,鲁道夫·特拉格诺负责伦敦,托马斯·埃洛伊·马丁内斯负责华盛顿,等等。

　　第 41 期的第二页在人员名单以及本期概要之外,还刊登了一则简讯,题为《那些缺席的作者》:

　　　　没人会忘记,十年前,整个阿根廷进入了国家恐怖主义时期。在国家最大的一次屠杀行动中,工人、学生、艺术家和作家死亡的死亡,失踪的失踪。许多人不得不踏上流亡的生活。死亡的人以及失踪的人中有弗朗西斯科·乌龙多、鲁道夫·沃尔什、阿罗多·孔蒂、罗伯托·桑托罗、米格尔·安赫尔·布斯托斯、雷蒙多·格莱塞尔,他们是《危机》月刊最亲密的朋友,今天再次提到他们,表示月刊从未将他们忘记。[①]

[①]　《那些缺席的作者》,载于《危机》月刊,第 41 期,1986 年 4 月,第 2 页。

《危机中的理念、艺术和文学》是埃内斯托·萨瓦托最初给杂志起的名字;这个名字的商标,加上爱德华多·加莱亚诺、西多·莱马以及博赫留斯,这些是杂志新阶段仅有的保留下来的东西。读者对于《危机》月刊最纯粹的印象就是它的名字,以及加莱亚诺的名字。然而加莱亚诺本人却跟第二个阶段的杂志保持了一个遥远的距离。"我和它已经有了联系……我们说这是一种边缘联系,那时的杂志是由比森特(西多·莱马)和奥斯瓦尔多·索里亚诺领导的。当时,我对出版《火的记忆》三部曲非常上心,它耗尽了我的能量。我在杂志社第二个阶段做的事情是有点边缘化的,我偶尔去开开会,仅此而已。"①加莱亚诺的立场并没有被理解,因为在第41期出来后没多久,博赫留斯由于罹患癌症,在布宜诺斯艾利斯去世了。

"距《危机》月刊复刊还有几个月的时候,医生就给菲科判了死刑。癌细胞已经扩散至全身。他很可能活不过10月份,最晚不会活过11月份。然而,在我们最爱的《危机》月刊出来之前,他拒绝接受这份死亡宣判。他忍了下来,没有一句抱怨。随后发生的事情科学无法解释,极具魔幻现实主义特征:别人称为灵魂的神秘的肺给予了菲科足够的氧气,使他能够支撑到那天,直到杂志出现在街头,他才接受了死亡。因此对他来说,这不是一次灰暗的葬礼,而是一次诞生庆典,是一次重生的庆祝,他使这次重生成为可能,这次重生也使他继续活在这个世界上。"②在新《危机》月刊的第2期中,加莱亚诺这样向他的朋友道别。在被独裁者所杀害的朋友名单中,他榜上有名,因为就算当时已处在民主政权下,他也是因

---

① 笔者对爱德华多·加莱亚诺的采访,蒙得维的亚,1992年12月。

② 爱德华多·加莱亚诺,《菲科》,载于《危机》月刊,第42期,1986年5月,第3页。

独裁迫害的长远影响而死去的。

　　之后，杂志社不断产生冲突和分歧，这是显而易见的，然而杂志社在那个时期的许多采访中都予以了否认。在1986年8月那期之前，加莱亚诺和索里亚诺一直都是编辑部的顾问，之后他们开始担任特殊撰稿人，一直持续到1987年4月第53期的闭刊为止。在那个时期西多·莱马带领下的《危机》月刊上，加莱亚诺发表了一些报道。

　　尽管如此，加莱亚诺最担心的还是《火的记忆》三部曲最后一部的出版工作，这是一本关于20世纪的书。46岁的他俨然成了另外一位作者，他对文学不再害怕，也不再怀有偏见，他仅将其看作一种交流的形式。"这不是文学选集，"关于第三本书他说道，"而是一种文学创作，它基于史料，但它是完全自由的。作者不会去管这本书该属于哪种体裁：记叙文、杂文、史诗、编年体、报告文学……有可能具有上述所有体裁的特点，也有可能不属于任何一种。作者只负责讲述发生的事情，讲述美洲的历史，尤其是拉丁美洲的历史；他甚至想要通过这样的方式使读者感受到，随着作者的讲述，发生了的事情会再次发生。"[1]

　　1986年11月，《风的世纪》终于出现在了各个书店，这是《火的记忆》的第三部，这是一本关于历史事件的，涉及不同地区、不同时间和图像的，一点都不像百科全书的百科全书。这部作品的出版意味着他结束了其生命历程中始于《拉丁美洲被切开的血管》的一个阶段，他从一个记者、一个纪实者，变成了一个叙述者、一个文学

---

① 爱德华多·加莱亚诺，《火的记忆》第三部《风的世纪》，二十一世纪出版社，布宜诺斯艾利斯，第9版，1990年11月，第14页。

家。面对有关新闻和文学之间的关系的讨论,有多少种立场就有多少种论证来针锋相对。对加莱亚诺来说,新闻的任务在于不去虚构,依靠数据和真实不带偏见地叙述事情的发展,因为他觉得如何给他的工作进行分类并不重要,也不需要给其结果粘贴上标签并放入储藏箱。可以确定的是《火的记忆》可以被当作一部完全公开的、利用事实和历史数据以虚构的方式写成的作品。这样做并未催生一个索然无味、没有目的的混合体。1973 年,在谈及创办《危机》月刊的计划时,加莱亚诺是这样描述它的轨迹的:"我们不去做一本与世无争的杂志,我们未曾相信,现在也不相信有什么精神能够解决世间的所有矛盾。"①从在《前进》周刊初期写的报道到今天的文字,他所有的作品反映了一箩筐的责任,是对社会现实一次次具体的揭示。然而在《火的记忆》这三本书中,加莱亚诺宣布了他对文学、新闻行业的条条框框的一种解放。他不仅宣布了这种反叛,也将其反映在了三本书的每个短篇中。另外,他使用的叙述风格具有浓浓的口述体风格,从伊韦尔·孔特里斯在《前进》周刊发表的评论中,就可以发现孔特里斯已经在加莱亚诺 20 多岁写就的《即将来临的日子》这本小说的语句中窥见了这种风格。② 这种口述体是他采用的第一种技巧,得益于年轻时跟同龄人在蒙得维的亚咖啡馆里的无数个夜晚的聚会。组织这些观念,使其以口头的形式表达出来,然而这种具体的口述体作为演讲形式的一种,如果结合手势将其体现出来的话,也有着强大的力量。因此,《火的记忆》是一部精心雕琢的总结性作品,它是加莱亚诺决定放弃编辑部的工作、成为作家的一种宣告,即一部脱胎于新闻业的作品。

---

① 爱德华多·加莱亚诺,《就这样过了十年》,载于《危机》月刊,第 41 期,1986 年,第 3 页。
② 伊韦尔·孔特里斯,《死亡的荒谬迫害》,载于《前进》周刊,第 1171 期,1963 年 8 月 30 日。

　　自流亡归来踏上蒙得维的亚的土地之后,加莱亚诺就和他的第三任太太一块儿居住,她叫埃莱娜·比利亚格拉,他们一块儿住在马尔宾区。以那里为基地,他每天都走遍城市的大街小巷,还会周游世界。他每天的生活都是有益身心健康的。从家里出来后,往下走 8 个街区来到老城区,8 个街区尽头就是沙滩。中途他会停一停,跟一些朋友打打招呼,之后来到巴西人咖啡馆,该咖啡馆由于作家的出现而有了传奇色彩。陪他出来的还有他的狗。起初是一条叫佩帕·卢彭的狗,在它过世之后的他生命的最后几年里,陪他出来的叫摩根·加莱亚诺,这是另一位陪他长途跋涉的伙伴。他经常坦言:"我慢慢地陷入思考,然后再重新出来。"在散步中,他随身带着一个小本子,用来记录散步仪式中的词汇和句子,这绝对是另外一种产生观点的方式:将图像、感受和词汇相结合。

　　蒙得维的亚老城区的巴西人咖啡馆是加莱亚诺经常去的一个庇护所,这也是他在城市中散步的目的地。流亡回来后他就一直来这儿,这也成了他的社交办公室以及和不同的人、不同的香味、不同的口味、不同的颜色的相遇之地。在巴西人咖啡馆,加莱亚诺甚至在菜单上拥有了自己的咖啡。"加莱亚诺咖啡"由咖啡、奶油、牛奶糖和阿玛雷托利口酒兑成,售价为 85 个乌拉圭比索,约等于 4 美金。

　　在蒙得维的亚,加莱亚诺所做的不限于散步和喝咖啡;足球在他心中有着独特的地位。年轻的时候,他就在床头贴了一张国家足球队 11 人的照片。"他非常热爱足球,当球队踢得不好时他会生气",他的朋友兼记者安赫尔·罗科说道,在 60 年代他们俩都是《时代报》和《前进》周刊的编辑。罗科和他的这位朋友一样也有着对国旗上三色的激情:红色、白色、天蓝色。"不久前我们还会经常去绿茵场，"他说，"但是他现在的健康状况不允许他像以前那么做了，他必须得注意。很多时候他不得不做出改变，在电视上看球赛。要么我去他家看，要么他来我家看。他经常生气。2014年巴西世界杯期间，乌拉圭国家队的比赛是我们一起在他家看的。"作为民族足球俱乐部的铁杆粉丝，他十分厌恶民族足球俱乐部的宿敌佩尼亚罗尔竞技俱乐部。因此面对队伍成绩的起伏，他要么享受，要么忍受。民族足球俱乐部的成绩有时会触碰他的底线。"几年前，也就是2010年南非世界杯之前不久，佩尼亚罗尔竞技俱乐部和防卫者体育俱乐部在南美解放碑的分级赛上进行了一次残酷的比赛。我和爱德华多决定去球场看……并且准备给防卫者体育俱乐部加油。由于运气不好，在入场的时候我们迷路了，结果我们坐到了佩尼亚罗尔竞技俱乐部半场去了。整场比赛我们都安静地坐着，咬着牙，很郁闷，因为不能给防卫者体育俱乐部加油呐喊。"罗科说道。

1986年12月，胡利奥·玛利亚·桑吉内蒂政府颁布了一条名为《国家惩罚性剥夺到期规定》的法令，其中规定，对1973年6月27日到1985年3月1日所犯下的罪行进行赦免，宣布那些违反人权的军队无罪，他们即是那些绑架、用刑、杀人事件，以及失踪案、暴力案和抢劫案的罪魁祸首。

人权组织和左翼的党派开始了一次联名上书运动，他们发动了乌拉圭全国公民的力量来废除这条法令。这次运动开始于1987年至1989年间，主要由国家支持全民投票委员会来操办，作为国内的带头人，爱德华多·加莱亚诺写了一篇长文来捍卫表示赞成的绿色票,这篇文章发表在了国际媒体上。①

　　这条赦免法令同样是恐怖的产物。当军队以取缔民主的合法性相威胁时,国会的大部分人居然就心甘情愿地交出它。现在的国防部部长正沾沾自喜,只因为他禁止人民公开发表反对某些侵犯人权的官员的正义言论。"我将他们锁在保险柜里了。"梅迪娜将军说道。军方施压并不是解决问题的方式,作为独裁该死的残余,它应成为命运的裁决。许多国会议员突然忘记了自己正义的许诺,民事当局表露出了低下的处事能力,荒谬地肯定了军队关于政客的糟糕的意见。现在,当公民通过了这条下作的法令时,政府给出了对民主之治丝毫不抱希望的新证据:"民主之后,是什么呢?"政府的人这么说,或者说,是他们使得军队没有了章法。

　　我的认知让我无法理解为什么生于德国的战犯会受到惩罚,而生于乌拉圭的战犯会获得升迁。

　　我的认知告诉我在公正面前人人平等。军队里的人应同我们邻里乡亲的孩子们一样。拥有军装并不意味着任何人有用刑、施暴、绑架,甚至杀害他人的权利。

　　赦免法的颁布并不意味着历史原谅这些独裁统治的刽子手,而是仅仅宣布他们不能被涉及。军队置身于善恶评价之外了。这条法令跟赦免那些恐怖时期末期的政治犯没有任何关系。不管怎么样,在民主之治下,这些刽子手不会再有风险了,他们在集中营戕害自己同胞的罪行不会再被实施于他们

① 爱德华多·加莱亚诺,《我喜欢你是绿色的》,载于《国家报》,马德里,1989 年 4 月 10 日。网址:http://elpais.com/diario/1989/04/10/internacional/608162414_850215.html。

自己身上。

赦免法并不意味着免除了那些抢劫犯的罪,然而首先免除的是那些违反人权的罪犯的罪。对于法律来说,财产所有权是神圣的,而生命所有权却不是。

如此看来,乌拉圭的赦免法就像拉普拉塔河彼岸阿方辛的《停止追究法案》。不管是这个法还是那个法的灵感仿佛都来自中子弹的例子,这是我们这个时代的象征,意味着只杀人,不伤物。在公民选举前夕,官方的宣传是吓人的,是具有威胁性的。法律使军权神圣化了,使军队能够进行恐怖主义暴力事件并逍遥法外。为了维护军权,政府的宣传就厚颜无耻地使用了暴力事件那种恐怖主义。

乌拉圭拥有一个旁观者国家的名声。我们的传统把我们训练得习惯于观赏,从而对看到的现象不信任。就每平方米来说,我们拥有西半球最多的批评家和评论家。就算作为民族激情的足球运动,球员中的思想家也要比运动员多。

公民投票是不容易的。许多在国外的人不能参加投票,没有人知道有多少人,也许有 50 万,都处于没有工作、没有未来的状态,然而国内那些无动于衷的人参与了投票,他们也不关心是否必须要投票。我不知道是否赞成票会最终胜出。不论如何,乌拉圭是拉丁美洲的一分子,拉丁美洲一直都为自己的惨痛失败付出代价。然而,在任何情况下,我确信反对这条法令的持久战并不是徒劳无功的,因为这条法令在民族的耻辱上呼吁和平。国家已经证实了自身的尊严是充满力量的,同时也证明了世界上早已不流行的、作为亲爱的"老朋友"的那份恐惧,现在依然是我们集体主义怪癖之下的不倒翁。一个充满活力的国家不会诞生于一次胜利,也不会在失败后死亡。因此这是值得的。

信誓旦旦的加莱亚诺通过自己最尖锐的笔触赞同了这次他认为是公平的运动。

尽管一共获得了 634792 份签名，这也是公投所必需的，但 1989 年 4 月 16 日的投票结果却无法带来对正义的渴望。黄色的反对票代表支持这条法令，而绿色的赞成票是反对这条法令的。一共有 120 万乌拉圭人投了黄色的反对票，有 70 万人投了绿色的赞成票。就在当晚，总统桑吉内蒂说了一句总结性的话语给这段历史翻了一页："投票结束之时也是乌拉圭民主进程结束之时。"他相信这样就结束了国内诉求和平的紧张气氛，并且能够使国家将那些罪恶扫入历史和回忆的毛毯之下。作为桑吉内蒂政府的胜利，这条法令被保存了下来。

在这种新的社会政治实践中，在形势也并非倾向于加莱亚诺的情况下，又有一个新闻项目再次出现。费德里科·博赫留斯之死导致了双方的冲突，一方想要继续发行那本杂志，另一方来自他那跟右翼自由主义政治立场关系密切的家族，他们表示反对并想要结清该项目。跟西多·莱马签订的协议只规定了给《危机》月刊提供一年经费，之后就该分道扬镳。协议得到了履行。然而几个月之后，出现了一位科连特斯的企业家何塞·路易斯·迪亚斯·克洛德雷洛，他向博赫留斯的团队买下了《危机》月刊的注册商标。他打算重启这项有名的跨时代项目。他约谈了西多·莱马，然而他们最后悻悻收场。之后他想让历史重演，来重复那次菲科和加莱亚诺 1972 年 12 月在蒙得维的亚小酒馆的相遇。但同样以失败而告终。"迪亚斯·克洛德雷洛来蒙得维的亚见我，想跟我谈谈，然而我跟他不是很熟。我跟他的那次接触也非常流于表面。在那以后,我觉得我们结束得并没有那么体面。"加莱亚诺几年后回忆道。①

然而,《危机》月刊的第三个阶段开始于1987年10月,开始出版第54期,这次的主旨还是相同编辑经验的延续:左翼的,批评性的。领导人为迪亚斯·克洛德雷洛,出版主编为爱德华多·霍萨米,新闻主编为卡洛斯·玛丽亚·多明格斯。出版顾问有爱德华多·加莱亚诺及其杂志第一个阶段的朋友,阿尼瓦尔·福特。"我参与《危机》月刊的第三个阶段是因为卡洛斯·玛丽亚·多明格斯和土耳其人爱德华多·霍萨米的请求,许多年前我就认识他们了。当然还得算上跟爱德华多·加莱亚诺的交情。他不在的话我是不会回来的。不论是加莱亚诺还是我本人,我们都很少参与,在最后的时期我们几乎什么也没做。这是一次失败的尝试。另外,霍萨米对于杂志的态度是非常投机性和政治性的,对此我表示尊重但是不赞同。"福特不久后说道。②

世界仍在改变,《危机》月刊和加莱亚诺正在适应新的时代。民主进程那些年修复了黑暗年代的部分创伤,仅用了一点正义,更多的是通过赦免法。在阿根廷,由于某个政府部门的不快,阿方辛政府已经决定将违反人权的军人绳之以法。自民主来临,右翼施展阴谋,想要通过各种情报行动侵蚀它。1984年9月,埃内斯托·萨瓦托牵头给阿方辛递交了最后一份关于国家失踪人口委员会的报告,之后便开始了对1976到1983年统治政府的军事高级委员会的审判。1985年4月22日到12月9日(这天是判决日),国家

① 爱德华多·加莱亚诺,来自笔者的采访,蒙得维的亚,1992年12月。
② 阿尼瓦尔·福特,来自笔者的采访,布宜诺斯艾利斯,1992年8月。

已经有了一份关于社会经历的 7 年黑暗时期的文件。然而一年之后,政府在经济压力下屈服了,因为政府无法解决一些新问题,比如失业、外债以及通货膨胀。随着越来越多的官员受到指控,军方的压力回来了,对失踪和刑罚新的判决声渐渐地充斥了全国的各个法庭。1986 年 12 月到 1987 年 4 月,阿方辛应当是承受了来自首都郊区"五月营区"主要军事驻地的一次可以理解为事变的军方压力。因此最后在 1986 年 12 月颁布了《停止追究法案》,在 1987 年 4 月颁布了《服从法》。政府的这次灾难使它输掉了所有的倡议,并且输掉了 1989 年的大选,意味着提前将权力移交庇隆主义的竞选人卡洛斯·梅内姆。他来自新自由主义政治经济联盟,该联盟的主要目的是将国有企业私有化,实现拥有源源不断的收入,以及对资本的任意调控等。此外,1989 年,那些以正义之名针对独裁者行动的成果都付诸东流了,并且一年之后,以豪尔赫·魏地拉为首的独裁者因特许政策而得以赦免且重获自由。

对左翼进步主义来说,第三个阶段的《危机》月刊反映了政治和社会的倒退。1987 年 4 月的第 54 期到 1990 年 6 月的第 80 期就反映了这一点,然而加莱亚诺和福特作为顾问仅仅参与了前 6 期。杂志社内部人员也腐蚀了出版负责人。不管怎么样,加莱亚诺在那期间发表了些报道。那时看来,最重要的还是《危机》月刊能够通过发表他的报道来提高名气,而非他自己通过撰写稿件可以挣钱。新的《危机》月刊保持了他的名声,由于他的投稿而推迟了停刊时间。

在拉普拉塔河彼岸,形势逐渐明朗。在 30 年后,来自民族党或者说白党的路易斯·阿尔韦托·拉卡列终于在总统竞选中胜出,成了总统。在 1989 年 11 月 26 日的选举中,左翼联盟广泛阵线的利韦尔·塞雷尼将军成了竞选者,他经历了牢狱之苦并在 1984

年选举中被除名。在经济学家达尼洛·阿斯托里的陪同下,塞雷尼得到了爱德华多·加莱亚诺等艺术家和知识分子的支持。塞雷尼最终位列第三,然而他同意增加众议员和参议员在国会中的数目,并且增加各省份立法机关的数量。自由主义的夜晚降临在了拉普拉塔河流域,成了70年代独裁统治的延续,之后将遍及整块大陆。在智利,1973年推翻社会主义者萨尔瓦多·阿连德的政权后,奥古斯托·皮诺切特将军一直处于统治地位。

1988年7月11日,爱德华多·加莱亚诺去智利圣地亚哥参加了国际艺术科学文化大会"智利为民主而活"。这是阿连德政府被推翻之后他首次回智利。在马德里也有类似的庆祝活动,许多智利流亡者汇聚一堂,庆祝独裁时代的结束以及民主的回归。那天,加莱亚诺发表了一场演讲,演讲的题目之后成了他一本书的书名,叫《我们说不》。在这儿他重新坚定了他打破文学类型的界限的信念,并在互文性上做了创新。

我们来自不同国家,我们相聚在这里,在巴勃罗·聂鲁达慷慨的护荫下。我们来陪伴智利,它敢于说不。我们也敢于说不。我们对金钱和死亡的颂赞说不。我们对一个将人与物定价的体制说不,在这个体制中,人与物的价值的高低取决于数量的多寡。我们也向这个每分钟战争武器交易额高达200万美金的世界说不,在这个世界里,饥饿和可治愈的疾病每分钟杀害30个儿童。

中子弹,这种不会伤及物品,却会杀害人类的武器是我们这个时代最好的象征。对于夜空中的星星都能变成军事行动的目标的杀戮体制来说,人类仅仅是一种生产、一个消费指标,是一个时期的日用品、一种经济资源,整个地球也只是一个收益之泉,它需要一直产生收益,直到耗尽最后一滴水。

财富的增加会导致贫穷的增加。增加的武器是用来守卫财富的,那些少数人的财富,这群人将他人的贫穷限定在了圈内,与此同时也增加了自己的孤独感。我们向不提供食物、不提供爱心的体制说不,这个体制使许多人由于缺乏食物而处于饥饿状态,使许多人失去了温暖的拥抱。

我们向谎言说不。那些大媒体在世界范围内散布的主导文化没有使我们将世界和市场、世界和公路相混淆,这种情况下别人不是商品就是竞争对手,然而从来不会被当作兄弟。这种欺诈的文化十分做作,它利用了人类的爱心来投机取巧,从中获得巨额利润,实际上这是一种断离的文化。它将胜者奉为神,那些人是成功的、有钱有权的,它将穿着制服的怒汉奉为英雄,"这些人都是他们的保镖,奉行着国家安全的教条"。

不论是可说的,还是不可说的,主流文化妖言惑众,它说穷人的贫穷不是富人的富有导致的,而是没有原因的,是来自一头山羊产下的绵羊,或者说来自上帝的意愿,上帝给予了穷人懒惰和粗蛮的特性。同样,一些人对另一些人的欺凌不会导致团结、产生公愤,或产生丑闻,因为这种欺凌属于事物的自然秩序。

我们以拉丁美洲的独裁统治为例,它们成了我们本质属性的一部分,而不是一个帝国主义权力体制的一部分。还有蔑视,蔑视背叛了历史,残害了世界。那些强大的意见生产者将视我们如粪土、如草芥。殖民的遗留使得居住着第三类人的第三世界不得不接受战胜者的记忆,不得不购买别人的谎言来当作自己的真理。他们褒奖我们的顺从,他们惩罚我们的智慧,他们扼制我们的创造力。我们是被意见处置的对象,我们无法成为提出意见的人。我们有响应回声的权利,然而我们没有发出声音的权利。那些发号施令的人赞赏我们鹦鹉学舌的天赋……向那个贪婪的位于北美的毁灭性的帝国说不,向另一个可能存在的美洲说是,它诞生于最古老的传统美洲,拥有美洲最初的习俗,即共生的传统。这是智利印第安人不惧失败,近5个世纪以来竭力维护的传统……向醒悟后的痛苦眩晕说不,我们正向希望说是,向饥饿的和疯狂的、有爱的和被爱的希望说是,就像智利。这种希望是热烈的,就跟智利儿女夜晚狂欢的激情一样。

《我们说不》一书通过爱德华多·加莱亚诺的发言和文章,标志了民主进程的结束以及南美洲和拉丁美洲绝大部分独裁统治的结束。这个标志主要体现为距皮诺切特离任还有两年时在智利圣地亚哥的知识分子和艺术家举行的活动。他的时代已经结束了:死者不能复活,他的经济计划可以使国家之后10年的民主统治成为可能。国外那么多皮诺切特主义的反对派的出现是无法避免的,因为世界的所有目光都聚焦在了这个拥有狭长山脉的国家上。

从政治上看,《我们说不》是一部描写在过去30年中古巴革命之后拉丁美洲左翼知识分子的作品,它结合散播在整个拉丁美洲大陆上的经验,来寻找重建、修复、证明他们思考和培养的价值观。跟《爱与战争的日日夜夜》的风格相一致,这本书收集了作者在1963年到1988年的创作,这恰好也是革命经验产生巨大影响并且在不同国家收获了许多重要成果的时期。也许智利的萨尔瓦多·阿连德在1970年通过人民大选后的上台成了最有代表性的例子。该书收录了加莱亚诺以记者的身份写作的《中国1964》一书的开头部分、他流亡的最后几年的生活，以及 1985 年回归乌拉圭的事件，那时的乌拉圭还处于脆弱的民主政权之中，还处在军队力量的窥视之中。这构成了加莱亚诺作为记者和作家寻找一种写作风格的探索时期的一个总结。

　　加莱亚诺想要自己创办一个出版社来让自己满足一次。他成立了小猪崽出版社，他自此开始印刷一些贺卡和致辞：上面画有一只可爱的微笑着的小猪崽，嘴里叼着一株草。出版社位于七月十八日大道，直接通向另一座城市。90 年代初，它完成了首次出版，它的出版物仅为其所有者的作品，仅限于在乌拉圭国内发售。在世界其他地区，几十年来，加莱亚诺一直将二十一世纪出版社作为编辑和出版自己作品的阵地。

　　出版社不仅改变了加莱亚诺，使他从记者变成了作家，又从作家变成了编辑，而且使他可以不用遭到编辑部的催促，慢慢加工他的作品。在蒙得维的亚城，出版社和位于达尔米罗·科斯塔的家是作家平时活动的地方。作家还展开了他对世界上多个地方的旅行和访问，他去到了在 21 世纪初已经有他译作的那些国家。旅行也是加莱亚诺在这个世界上的一种生活方式。

　　1989 年，作为美洲之家报告文学的评委，他重新访问了他所热爱的古巴。在流亡的几年里，他作为评委也去过几次，也参加过知识分子大会。1985 年，民主回归乌拉圭时，他也出席了有菲德尔·卡斯特罗发言的拉丁美洲知识分子聚会。世界重新变成了加莱亚诺和他那一代不想看到的样子，就跟他在智利的发言中提到的一样。这一个有关人性的新变化记录在了加莱亚诺《拥抱之书》中，它开启了他文学生涯中的一个崭新的阶段。

　　1989 年 11 月 9 日是个标志时代改变的日期，柏林墙的倒塌轰动了全世界。世界的每个角落都以其不同的方式来看待这次事件；每个国家以不同的形式承受着这次事件带来的后果。从经济领域来看，欧洲大张旗鼓地进行了金融机制的重建，仿佛它是一场没有硝烟弥漫的战争中的一个战胜国团体。战败国中的许多国家都是拉丁美洲国家，它们亲身遭受了血腥的军事独裁统治这场大难之后，还进一步经历了经济措施带来的人民贫富差距之苦。继独裁统治之后到来的必然是民主政权，它对于想要呼吸新鲜空气的社会投票更为支持。然而，在结束了过去的恐怖历史并进行了庆祝之后，社会就开始对重建国内经济有了诉求，这种诉求同样来自那些寻求高效益的集团。虚弱的政府开始花费选票中得到的资本，并且在不到三年时间内由于失业、通货膨胀和外债的压力而功亏一篑。许多南美国家不得不遭受所谓的诱惑，即将国家公共服务项目进行私有化。

可以说，《拥抱之书》是用其他形式、其他手段继续进行的抗争。文学给予了全新的加莱亚诺一种通过寓言、故事来披露深陷灾难的世界的情势的能力。这是一个重新审视自我的时代，是一个找到跟那个被人类和其贪婪所打败、所挥霍、所破坏的时代和世界之间某种联系的时代。该书汇集了源自作者个人回忆的短篇小说，使作者震撼的历史事实、观察和新奇的事物。该书重新使用了《爱与战争的日日夜夜》的风格，在《火的记忆》中航行，还得加上《行走的话语》中诗歌的风格。

那个在讲坛上宣扬左翼反帝国主义的加莱亚诺已经是过去时了，在这个看起来只有一种统治方式的、霸权的、破坏不同思想和相同身份标志的、被摧残的世界里，他能够指出那些明显的、支离破碎的、处于死亡边缘的空间。在正在毁灭的世界面前，自然为什么不进行反抗？当失业成了第三世界各个国家的社会当中司空见惯之事的时候,为什么不对这个坏现象进行质疑? 如果说在 70 年代,《拉丁美洲被切开的血管》一书凭借其社会主义意识形态的支撑而不得不批评性地揭发那些罪恶的原因,并且试图来改变情况的话,那么 90 年代不论是对人、对自然财富还是对思想都进行了如此大范围的残害,以至于需要一种文字来记录,来恢复所丢失的东西,并且给它们命名,确定它们的身份。在这样的情势下,作为文字狩猎者出现的加莱亚诺写下的这种文字就赋予了它们身份,使它们重新出现,即是说,重新开始存在。他从之前的一位谨慎小心的外科手术医生变成了一位护士。然而对于这段时间的加莱亚诺来说,之前的经历是必不可少的。

　　90 年代前期,加莱亚诺的作品风格介于反思和对世界罪恶的整体揭露之间。1990 年的《文字:个人选集》、1992 年的《成为他们以及其他故事》以及 1993 年的《行走的话语》就说明了这一点。前两本书是已发表文章的汇编,这么做对即将结束的千年有一种崭新的意义,这是对走过的道路的回望。

　　《行走的话语》将加莱亚诺直接置于了一个散文中的诗歌世界,使他直面富有文艺气息的文字。这样的经历是全新的,因为除此之外,他还同造型艺术家何塞·弗朗西斯科合作,他是一位凭其手工艺斩获无数奖项的版画家,他能将木头变成各种独一无二的物件,这是作家对他的评价。作家来到他的工作室,向他介绍了合作想法,然而在加莱亚诺的短篇诞生前,艺术家是无法开始工作的。这成了作家生涯中另一个用来打破人类交流沟通界限的赌注,他说过的话实现了,另一位也明白了他的用意,并且说道:"你尽管说好了,描述出来吧,或者说一个具体的东西,可以是物体,也可以是精神状态。"

　　该书收录了作家亲身经历的事件,他将这些书在冰冷的 90 年代根据时代的需要重新解释了一番,通过震击人们的内心和记忆来恢复每个人心中"感思"的特质。一年之后,通过对这片被摧残的土地进行同样的标记,加莱亚诺用它无法确定类型的语言,重新回到了数据收集上(也就是说新闻业),来写作《使用它并丢弃它》,这次是对空虚的揭示,这种空虚体现在大众消费社会的两个方面:一方面是人类存在的空虚,不消费就意味着不存在;另一方面是人类渐渐地抛弃了自己的世界,抛弃了地球母亲。这是双重意义的揭示,它在新自由主义的那些年中引起了巨大反响,因为这本书搜集了一些这个星球在意识到自我毁灭之前的文章。"消费社会使一切都变得短暂。不论是东西还是人;东西造出来是为了能够持续地存在,现在它们在造出来的时候就死了。人也一样,现在越来越多的人在一出生的时候就被丢进了垃圾桶。廉价劳动力过剩,市场规则就驱赶他们。世界发达地区产生了大量的垃圾。"①

　　1995 年,他以足球史为切入点,从另一个角度讲述了人类的历史。作为身体的音乐,作为人类尊严的工具和体现,足球出现在了《足球往事》这本书里。所有跟足球有关的事情都被加莱亚诺犀利的目光所捕获。这是足球产业的另一面,通过对世界和人性的揭露,这项运动所折射的最主要的方面不是它令人热血沸腾的属性,这跟肾上腺素、肌肉和诗歌无关,而是跟与每位运动员息息相关的百万美金或欧元的转会费有关。与耍球能力相比,一位足球运动员的转会费高得使全世界人民咋舌。这就是那本以最流行的运动为蓝本的短篇故事集的背景。这里的加莱亚诺也是一个文字游击

---

① 　爱德华多·加莱亚诺,《使用它并丢弃它》,博克特出版社,布宜诺斯艾利斯,2006 年。

队员,他将文字进行文艺性的处理,之后准确地朝吞噬一代人的体制的心脏开上一枪,那是处在社会变革中的一代人,是处在千年末自由意志乌托邦中昏昏欲睡的一代人。

第十三章

充满希望的岁月

寻觅"新人"(1995—2014)

从独裁体制走向民主体制的政治过渡意味着社会的变化。社会和政治活动的参与者发生了很多变化,同样发生变化的还有在新舞台上各种联系建立的方式。宪法第二个阶段的结束以及一批拥有新利益的参与者的产生使过渡阶段来临。

新科技的冲击和随之而来的富有争议的全球化产生了社会组织和社会观察的新形势。该冲击开启的无数种新的可能性导致了传媒的兴起,从电话到近 30 年人民参与的广播节目就可见一斑。然而实际上,互联网给日常生活话题,甚至是关于国家命运的讨论、争辩和抉择提供了新的场所。

网络政治团体的出现影响并且改变了社会的多样性概念。根据这种多样性,世界上的生活方式、对生活方式的讲述和理解是,也应当是多种多样的,这也符合加莱亚诺的逻辑。不同方向上的多样性的爆发产生了对于不同新权利的新诉求。我们身后的世界严格地分为左翼和右翼、社会的和经济的,并在寻找一维的变革。左翼的概念已经裂成碎片,它们很难被重新组合成只有一种定义的复合体系。那个世界已经成为过去,加莱亚诺来到了新世界,来到了多样性的世界。

那些左翼拥有的领地,尤其是战后的领地,开始向四面八方持续发展。面对社会如此的更新换代,左翼老旧的齿轮,加上它那官僚化的坚硬装置,已经开始因力不从心而发出吱吱呀呀的声音了。

右翼也受到了精神上的打击,尽管那种令人感到悲痛的影响要小得多。也许可以用加莱亚诺那句话来解释:"不同的理念使左翼产生了分歧,然而美金将右翼团结在了一起。"确实如此,作为外汇的一种,美金帮助右翼在 20 世纪维持各自原则范围内的信仰。当左翼刮出来的不同类型的风动摇了方向时,右翼的这种做法就犹如一个牢固的舵,稳固了方向。

一直以来,那些赤裸裸的事件都会体现出行动的结果。左翼和右翼的竞争来到了新的世界。战后,自工业革命那些年以来,资本主义的发展理念撞上了社会主义思想体系,后者是苏维埃联盟这个意识形态的祖国所坚持的,然而这次碰撞并没有造成瘫痪。"社会主义是无法避免的。它就这么来了并留了下来。"世界各地的共产党员像做祈祷一样重复着。所有这一切都是为了迎接从天而降的红色摩西做的准备,红色摩西将改变人类之间的关系。

在拉丁美洲,切·格瓦拉和他的古巴革命伙伴们提出了一个"新人"观。这源于社会主义体制对美洲大陆需求的更新。该理念是一本处方,上面列了未来的许多美好景象,当然,是社会主义的美好景象。他们将那些谴责暴力的社会主义者称为"新人",比如《前进》周刊的卡洛斯·基哈诺,以及那些在整个拉丁美洲的山脉上高举步枪的人。

那么 21 世纪的"新人"是哪类人呢？

首先是独裁统治者，之后是过渡期的政府，他们向 60 年代和 70 年代的动荡承诺了之后会出现的新舞台，那时的体制将不再冒险。柏林墙的坍塌，一方面得益于美国民粹主义者罗纳德·里根新自由主义的绝对势力、英国玛格丽特·撒切尔以及西德赫尔穆特·科尔的个人能力，另一方面得益于教皇约翰·保罗二世在四处的传教和他受到波兰共产主义政府迫害的过去。柏林墙的倒塌加速了世界的变化。新自由主义的浪潮动摇并掩盖了那些受到变了又变的世界观影响的遇难者。经典左翼在追求权力的过程中承受了斯大林主义的后果，首先是 1922 年到 1953 年，其间斯大林上台执政一直到去世；之后的 1959 年到 1989 年这一时期被称为"拉丁美洲新左翼"时期，他们通过不同的方式在拉丁美洲走自己的路；最后是 1989 年到 21 世纪初的这段时间，是新自由主义时期，它席卷了整个拉丁美洲，也许标志了这块大陆上左翼最糟糕的时刻。

作为一个矛盾的人，加莱亚诺同自己的文学行走在时代的更替之中。他出生在一个充满变化的年份，处在人们时刻准备通过革命来修改政治社会关系的过渡期。然而，在 20 世纪末，加莱亚诺青年时期踏入的这个世界开启了一个让他和他那代人始料未及的转变。乌拉圭称他们为"50 一代"。文字还有用吗？这是作家应对新千年挑战的工具。根据加莱亚诺的看法，旧千年的最后十年对拉丁美洲社会来说是失败的十年，然而从长远观之，生命总是在不断变化的，在这些失败的内部，开始了新的抵抗运动。

在作家阶段，加莱亚诺将这段时间当作一个用来揭露社会现象的新契机，他成了文字的斗士。他很顽固，他打破了文学体裁的界限,他想使人们通过建立新的交流体制来意识到自己正在和他人交流。加莱亚诺是诞生于 20 世纪的左翼人士,他的文章从未背离过他的年代,从未仅限于在文化精英阶层内部流通,他传递的信息是大众化的。那个包含世界上一切罪恶的完美体制变得越来越差,其中已经没有那些衣衫褴褛之人的一席之地了,剩下来的都是穷人。需要指出那块贫瘠的土地,这块土地上的罪恶也应该被指出来,同样应该被指出来的还有这些罪恶之源,以及这些罪恶的受益者。现在要进行的斗争是将这些事情交付给文字,将这些涉及的人和事交付给文字,来清算文字和生活之间的分离,来寻找一种"感思"的文字。以下几本书就具有这种风格:《文字:个人选集》《成为他们以及其他故事》《行走的话语》《使用它并丢弃它》《足球往事》。他希望通过文字来唤起回忆和爱心。

1990 年的巴西出现了一次对体制的反抗。在劳工党,路易斯·伊纳西奥·卢拉·达席尔瓦,又称卢拉,召集了各种声音,号召大家发声反对新自由主义消费主义的享乐之风,新自由主义将生产力和消费力集中在了越来越少的人手里。圣保罗论坛就此诞生了,它成了左翼不同派系的辩论场所。社会主义运动就这样来临了,在那里他们可以公开发表自己的需求,不会受到任何政治党派的干扰。

作为一个讨论的地方,圣保罗论坛成了不同国民政党的交谈场所,也是美洲大陆左翼谈话的地方,还是对社会公共生活不同问题的抗议运动进行讨论的地方。这样,在辩论中除了有农民、印第安人、人权运动者、城市工人、失业者、不同国家工业中心外的工会声音,还有女性工人和女性农民、没有未来的年轻人、体制之外的人的声音。这是一场非常混乱的运动,表面上毫无秩序可言,但它发出了对生活的不同形式的诉求声,并且在那儿多样性和人权将得到尊重。让加莱亚诺感到欣喜的是，多样性的概念有了血肉之躯，它张开怀抱欢迎不同的参与方式，这种情形就好像有人亲眼见到自己的文学追求在大街上得到了实现一样。加莱亚诺对圣保罗的聚会致以问候，也对之后几年在拉丁美洲地区不同国家以同样的名义和精神举办的活动发出了问候。这是对表面上停滞的、静止的、貌似无法弥补的现实进行重新改革的一种方式。

在 1989 年出现了像法兰西斯·福山这样的思想家和其历史终结的理论后，自由主义容光焕发，成了政治和政治组织的概念。东欧国家中资本主义对社会主义的胜利使政治运动中的男男女女给反政治情绪让步，开始接受一个没有意识形态的世界，因为一种意识形态会战胜另外一种。

世界的运作是非常糟糕的，这是显而易见的事情，那些被加莱亚诺称为"体制"的东西所导致的不公平现在还在继续，这就需要有人站出来说"国王是裸体的"来指出如此明显的事实。因此加莱亚诺采用了一个没有那么理想主义的写作基调，比起强调对政治事件的平铺直叙，他更倾向于采取隐喻和诗歌的形式来表达。事实上，他之后的作品都含有新闻结构的成分，再附以诗歌的比喻。《火的记忆》作为《拉丁美洲被切开的血管》的对立面，试探性地开启了这种新型叙事手法。

二十一世纪出版社出版的作品标志了他的文章和论述的普及。学校的活动、书签、记事本、社交网络上甚至官方发言中都引用过加莱亚诺的话。政治舞台遗留下来的语言已经不被重视了，现在没人再关心牛仔裤上镰刀和锤子交叉的标记了，洗衣粉广告上也不会赫然印着"革命"的字样，切·格瓦拉那张眼神深邃、表情肃穆的脸也不会出现在全世界任何一件 T 恤衫上了。后现代主义已经来临。

尽管现在是一个意识形态缺失的时代,但对不公平的以及世界上运行不当的事情的揭露还是非常必要的,这些都出现在了加莱亚诺的文字中。通过作家笔尖写出来的、列举出来的事件有两种含义:一是能时刻保持对世界上的错误和恐怖事件的关注,二是指出了这些事件的后果。这样说来,加莱亚诺在新生的后现代主义中是一个不留情面的批评者。他不对事件进行评论,而是描述事件。

最后,拉丁美洲所谓的中左翼政府的出现开启了一个新时代。1998 年 12 月 6 日,乌戈·查韦斯在委内瑞拉的总统竞选中以 56％的优势胜出,并于 1999 年 2 月 2 日就任总统。考虑到拉丁美洲这块土地上有着那些悲伤的记忆,对于一个想在 6 年前发动军事政变的军人,国内左翼的众多派别起初并不信任,然而,随着政府渐渐地做出发展规划,这种不信任消散了。

在 1998 年出现了一本书,叫《颠倒看世界》,这本书是作为对这个受伤的被沮丧笼罩的世界的一份矛盾的批评而出现的,尽管这本书没有描写个人经历,但其文体类型跟《爱与战争的日日夜夜》差不多。加莱亚诺重新开始以数据和事件作为基础,这是他创作《火的记忆》的材料来源,然而这次他将直接震撼读者在某个时间片段的具体意识。

　　1997 年,一辆政府的车子在圣保罗大街上以正常速度行驶着。这是一辆崭新的昂贵的车子,里面坐了三个人。在一个十字路口,一位交警将他们拦了下来。交警让他们下车,让他们双手举过头顶背过去站了近一个小时,一边还不断问他们是从哪里偷来这辆车的。

这是三个黑人。其中一个是埃迪瓦尔多·布里托,他是圣保罗政府的司法秘书,另外两个人是秘书处的官员。对于布里托来说这并不是什么新鲜事儿了。不到一年时间,这种事情在他身上发生了五次。那位拦下他们的警察也是一位黑人。[1]

……

世纪末的道德准则不会惩罚不公平现象,而会惩罚失败的一方。罗伯托·麦克纳马拉,作为越南战争的代表之一,他写了一本书,在书里他承认这是一场错误的战争。然而,这场杀害了300万越南人、5.8万美国人的战争,不是因其本身的不公而成为错误,而是因为美国人在明知道他们不会胜利的时候还是将战争进行到底了。错在战败,而不在于不公正。[2]

每条新闻都有作者的点评,每个章节的最后会给出文章参考的信息。书中涉及了日记、杂志、书籍、官方组织和非政府组织的报告,一切都有据可考,对他来说这能够反映出这个世界的另一面,我们却自然而然地参与其中。文章反映了现实的残酷,然而从文本的美感来看是经过了极其谨慎的处理的,它的语法、它的主观性使我们直接置身于文字所能描述的最残酷的场景中。该书在西班牙由二十一世纪出版社出版,在阿根廷则是由目录出版社责任有限公司出版,在哥伦比亚由第三世界出版社出版,在乌拉圭是由小猪崽出版社出版,这是加莱亚诺自己的出版社。

---

[1] 爱德华多·加莱亚诺,《颠倒看世界》,二十一世纪出版社,西班牙,1988年11月,第1版,第45页。

[2] 同上书,第28页。

一年后，也就是 1999 年，他参加了文集《致 60 亿公民的一封信》的创作，参与创作的其他作家有智利的阿列尔·多夫曼、尼日利亚小说家布奇·埃梅切塔、南非白人安蒂希耶·科洛戈、爱尔兰人科尼耶·帕尔曼、克罗地亚人杜布拉布卡·乌格雷西克以及其他来自世界各地的作家。这本书 1999 年 10 月由西班牙 B 出版社出版，这是联合国人口基金会的一次倡议，所有文章都是以信件的格式写给一位假想的即将到来的公民。加莱亚诺选择赋予这位未来的市民"幻想的权利"。"虽然我们不能预测未来的时代，但是我们至少有将它想象成我们所希望的那样的权利……我们会把目光放得更长远，越过世界上的丑行，去猜测另一个可能的世界。"他在那封信里如此写道。

2002 年，路易斯·伊纳西奥·卢拉·达席尔瓦在大选中获胜，他开始了美洲大陆上的一次改革尝试。这是靠选票获胜的第二个中左翼的政府，这也是卢拉第三次以左翼人士的身份参选，这次当选意味着有再次被选举的资格以及劳工党的四连胜。

2003 年，在阿根廷的竞选大战中发生了一个料想不到的转折。1999 年，卡洛斯·梅内姆，他是庇隆主义者，也是其所在党派之外的新自由主义政治的负责人，将其政权让给了对手。新总统叫费尔南多·德拉鲁阿，他接到了副总统卡洛斯·阿尔瓦雷斯的辞呈，后者身陷贿赂丑闻，在 2001 年年末经济问题爆发后不得不下台。一周之后，国会任命了反对派议员爱德华多·路易斯·杜阿尔德为总统，他在领导了长达 16 个月的过渡时期后号召进行选举。两个候选人都是他的手下兼继承人，内斯托尔·基什内尔和卡洛斯·梅内姆，这两位都是庇隆主义者。后来基什内尔当选，他废除了对 70 年代国家恐怖主义的肇事者进行宽大处理的法律，使得当时的受害者能够收回国家对他们欠下的债务。他增加了工资收入,重新分配了生产资源。除了这些措施,他还特别关心社会运动的各个部门,最终收获了极高的人气,并且使他的妻子——议员克里斯蒂娜·费南德兹连续两届(2007 年和 2011 年)被选为总统。基什内尔主义最终成了中左翼没有料想到的一场演出。

基什内尔政府和教育部部长丹尼尔·菲尔穆斯于 2005 年以教育部的名义推出了"相遇"频道。2007 年 5 月该频道开始播出,在节目的编排队伍中有爱德华多·加莱亚诺,他的节目为《加莱亚诺眼中的生活》,这是一个长达 24 分钟的短篇故事节目,这些故事取材于他的《火的记忆》。电视的大规模传播使得《火的记忆》更受欢迎,它挣脱了文字的束缚,不再局限于它熟悉的环境,一发不可收地转移到了电视荧屏上,进入了收视率的评价机制。在 2005 年出现了另一个新闻频道"南方台",它位于委内瑞拉,这是针对 CNN 开设的一个频道。自频道开设的第一天起,加莱亚诺就同诺贝尔和平奖获得者阿道弗·佩雷斯·埃斯基维尔及伊格纳西奥·拉莫内特一起成了它的顾问。

2004 年,乌拉圭的广泛阵线终于在竞选中获得成功。在经历了 5 年统一左翼的斗争之后,有着 34 年历史的广泛阵线终于战胜了传统党派。红党将权力交给了社会主义候选人塔瓦雷·巴斯格斯,他以略高于 50% 的选票数打败了民族党候选人豪尔赫·拉腊尼亚加,开启了广泛阵线三个阶段的统治。

加莱亚诺很开心,但是表现得很克制,这是他一贯的谨慎作风,然而他还是试图解释塔瓦雷·巴斯格斯的胜利以及恢复地区内民主的信仰的重要性:"昨天的黑夜,今天的光明,这是新世纪的,也是新时代的黑夜和白天,这重新赋予了我们欢乐的权利……实用主义并非希望的敌人。当然了,只要我们最终不将现实和背叛混为一谈——这是常犯的错误。危险伺机而动,因为这条路不是那么容易走的。"①三年之后，这些话应验了，从作者口中说出来之后，这些话拥有了不受背叛的权利，也拥有了必须揭露事实的权利。

加莱亚诺对地区内新政府的热情是非常天真的。"拉丁美洲有一个非常有趣的革新，这是一种向着民主重生的更新。然而在军事独裁倒台之后，那些国家在民主回归方面出现了一个问题：民主的发展和它所带来的期望开始有了分歧。这就使得身处民主中的年轻人无法意识到它的存在。他们觉得民主是他物，对其失去了信心。我认为他们也对很多国家失去了信心。这是因为民主是政客们的私事，他们只会根据自身利益来使用它。最近几年，发生了一些非常重要的变化，它们使民主重新建立了威信。我认为这是非常好的，尤其是对于新人来说，他们会将民主和变革联系在一块，认为民主并不是一次徒劳的庆祝，一场空泛的仪式，一场没有上帝的弥撒，而是充满能量、充满变化的。"②

《颠倒看世界》出版 6 年后，加莱亚诺在 2004 年出版了《时间之口》，这是一本文集，其中在"窗户"标题下收录了许多短篇笔记，这些文章最近两年发表在加莱亚诺作为撰稿人的墨西哥日报《工作日》上，以及蒙得维的亚的《缺口》周刊上。

2005 年 12 月 18 日，古柯工会领导人埃沃·莫拉莱斯成了玻利维亚的总统，他以 54％的选票击败了右翼的豪尔赫·基罗加成功当选，后者的得票率仅为 28％。也许莫拉莱斯是玻利维亚最具有革命精神的领导人，由于他印第安人的身份，他决定重建玻利维

---

① 《加莱亚诺：欢乐的复活》，埃米利亚·罗哈斯对加莱亚诺的采访，来自《德国之声》电台互动门户网站，德国，2004 年 11 月 1 日。

② 同上。

亚,并将其变成一个多民族国家,承认国内所有少数民族的同等权利。莫拉莱斯连任了两届,最后一届是 2014 年,他得到了超过 60％的票选。对于加莱亚诺来说,莫拉莱斯也许是《拉丁美洲被切开的血管》包含的所有苦痛的最有力、最直观的例子了。

仅一年后,中左翼的影响加深了,在智利,社会主义者米歇尔·巴切莱特上台;经济学家拉斐尔·科雷亚领导的主权祖国联盟是由传统左翼的各个派系和本土社会主义运动团体组成的;尼加拉瓜有桑迪斯主义者丹尼尔·奥尔特加,他的领导开始产生变化,因此他跟加莱亚诺的关系也发生了改变,作为谨慎的、擅长外交的人,他没有提及尼加拉瓜的新政府。

2008 年,神父费尔南多·卢戈当选了巴拉圭总统,所属政党为巴拉圭爱国变革联盟,该政党集中了红党中的持不同政见者、基督徒和心系农民及印第安人的社会运动团体。考虑到长达 35 年的阿尔弗雷多·斯特罗斯纳将军的独裁统治,以及 19 年的红党统治,巴拉圭成了一个特例,因为这给国家造成了长久且致命的影响。很多国家的总统出席了卢戈的就职大会,乌戈·查韦斯、卢拉·达席尔瓦、埃沃·莫拉莱斯、拉斐尔·科雷亚以及塔瓦雷·巴斯格斯,除此之外还有巴西神学家莱昂纳多·博夫,来自尼加拉瓜的埃内斯托·卡德纳尔,阿根廷记者罗赫略·加西亚·卢波以及他的好友爱德华多·加莱亚诺。还有许多人参加了庆祝活动,在新闻发布会上,加莱亚诺回忆了 19 世纪巴拉圭独立的那些时光,那时国家将命运交给了与三个同盟国长达五年的战争,付出了惨痛的代价,这三个同盟国为巴西、阿根廷和乌拉圭。"这场战争将巴拉圭人消灭殆尽,同样也将巴拉圭独立发展的坏种子消灭得干干净净,现在这位出色的总统将重拾这颗种子使其生根发芽。这时拉丁美洲将真正迎来变革。在这个时候,那些在拉美地区受屈辱的人将占据那些使他们受屈辱的人的位置。"他在热烈的掌声和拥抱中说道。如我们所见,几年后加莱亚诺说的话都被证明是对的。"那些受屈辱的人",这又是他文字中提及的说法。

那时,他于 2004 年对巴斯格斯当选乌拉圭总统提出的一个警告也有了结果。由于他在乌拉圭河岸靠近弗赖本托斯的地方建造了来自芬兰波的尼亚赛璐珞工厂,阿根廷跟乌拉圭之间产生了冲突,这个厂是加莱亚诺的祖辈休斯一家参与建造的。工厂引发了关于环境问题的纠纷,这就导致了临近的阿根廷瓜莱瓜伊丘城市议会成员切断了通往乌拉圭的道路。加莱亚诺是站在议会成员那边的,他撰文指责了巴斯格斯政府,说它将实用主义和政治现实主义相混淆,违背了人民的意愿。①

这个进步主义的总统时代并未因此而告一段落,因为他们迎来了补任的年代。卢拉·达席尔瓦于 2006 年在巴西连任,2010 年由劳工党候选人迪尔曼·罗塞夫继任,在 2014 年他获得连任。2009 年,乌拉圭继任塔瓦雷·巴斯格斯的是另一位广泛阵线的候选人,他是前图帕马罗斯游击队员何塞·穆希卡。在加莱亚诺的诗人朋友罗克·达尔顿的故乡以及那位遇害主教奥斯卡·罗梅罗的故乡萨尔瓦多,他们选举了一位法拉本多·马蒂民族解放阵线的前游击队员,年轻的莫里西奥·富内斯,之后由萨尔瓦多·桑切斯·塞伦于 2014 年继任。2011 年在秘鲁,奥扬塔·胡马拉当选总统,他是一位民族主义军人。委内瑞拉方面,在连任三届的乌戈·查韦斯去世之后的 2013 年,他的伙伴尼古拉斯·马杜罗获胜并出任总统。

---

① 《加莱亚诺认为塔瓦雷·巴斯格斯是背叛者》,载于《侧影》日报,布宜诺斯艾利斯,2007 年 1 月 19 日。

新千年的第一个十年也是作家的丰收年。2001年,他获得了他所挚爱的古巴哈瓦那大学的名誉博士。2005年,中美洲萨尔瓦多大学给他颁发了同样的称号。2007年,墨西哥维拉克鲁兹大学也给他颁发了该称号。一年之后,他在阿根廷蒙多萨国立库约大学获得了该荣誉。2009年,布宜诺斯艾利斯大学给了他名誉教授的头衔。

2007年2月,医生在加莱亚诺右肺中检测出癌变肿块,他必须马上在蒙得维的亚动手术。手术成功了,然而6月份为了防止该肿块引发别的病症,他在加泰罗尼亚开始进行化疗。他的身体变得非常虚弱,然而并未虚弱到无法写作,无法进行记录,尤其是无法进行旅游,这是他的激情所在。

在这种短暂、寡淡的写作生活中,加莱亚诺在西班牙介绍他的书《镜子》时讲述了发生在他身上的一个故事。

带着这本书我跑遍了西班牙;我在加利西亚的时候来到了欧伦塞小镇,它非常漂亮,我在一个地方做了一次讲座,当时坐满了人。在后面一排,我看到了一个人,他眉头紧锁,眼睛眨也不眨,看起来非常生气,生活的残酷刻在他的脸上,肯定是太阳晒的,那是一张农民的脸;他跟周围的环境格格不入,看起来十分愤怒。起初我无法将目光从这个男人身上移开,在签名、拥抱、问候这些活动都结束了之后,他还是如同一尊塑像一样呆在那儿。等到所有人都走了,他朝我走了过来,我心想:这该是我最后一天了吧。当他走到时,他还是紧锁着眉头,眼睛眨也不眨,朝我说了句话:"简单的写作竟是如此困难!"之后他转身走了。这是我听过的最好的一句话,也是一句无上的赞美。①

有关文章的小篇幅形式,他在墨西哥的一次访谈中解释说:

> 我的书讲述了发生过的故事,我觉得通过传播来保存它
> 们是非常必要的,并且也需要用最简短的文字来讲述。这是
> 一个在创作时不断删减的过程,是我的老师胡安·鲁尔福教
> 我的。有一天,他手中握着一支铅笔,指着它对我说:"我是用
> 这个写作的,然而我更多的是用这个写作的。"他指了指上面
> 的橡皮。在鲁尔福的生命和文学生涯中,他有叙述的本领,也
> 有静默的尊严:他沉默不语。我也擦除了很多内容,直到我找
> 到必须用来表达的文字为止。我的书从来不仅仅表达独立的
> 思想,我尝试用一种感思的语言进行写作,它能将情感和理智
> 联系到一起。②

2009 年 4 月 18 日,在特立尼达和多巴哥首都西班牙港举办的
第五届美洲峰会上,委内瑞拉总统乌戈·查韦斯将一本《拉丁美洲
被切开的血管》赠送给了美国总统巴拉克·奥巴马。在这个极度
全球化的世界里,这类事自然能够引起该书的大卖,根据亚马逊的
图书销售统计,它好几个月都位于最畅销的十本书之列。

加莱亚诺是查韦斯的拥护者,然而,他对委内瑞拉总统这一动
作却不屑一顾。"这只是一个象征性的举动而已。奥巴马又不懂

---

① 《所有一切都会重生》,爱德华多·阿利韦尔蒂对爱德华多·加莱亚诺的采访,载于《东南
　　方》杂志,2013 年 1 月。
② 《加莱亚诺和叙述的工艺》,安德里亚纳·科尔特斯·科洛丰对爱德华多·加莱亚诺的
　　采访。

西班牙语。"他肯定道。关于这位新上任的总统,他说:"希望他不要忘记白宫是由黑奴建造的。"当谈及奥巴马获得 2010 年诺贝尔和平奖时,加莱亚诺说:"这是个冷笑话"。

2009 年,他在阿根廷获得了政府颁发的五月勋章和德科罗·罗加奖。颁奖典礼在蒙得维的亚的阿根廷大使馆里举行,这是两位独裁者设立的奖项,颁奖人为外交官埃尔南·帕蒂尼奥·梅耶尔。这个奖项是由 1943 年上任的总统埃德尔米罗·法雷尔的政府提议的,并且由 1957 年欧亨尼奥·阿兰布鲁这位独裁者重新开始授予。然而,当 2003 年基什内尔当选之后,这个奖项就开始奖励那些为恢复国家主权以及人权做出贡献、进行斗争和充当榜样的人。因此,这个奖项还颁给过加泰罗尼亚歌手霍安·曼努埃尔·塞拉特,替 1976 年独裁统治期间被杀害的法国修女们做辩护的律师索菲·托农,2014 年 9 月 15 日还颁给了瑞士的福音牧师查尔斯·哈珀。在阿根廷大使馆的颁奖仪式上出席的还有加莱亚诺的朋友、音乐家丹尼尔·比格列蒂,造型艺术家卡洛斯·派斯·比拉罗以及广泛阵线的总统候选人何塞·穆希卡。"下午好,总统先生。"莱亚诺在他们互相拥抱的时候调侃地说道。

2010 年,加莱亚诺获得了斯蒂格·达格曼奖,这是瑞典颁发的非常重要的文学奖之一。

2008 年年末,经济危机在席卷了拉丁美洲大陆之后不久又转移到了西班牙,金融泡沫的出现导致了西班牙失业率的增高、房地产被拍卖、公共管理体系的调整,以及缩减工薪等后果。除此之外,5 月 15 日出现了一个自发的运动,40 来个年轻人聚集在马德里的太阳门广场进行抗议,要求改善生活条件和工作机遇。许多人加入了这些年轻人的队伍,消息在社交网络上传开了,不久整个西班牙称他们为"愤怒者",他们没有党派,只有一个目的,那就是体面的生活。"这样做我很喜欢,因为他们证明了生命的存在,证明了这个糟糕透顶的世界肚子里面孕育了另一个世界。这份有感染力的开心来自年轻人。这些人不相信少数人从他们手中抢走的民主。这个运动的重要性不在于什么时候发生,而是证明了今天他们是活着的,他们不会温顺地尊重给他们写好的糟糕的脚本。明天会怎么样?我不知道,也不重要。重要的是现在,是处于反叛期的今天。"在这个运动后不久就产生了另一个党派:"我们能"党。2014 年,它在国会选举中得到了超过西班牙传统党派人民党(右翼)和西班牙工人社会党(PSOE)的票数。

2011 年 10 月,加莱亚诺出版了《埃莱娜的梦》。在经过了 35 年细细地品读他的文章后,在成为他四本书的题献对象后,埃莱娜·比利亚格拉成了他书中的主角。加莱亚诺在继续打破文学体裁的界限:不仅写到了梦境(梦境难以重建,在纸上写出来也很难),而且他还通过跟造型艺术家伊西德罗·费雷尔的合作,来探索一种与他人沟通的新方式。伊西德罗·费雷尔负责加莱亚诺作品的插图,这部作品是加来业诺对埃莱娜梦境的叙述和解读。

有着放大一切的功能的社交网络也助了加莱亚诺作品一臂之力。这部作品超越了对分散的、充满诗意的话语的重新拾掇:《埃莱娜的梦》出现在了智利圣地亚哥监狱的一次写作工坊活动中,那里的囚犯们感受到了文字的自由。

2012 年出版的《时日之子》包含了 365 个故事、参考文献以及感想,每一天都是不同人的不同事件,他们都被安放在了日历中,然而显而易见,这些事情是以一种反叛的视角来描写的。在布宜诺斯艾利斯国际书展上,这本书的出现吸引了 2000 多人,他们聚集在何塞·埃尔南德斯大厅,在那儿作家对该书做了介绍并回答了一些提问。之后在电视台记者、乌拉圭人维克托·乌戈·莫拉莱斯的一个访谈节目中,他不仅谈及了这本书,而且还谈到了一些句子和思想,这体现出了他评论家的特点。关于古巴,他谈到他并不喜欢"一党独政,并且古巴媒体缺少多元性",并且他在批评了一些中心国家的新闻媒体之后,及时地将矛头对准了巨头鲁伯特·默多克,他将默多克描述成"一个海盗,那些如破铜烂铁般的传媒海盗,他所做的都是些垃圾新闻"。

回到蒙得维的亚之后,每况愈下的身体告诉他,他现在已经不如以前了,他不得不住进了病房,来应付"例行检查"。8 月 22 日他开始住院,住了一星期左右。

尽管新闻媒体每天都将人民置于一个信息大爆炸的时代,不论是在严肃辩论中还是在廉价商业广告中对环境和生态问题的关心,从《拉丁美洲被切开的血管》一书开始就出现在了加莱亚诺的作品中。虽然他并没有刻意将自己的立场和维护生态主义的社会团体所持有的态度平行地摆放在一起,然而他们的思想是有内在联系的。他不仅自称穷人的守护者,同样也自称大自然的热爱者。他 70 年代开始的作品都可以以这个方式来阅读。在近几年,尤其是在《使用它并丢弃它》《颠倒看世界》《时间之口》《镜子:照出你看不见的世界史》《时日之子》这些作品中,加莱亚诺强调了环境的问题以及自然和人类共存的问题。不管怎么说,根据加莱亚诺的看法,地球目前所处的危险情形是资本主义演变的结果,伴随着它的发展、剥削和死亡。从概念上来看,我们回过头来看作家后现代时期的语言:在他的作品的复杂结构中,最根本的一部分就是对资本主义的批判。

2013 年 1 月 12 日,加莱亚诺在智利荣获奈通奖,该奖项是1996 年由支持生态艺术家的文化公司设置的,颁发给那些为保护环境做出过贡献的个人或者组织。墨西哥的瓜达拉哈拉大学要给他颁发名誉博士学位,古巴要给他颁发文字曙光奖。"有时候我认为一个人的写作可能不只是一种孤独的释放:文字会和另外的文字或者话语在不同场合相结合。"加莱亚诺说道。这句话还被拉丁美洲通讯社引用了。"对我们所有人来说,我们自认为是曙光的一部分,我们一直相信我们在为恢复集体尊严做贡献。"他补充道。

2014年4月24日,作家同其他知识分子如诺姆·乔姆斯基、阿曼多·巴尔特拉、维克托·马努埃尔·托雷多、哈维尔·西西利亚、乌拉圭人卡洛斯·法西奥、玛丽亚·欧亨尼娅·桑切斯·迪亚斯·德·里韦拉一起,签署了《普埃布拉和莫雷诺斯镇压和死亡计划停止协议》,在这些地方,由于贩毒组织和政府之间的斗争,每天都会有死伤者产生。

同一天,他跟尼加拉瓜诗人埃内斯托·卡德纳尔一起获得了佩德罗·亨利克斯·乌瑞纳国际文学奖,这是圣多明戈政府每年都会颁发的奖项,在圣多明戈书展的开幕式上会公布获奖者名单。74岁的加莱亚诺还积极参与了美洲大陆的生活和新闻运动。在广泛阵线2014年的内部竞选中,他支持康斯坦萨·莫雷拉,反对塔瓦雷·巴斯格斯,而后者最后当上了总统。媒体将他和莫雷拉候选清单上的一位候选人的名字搞混了,他不得不出来澄清。"我们现实中政治的不真实让我不得不出来说明,并且以诚恳且充满活力的态度一遍遍地澄清这个事实,我支持的是这样一个运动,这个运动中有很多人,他们在年岁的流逝中都永葆年轻。因此我声明我坚定不移地支持康斯坦萨·莫雷拉组织的运动,她是美好创造之风的使者,她使我们的国家不再畏惧创造并充满胆量。"最后,他以一句特殊的祝词结尾:"奉上无数个拥抱,那些像章鱼拥抱般的拥抱。"

加莱亚诺说过许多次他选择在蒙得维的亚居住的原因：它替人类保留了能够呼吸和散步的可能性，在病态且危险的大城市中这是两项奢侈的运动。每天早上他都会和埃莱娜共进早餐：果汁、拿铁。埃莱娜负责打听消息，给他讲述新闻，他想远离报纸，取而代之的是在有球赛的时候端坐于电视机前看球。

有些朋友证实了这位作家后来的那种闲适的生活。他没有时刻表，写作也是"当他手痒的时候"才写，这是他询问他的一位古巴的音乐家朋友有关敲鼓技巧的秘诀的时候，音乐家朋友回答他的。"我只有在手痒的时候才演奏"，音乐家朋友回答道，这位作家就采用了同样的方式进行写作。然而，当这些故事和人物从加莱亚诺的记忆深处出来，同他的一位阿根廷朋友赠送的那本小纸张手工笔记本上的人事（他一直用这个笔记本做记录）相结合，而在纸张上组成文字的时候，他的手也就痒了。他用手写作，用手创造，他好像文字的手工艺者，因为手是身体的延伸，"也是它用来写作的一切工具"，加莱亚诺说道。

他定期去逛蒙得维的亚的特里斯坦·纳瓦哈集市，在周日灰暗的天空下，一边徘徊在色彩、气味、熙攘声和谈笑声中，一边搜寻物件和书籍。他在家会给新闻做笔记，甚至会做些自己感兴趣的剪报。虽然他将自己称为科技的差劲朋友，然而还是长时间泡在网上，这是一位经常去他家串门的朋友透露的。

在很久以前，他就决定不吃午饭了，因为他认为这个习惯会把一天分成两半，他选择吃一顿丰盛的早餐以及华丽的晚餐，将此作为对人体和事物的虔敬和仪式，这可是生命旅途中相依为命的旅伴。

直到几个月前还有人看到他每天散步，去到海滩边上那个位于老城区的巴西人咖啡馆。在这个点散步，他总会碰到劳尔·森迪克和他那具有感染力和爆破力的笑声,边笑边给《太阳》周报上的政治图画配笑话。他跟埃米利奥·弗鲁戈尼分享传记作家的某些图片,弗鲁戈尼是一位杰出的社会主义者,而且还请他去看电影。他热衷于投身社会主义阵营团体,在失去了儿时的上帝后还是至死不渝地保持着信仰。望着大海和城市的交汇处,他一一回忆起那些社会主义青年朋友,跟他们一起在周六晚的沙滩狂欢后醒来,注视着海平面上初现的点点光亮,就仿佛在看《时代报》的第一版从印刷机里吐出来一样。他聆听着他的老师卡洛斯·基哈诺的话语,老师提醒他说一个人犯下的最严重的罪就是背叛希望,甚至回想起在热情的 60 年代,当他们之间意见不合时老师生气的场景。大海和被海水浸湿的沙滩的香味使他回想起他的爱人们以及他们受到海滩保护的孩子们。石铺路让他回忆起那些为了使日报准时出刊而搜集素材时所跑过的大街小巷,或者是同七月十八日大道上骑在马背上时刻准备挥舞几刀的警察的无数次相遇。他怎么会不记得在那些咖啡馆第一次听到那些老一辈的无政府主义者和社会主义者谈论西班牙共和党以及那些亡人的事呢?还有那些和奥内蒂及帕科·埃斯皮诺拉共处的追寻文学梦想的时刻。他将目光投向遥远的布宜诺斯艾利斯城,回想起过去的事以及那些已经不在了的朋友。阿罗多·孔蒂、鲁道夫·沃尔什、弗朗西斯科·乌龙多,他们都被独裁带走了,还有胡利娅·孔斯滕拉,还有他乡的首份新闻工作,那个大都市他已经回不去了,然而在记忆里它是永存的,他回想起奥拉西奥·阿查瓦尔、豪尔赫·里韦拉、阿尼瓦尔·福特、胖胖的索里亚诺,以及在那些充满恐惧和反叛的年代中转瞬即逝的爱情。当他漫步于那个沙滩,望向天空的时候,他看到了那个"干净,如晨曦般的微笑",那是那位相信"新人"存在并且永垂不朽的人的微笑,那个人就是切·格瓦拉。他也想到了自己在蒙得维的亚和委内瑞拉的两次死亡，还有在危地马拉的死亡威胁，以及在智利和巴西时的微笑。在记忆的最深处还有那位一路追寻毛泽东的年轻人，他想记录另外一个新生的革命，记录东欧，还有苏联，在背负冷战的同时，他们在 60 年代开始发酵。由于对三 A 联盟的恐惧，他离开了阿根廷，来到了没有佛朗哥的新西班牙，并结识了一帮新朋友。从流亡的生活回到他心心念念的国家后他发现，想要拥有公平这本身是没有公平可言的。他还想到了他写下的那么多的文字，以及栖息在这些文字里的人，他如此感谢生活。他一路走到咖啡馆的桌子旁，给自己点了一杯咖啡，消化了那些问候和拥抱，他想起那些书，想起由自己选择的那种生活提供给他的那段冒险历程，他选择成为一个文字狩猎者，好让他人的记忆留存于我们的记忆之中。

参考文献

Reconstrucción de la historia. Un análisis de Memoria del fuego de Eduardo Galeano. Raquel García Borsani, Ediciones de la Biblioteca Nacional de Uruguay, Montevideo, 2008.

Sendic. Samuel Blixen. Ediciones Trilce, Montevideo, 2000.

Seregni. La mañana siguiente. Samuel Blixen, Ediciones de Brecha, Montevideo, agosto de 1997, segunda edición.

Gerardo Gatti. Revolucionario. Ivonne Trías y Universindo Rodríguez, Ediciones Trilce, Montevideo, 2012.

Construcción de la noche. La vida de Juan Carlos Onetti. María Esther Gilio y Carlos María Domínguez, Editorial Planeta, Buenos Aires, 1993.

A la vuelta de la esquina. La izquierda revolucionaria uruguaya 1955—1973. Eduardo Rey Tristán, Editorial Fin de Siglo, Montevideo, 2006.

La ley y las armas. Biografía de Rodolfo Ortega Peña. Felipe Celesia y Pablo Waisberg. Prisa Ediciones, Buenos Aires, setiembre de 2013. Primera edición.

Manual del perfecto idiota latinoamericano. Plinio Apuleyo Mendoza, Carlos Alberto Montaner y Alvaro Vargas Llosa. Editorial

Atlantida, Buenos Aires, 1996, primera edición.

Entre la pluma y el fusil. Claudia Gilman. Siglo Veintiuno editores, Buenos Aires, 2012.

Política y cultura en los sesenta. El semanario Marcha. Claudia Gilman. Informe final de beca de iniciación del CONICET, 1990. Versión on line.

Angel Rama, Marcha y la crítica literaria latinoamericana en los sesenta. Jorge Ruffinelli, revista Scriptura, núm. 8 y 9, 1992. Universidad de Lleida, España. Consultado desde el link http://www.periodicas.edu.uy/Libros%20sobre%20 pp/Ruffinelli_Rama_Marcha_y_la_critica_literraria_latinoamericana_en_los_60.pdf

El género testimonial revisitado. El Premio Testimonio de Casa de las Américas (1970—2007). Anne Forné, Universidad de Goteburgo, Suecia. Publicado en *El taco en la brea*, revista anual del Centro de Investigaciones Teórico Literarias, Facultad de Humanidades y Ciencias, Universidad Nacional del Litoral, Santa Fe, República Argentina. 2014, año 1, núm. 1.

文件

杂志

Monthly review, selecciones en castellano, Año 1, núm.4, noviembre — diciembre de 1963. Archivo del autor.

Marcha, revista semanal, colección completa de junio de 1939 a noviembre de 1974. Consultada desde el sitio web http://www.periodicas.edu.uy/indice.php? 1=M

Época, diario, números sueltos aparecidos entre 1964 y 1966. Consultados en la Biblioteca Nacional de Uruguay, Montevideo.

Crisis, revista mensual, colección completa de la primera etapa, números 1 al 40, de mayo de 1973 a agosto de 1976. Archivo del autor.

Crisis, revista mensual, colección completa de la segunda etapa, números 41 al 53, de abril de 1986 a abril de 1987. Archivo del autor.

Crisis, revista mensual, colección completa de la tercera etapa, números 54 al 80, de octubre de 1987 a junio de 1990. Archivo del autor.

El periodista de Buenos Aires, revista semanal, número 1, 15 al 21 de setiembre de 1984. Ediciones de la Urraca, Buenos Aires. Archivo del autor.

Historia de América. Fascículos coleccionables semanales, Centro Editor de América Latina, Buenos Aires, 1984. Fascículos núm. 12, "Batlle, la democracia uruguaya"; 29, "Herrera, el colegiado en Uruguay" y 51, "Líber Seregni, el Frente Amplio en Uruguay". Archivo del autor.

报纸

Época, diario, números sueltos aparecidos entre 1964 y 1966. Consultados en la Biblioteca Nacional de Uruguay, Montevideo.

La Opinión, diario, números sueltos aparecidos entre 1974 y 1976. Consultado en el archivo de TEA y Deportea.

Archivo de los diarios argentinos *Clarín*, *Página 12*, *La Nación*, consultados en sede y *on line*.

Archivo de los diarios uruguayos *La República* y *El País* consultados *on line*.

Archivo del semanario uruguayo *Brecha*, consultado en sede y *on line*.

Entrevistas del autor realizadas entre 1992, 1993, 2014 y 2015.

爱德华多·加莱亚诺著作

Los días siguientes, Editorial Alfa, Montevideo, noviembre de 1967, segunda edición.

China 1964. Crónica de un desafío. Jorge Alvarez Editor, Buenos Aires, marzo de 1964.

Guatemala, clave de Latinoamérica. Ediciones de la Banda Oriental, Montevideo, 1967.

Los fantasmas del día del león y otros relatos. Ediciones Arca, Montevideo, abril de 1967.

Crónicas latinoamericanas. Editorial Girón, Montevideo, 1972.

Las venas abiertas de América Latina, Siglo Veintiuno editores, Buenos Aires, 1984, trigesimonovena edición.

Vagamundo, Ediciones de Crisis, Buenos Aires, 1973, primera edición.

La canción de nosotros, Editorial Sudamericana, Buenos Aires, julio de 1975.

La piedra arde, Lóguez ediciones, España, quinta edición, 1993.

Días y noches de amor y de guerra, Catálogos Editora SRL,

Buenos Aires, 1984.

Memoria del fuego, Tomo I. "Los nacimientos". Siglo Veintiuno Editores, España, 1982.

Memoria del fuego, Tomo II. "Las caras y las máscaras". Siglo Veintiuno Editores, Buenos Aires, 1988, decimosegunda edición, tercera reimpresión.

Memoria del fuego. Tomo III. "El siglo del viento". Siglo Veintiuno Editores, España, novena edición, noviembre de 1990.

El libro de los abrazos, Siglo Veintiuno Editores, Buenos Aires, 1989.

Mujeres. Biblioteca Página 12, Buenos Aires, agosto de 1993.

Úselo y tírelo. Booket Editores, España, 1994.

El fútbol a sol y sombra y otros escritos, Siglo Veintiuno Editores, Buenos Aires, 1995.

Entrevistas y artículos (1962/1987), Ediciones del Chanchito, Montevideo, setiembre de 1996.

Patas arriba. La escuela del mundo al revés, Siglo Veintiuno Editores, España, noviembre de 1998.

Bocas del tiempo, Catálogos SRL, Buenos Aires, 2004, primera edición.

Espejos, una historia casi universal, Siglo Veintiuno Editores, España, 2008.

Ser como ellos, Siglo Veintiuno Editores, España, 2010.

Los sueños de Helena, Libros del zorro rojo, España, 2011.

Los hijos de los días, Siglo Veintiuno Editores, Buenos Aires 2012.

译名对照表

人　名

阿尔弗雷多·西达罗萨　Alfredo Zitarrosa

阿尔瓦罗·巴尔加斯·略萨　Álvaro Vargas Llosa

阿尔瓦罗·库尼亚尔　Álvaro Cunhal

阿尔韦托·阿希瓦伊　Alberto Argibay

阿尔韦托·瓜尼　Alberto Guani

阿尔韦托·卡伊马里斯　Alberto Caymaris

阿尔韦托·科尔蒂　Alberto Corti

阿尔韦托·科里埃尔　Alberto Couriel

阿尔韦托·梅托尔·费雷　Alberto Methol Ferré

阿尔韦托·梅乔索　Alberto Mechoso

阿尔韦托·斯蓬博格　Alberto Szpunberg

阿尔韦托·西里亚　Alberto Ciria

阿方索·阿尔卡尔德　Alfonso Alcalde

阿吉雷　Aguirre

阿克德尔·比拉斯　Acdel Vilas

阿莱霍·卡彭铁尔　Alejo Carpentier

阿列尔·阿尔瓦雷斯　Ariel Álvarez

阿列尔·多夫曼　Ariel Dorfman

阿罗多·孔蒂　Haroldo Conti

阿曼多·巴尔特拉　Armando Bartra

阿尼瓦尔·福特　Anibal Ford

阿帕里西奥·萨拉维亚　Aparicio Saravia

阿塞韦多·迪亚兹　Acevedo Díaz

阿图尔·波尔内尔　Artur Poerner

阿图罗·巴利尼亚斯　Arturo Baliñas

阿图罗·弗朗迪西　Arturo Frondizi

阿图罗·伊利亚　Arturo Illia

阿韦尔·波塞　Abel Posse

阿韦尔·拉登道夫　Abel Latendorf

艾德·圣玛丽亚　Haydee Santamaria

爱德华多·阿利韦尔蒂　Eduardo Aliverti

爱德华多·巴利亚里　Eduardo Baliari

爱德华多·加莱亚诺　Eduardo Galeano

爱德华多·赫尔曼·玛丽亚·休斯·加莱亚诺　Eduardo Germán María Hughes Galeano

爱德华多·胡安·休斯·戈麦斯　Eduardo Juan Hughes Gómez

爱德华多·霍萨米　Eduardo Jozami

爱德华多·雷伊·特里斯坦　Eduardo Rey Tristan

爱德华多·鲁西奥　Eduardo Ruccio

爱德华多·路易斯·杜阿尔德　Eduardo Luis Duhalde

爱德华多·米尼奥尼亚　Eduardo Mignogna

爱德华多·休斯·罗森　Eduardo Hughes Roosen

埃迪瓦尔多·布里托　Edivaldo Brito

埃尔温·洛伊希特　Erwin Leuchter

埃尔莎　Elsa

埃尔曼·马里奥·奎瓦　Herman Mario Cueva

埃尔南·帕蒂尼奥·梅耶尔　Hernan Patiño Meyer

埃弗拉因·冈萨雷斯·贡齐　Efraín González Conzi

埃克托尔·阿米利瓦　Héctor Amiliva

埃克托尔·波拉特　Héctor Borrat

埃克托尔·蒂松　Héctor Tizon

埃克托尔·古铁雷斯·鲁伊斯　Héctor Gutierrez Ruiz

埃克托尔·何塞·坎波拉　Héctor Jose Campora

埃克托尔·罗德里格斯　Héctor Rodriguez

埃克托尔·佩列格里尼　Héctor Pellegrini

埃莱娜·比利亚格拉　Helena Villagra

埃莱乌特里奥·费尔南德斯·维多夫罗　Eleuterio Fernandez
　　Huidobro

埃里克·内波穆塞诺　Eric Nepomuceno

埃里韦托·穆拉洛　Heriberto Muraro

埃马·蒙托罗·彭科　Ema Montoro Penco

埃梅内希尔多·萨瓦特　Hermenegildo Sabat

埃梅斯·基哈达　Hermes Quijada

埃米尔·罗德里格斯·莫内加尔　Emir Rodríguez Monegal

埃米利奥·弗鲁戈尼　Emilio Frugoni

埃米利亚·罗哈斯　Emilia Rojas

埃内斯托·埃普斯坦　Ernesto Epstein

埃内斯托·冈萨雷斯·贝尔梅霍　Ernesto Gonzalez Bermejo

埃内斯托·格瓦拉·德·拉塞尔纳　Ernesto Guevara De La Serna

埃内斯托·卡德纳尔　Ernesto Cardenal

埃内斯托·切·格瓦拉　Ernesto Che Guevara

埃内斯托·萨瓦托　Ernesto Sábato

埃斯特·穆尼奥斯·里韦拉　Ester Muñoz Montoro

埃斯特万·埃切维里亚　Esteban Echeverría

埃斯特拉·坎托　Estela Canto

埃斯特万·拉蒂　Esteban Ratti

埃韦尔托·帕迪利亚　Heberto Padilla

埃沃·莫拉莱斯　Evo Morales

安布罗斯·比尔斯　Ambrose Bierce

安布罗西奥·福尔内特　Ambrosio Fornet

安德雷斯·古尔特里　Andrés Cultelli

安德里亚纳·科尔特斯·科洛丰　Andriana Cortes Koloffon

安德烈·贡德·弗兰克　Andre Gunder Frank

安德烈·马尔罗　Andre Malraux

安德烈娅·琼塔　Andrea Giunta

安德鲁·格拉罕·约尔　Andrew Graham-Yooll

安德鲁·普雷斯顿　Andrew Preston

安蒂希耶·科洛戈　Antjie Krog

安东尼奥·卡洛斯·霍比姆　Antonio Carlos Jobim

安东尼奥·洛沃·安图内斯　Antonio Lobo Antunes

安东尼奥·蒙托罗　Antonio Montero

安东尼奥·尼克·洛佩斯　Antonio ñico López

安东尼奥·斯卡尔梅达　Antonio Skármet

安东尼奥·萨拉萨尔　Antonio Salazar

安赫尔·拉马　Angel Rama

安赫尔·罗科　Angel Ruocco

安赫利纳·博赫留斯　Angelina Vogelius

安妮·福尔内　Anne Forne

奥古斯都·霍夫曼·克拉瑟曼　Augusto Hoffman Crasseman

奥古斯托·罗亚·巴斯托斯　Augusto Roa Bastos

奥古斯托·皮诺切特　Augusto Pinochet

奥古斯托·塞萨尔·桑蒂诺　Augusto Cesar Sandino

奥克塔维奥·亨蒂诺　Octavio Gentino

奥拉西奥·阿查瓦尔　Horacio Achaval

奥兰多·巴罗内　Orlando Barone

奥兰多·罗哈斯　Orlando Rojas

奥雷利亚诺·何塞　Aureliano José

奥洛斯敏·来吉萨蒙　Orosmín Leguizamón

奥梅罗·阿尔西纳·德芬内　Homero Alsina Thevenet

奥斯卡·布鲁斯切拉　Óscar Bruschera

奥斯卡·赫斯蒂多　Óscar Gestido

奥斯卡·罗梅罗　Óscar Romero

奥斯卡·马乔洛　Óscar Maggiolo

奥斯瓦尔多·巴耶尔　Osvaldo Bayer

奥斯瓦尔多·得拉富恩特　Osvaldo Delafuente

奥斯瓦尔多·多尔蒂科斯　Osvaldo Dorticós

奥斯瓦尔多·索里亚诺　Osvaldo Soriano

奥扬塔·胡马拉　Ollanta Humala

B

巴勃罗·奥韦拉尔　Pablo Obelar

巴勃罗·聂鲁达　Pablo Neruda

巴勃罗·魏斯贝格　Pablo Waisberg

巴勃罗·乌韦达　Pablo Ubeda

巴勃罗·朱萨尼　Pablo Giussani

巴尔塔萨·加尔松　Baltasar Garzon

巴尔塔萨·伊达尔戈·德·西斯内罗斯　Baltasar Hidalgo De Cisneros

巴拉克·奥巴马　Barak Obama

保罗·斯威奇　Paul Sweezy

保罗·希林　Paulo Schilling

贝尔纳多·奥赛　Bernando Houssay

贝尔纳多·普鲁登西奥·贝罗　Bernardo Prudencio Berro

贝尼托·米利亚　Benito Milla

贝尼托·纳尔多内　Benito Nardone

比列加斯　Villegas

比尼西奥·塞雷索　Vinicio Cerezo

比森特·西多·莱马　Vicente Zito Lema

比维安·特里亚斯　Vivian Trias

布兰卡·戈麦斯·布里托　Blanca Gómez Brito

布鲁诺·盖吕萨科　Bruno Gay-Lussac

布奇·埃梅切塔　Buchy Emecheta

C

查尔斯·哈珀　Charles Harper

D

丹尼尔·奥尔特加　Daniel Ortega

丹尼尔·比达特　Daniel Vidart

丹尼尔·比格里翁尼　Daniel Viglione

丹尼尔·比格列蒂　Daniel Viglietti

丹尼尔·菲尔穆斯　Daniel Filmus

丹尼尔·卡瓦莱罗　Daniel Cabalero

丹尼尔·莫亚诺　Daniel Moyano

达尼洛·阿斯托里　Danilo Astori

达西·里贝罗　Darcy Ribeiro

戴维　David

戴维·比尼亚斯　David Viñas

德怀特·艾森豪威尔　Dwight Eisenhower

迪尔曼·罗塞夫　Dilma Roussef

蒂托·宝莱蒂　Tito Paoletti

杜布拉布卡·乌格雷西克　Dubravka Ugresic

多明戈·波尔多里　Domingo Bordoli

多明戈·布西　Domingo Bussi

E

厄斯金·考德威尔　Erskine Caldwell

恩里克·安赫莱里　Enrique Angelelli

恩里克·贝苏勒夫斯　Enrique Besulevsky

恩里克·赫斯托　Enrique Gesto

恩里克·派塞·冈萨雷斯　Enrique Payssé González

F

菲德尔·卡斯特罗　Fider Castro

费德里科·博赫留斯　Federico Vogelius

费德里科·蒙赫阿乌　Federico Monjeau

费尔南多·奥利乌　Fernando Oliú

费尔南多·德拉鲁阿　Fernando De La Rua

费尔南多·恩里克·卡多索　Fernando Henrique Cardoso

费尔南多·卡蒙娜　Fernando Carmona

费尔南多·卢戈　Fernando Lugo

费尔南多·佩索阿　Fernando Pessoa

费尔南多·皮诺索·拉纳斯　Fernando Pino Solanas

菲科　Fico

费利佩·塞莱西亚　Felipe Celesia

费利斯韦托·埃尔南德斯　Felisberto Hernandez

弗朗茨·法农　Franz Fanon

弗朗西斯科·佛朗哥　Francisco Franco

弗朗西斯科·哈维·马丁内斯·德·阿埃多　Francisco Javier Martínez
　De Haedo

弗朗西斯科·马丁·莫雷诺　Francisco Martín Moreno

弗朗西斯科·帕科·埃斯皮诺拉　Francisco Paco Espinola

弗朗西斯科·维达尔·伊拉索基　Francisco Vidal Irazoqui

弗朗西斯科·帕科·乌隆多　Francisco Paco Urondo

弗朗西斯科·朱利奥　Francisco Juliao

弗里德里希·恩格斯　Federico Engels

弗鲁克托索·里韦拉　Fructuoso Rivera

弗洛伦西奥·巴莱拉　Florencio Varela

弗洛伦西娅·休斯·贝罗　Florencia Hughes Berro

富尔亨西奥·巴蒂斯塔　Fulgencio Batista

富兰克林·德拉诺·罗斯福　Franklin Delano Roosevelt

G

格拉谢拉·贝罗·图雷尔　Graciela Berro Rovira

格雷戈里奥·塞尔瑟　Gregorio Selser

格里塞尔达·甘巴罗　Griselda Gambaro

古斯塔沃·罗加　Gustavo Roca

古滕伯格·查尔克罗　Gutenberg Charquero

瓜达卢佩·波萨达　Guadalupe Posada

格洛丽亚·达莱桑德罗　Gloria Dalessandro

H

哈科沃·齐默尔曼　Jacobo Timerman

哈利·杜鲁门　Harry Truman

哈维尔·罗德里格斯·马尔科　Javier Rodriguez Marco

哈维尔·西西利亚　Javier Sicilia

汉斯·昆　Hans Küng

汉斯·马格努斯·恩岑斯贝格尔　Hans Magnus Enzensberger

豪尔赫·阿多姆　Jorge Adoum

豪尔赫·阿西斯　Jorge Asís

豪尔赫·埃利塞尔·盖坦　Jorge Eliecer Gaitán

豪尔赫·贝尔纳多·里韦拉　Jorge Bernardo Rivera

豪尔赫·贝尼尼奥·里韦拉　Jorge Benigno Rivera

豪尔赫·博卡内拉　Jorge Boccanera

豪尔赫·基罗加　Jorge Quiroga

豪尔赫·拉腊尼亚加　Jorge Larrañaga

豪尔赫·里韦拉　Jorge Rivera

豪尔赫·鲁菲内利　Jorge Ruffinelli

豪尔赫·路易斯·博尔赫斯　Jorge Luis Borges

豪尔赫·罗梅罗·布雷斯特　Jorge Romero Brest

豪尔赫·马内拉　Jorge Manera

豪尔赫·穆斯托　Jorge Musto

豪尔赫·帕切科·阿雷科　Jorge Pacheco Areco

豪尔赫·萨瓦尔萨　Jorge Zabalza

豪尔赫·魏地拉　Jorge Videla

豪尔赫·乌维科　Jorge Ubico

豪尔赫·亚历山德　Jorge Alessandri

何塞·阿蒂加斯　José Artigas

何塞·埃尔南德斯　José Hernandez

何塞·巴特列·奥多涅斯　José Batlle Y Ordóñez

何塞·德埃利亚　José D'elía

何塞·德利娅　José Delia

何塞·迪亚斯　José Díaz

何塞·费利克斯·乌里布鲁　José Felix Uriburu

何塞·弗朗西斯科　José Francisco

何塞·赫瓦西奥·阿蒂加斯　José Gervasio Artigas

何塞·路易斯·迪亚斯·克洛德雷洛　José Luis Diaz Colodrero

何塞·洛佩斯·雷加　José Lopez Rega

何塞·玛丽亚·阿格达斯　José Maria Arguedas

何塞·穆希卡　José Mujica

何塞·佩德罗·卡多索　José Pedro Cardoso

何塞·托里维奥　José Toribio

赫伯特·马修斯　Herbert Mathews

赫尔曼·拉马　Germán Rama

赫尔曼·维克多·罗森·雷加利亚　Germán Victor Roosen Regalía

赫尔穆特·科尔　Helmut Kohl

赫拉尔多·加蒂　Gerardo Gatti

赫拉尔多·马托斯·罗德里格斯　Gerardo Matos Rodríguez

赫瓦西奥·穆尼奥斯·里韦拉　Gervasio Muñoz Rivera

亨利·恩格莱　Henry Engler

亨利·米列尔　Henry Miller

华盛顿·爱德华多　Washington Eduardo

胡安·奥多内　Juan Oddone

胡安·包蒂斯塔·胡斯托　Juan Bautista Justo

胡安·庇隆　Juan Perón

胡安·多明戈·庇隆　Juan Domingo Peron

胡安·戈伊蒂索洛　Juan Goytisolo

胡安·何塞·阿雷瓦洛　Juan José Arévalo

胡安·何塞·阿梅扎加　Juan José Amézaga

胡安·何塞·克罗托希尼　Juan José Crottogini

胡安·赫尔曼　Juan Gelman

胡安·卡洛斯·奥内蒂　Juan Carlos Onetti

胡安·卡洛斯·迪斯特法诺　Juan Carlos Distefano

胡安·卡洛斯·戈罗西托　Juan Carlos Gorosito

胡安·卡洛斯·翁加尼亚　Juan Carlos Ongania

胡安·林多尔弗·奎斯塔斯　Juan Lindolfo Cuestas

胡安·鲁尔福　Juan Rulfo

胡安·洛佩兹　Juan López

胡安·玛丽亚·博达贝里　Juan Maria Bordaberry

胡安·曼努埃尔·德·罗萨斯　Juan Manuel De Rosas

胡安·翁加尼亚　Juan Onganía

霍安·曼努埃尔·塞拉特　Joan Manuel Serrat

胡利奥·比列加斯　Julio Villegas

胡利奥·卡斯特罗　Julio Castro

胡利奥·科塔萨尔　Julio Cortázar

胡利奥·A.罗卡　Julio A. Roca

胡利奥·马伦纳莱斯　Julio Marenales

胡利奥·玛利亚·桑吉内蒂　Julio Maria Sanguinetti

胡利奥·罗谢略　Julio Rossiello

胡利奥·瓦斯　Julio Huasi

胡利娅·孔斯滕拉　Julia Constenla

胡斯托·何塞·德·乌尔基萨　Justo José De Urquiza

J

J. D. 塞林格　J. D. Salinger

加布里埃尔·安东尼奥·佩雷拉　Gabriel Antonio Pereira

加布里埃尔·萨阿德　Gabriel Saad

加布里埃尔·特拉　Gabriel Terra

加夫列尔·加西亚·马尔克斯　Gabriel Garcia Marquez

加夫列尔·隆盖比利亚　Gabriel Longueville

加莱诺·德·弗雷塔斯　Galeno De Freitas

加斯帕尔·罗德里格斯·德·弗朗西亚　Gaspar Rodríguez De Francia

加图里奥·瓦加斯　Getulio Vargas

加西亚·阿罗塞纳　García Arocena

吉多·贝罗·奥里韦　Guido Berro Oribe

吉列尔莫　Guillermo

吉列尔莫·冈萨雷斯　Guillermo Gonzalez

吉列尔莫·格雷策　Guillermo Graetzer

吉列尔莫·希夫莱特　Guillermo Chifflet

吉洛·彭特克沃　Gilio Pontecorvo

季诺　Quino

K

K. S. 卡罗尔　K. S. Karol

卡尔·马克思　Carlos Marx

卡尔·海因茨·斯坦西克　Karl Heinz Stanzick

卡尔·拉纳　Karl Rhaner

卡卡尼奥　Cárcano

卡拉苏西亚　Carasucia

卡隆迪　Kalondi

卡洛斯·阿尔韦托·比利亚尔　Carlos Alberto Villar

卡洛斯·阿尔韦托·蒙塔内尔　Carlos Alberto Montaner

卡洛斯·阿尔瓦雷斯　Carlos Alvarez

卡洛斯·阿拉纳·奥索里奥　Carlos Arana Osorio

卡洛斯·阿里亚斯·纳瓦罗　Carlos Arias Navarro

卡洛斯·比利亚尔·阿劳霍 Carlos Villar Araujo

卡洛斯·德鲁蒙德·德·安德拉德 Carlos Drummond De Andrade

卡洛斯·德·迪奥斯·穆里亚斯 Carlos De Dios Murias

卡洛斯·法西奥 Carlos Fazio

卡洛斯·丰塞卡·阿马多尔 Carlos Fonseca Amador

卡洛斯·富恩特斯 Carlos Fuentes

卡洛斯·基哈诺 Carlos Quijano

卡洛斯·卡斯蒂略·阿马斯 Carlos Castillo Armas

卡洛斯·莱萨 Carlos Lessa

卡洛斯·雷亚尔·德·阿苏亚 Carlos Real De Azúa

卡洛斯·路易斯·法利亚斯 Carlos Luis Fallas

卡洛斯·洛佩斯 Carlos López

卡洛斯·马查多 Carlos Machado

卡洛斯·马里亚特吉 Carlos Mariátegui

卡洛斯·玛丽亚·多明格斯 Carlos Maria Dominguez

卡洛斯·玛丽亚·古铁雷斯 Carlos Maria Gutierrez

卡洛斯·穆希卡 Carlos Mujica

卡洛斯·梅内姆 Carlos Menem

卡洛斯·努涅斯 Carlos Núñez

卡洛斯·派斯·比拉罗 Carlos Paez Vilaro

卡洛斯·佩里赛尔 Carlos Pellicer

卡洛斯·皮耶夫 Carlos Pieff

卡森·麦卡勒斯 Carson Mc Cullers

康斯坦丁诺·卡瓦菲斯 Constantino Kavafis

康斯坦萨·莫雷拉 Constanza Moreira

科尼耶·帕尔曼 Connie Palmen

克拉拉 Clara

劳尔·达蒙特·塔沃尔达　Raúl Damonte Taborda

劳尔·罗亚　Raúl Roa

劳尔·普雷维什　Raúl Prebisch

劳尔·森迪克　Raúl Sendic

劳拉·马洛塞蒂　Laura Malosetti

勒科·斯皮勒　Ljerko Spiller

雷蒙　Raimon

雷蒙多·格莱塞尔　Raimundo Gleizer

雷蒙·格诺　Raymond Queneau

雷蒙多·翁加罗　Raimundo Ongaro

雷米西奥·纳瓦罗　Remigio Navarro

雷纳·雷耶斯　Reina Reyes

雷内·巴里恩托斯　René Barrientos

雷内·博雷托·奥瓦耶　René Boretto Ovalle

雷内·德佩斯特　René Depestre

雷内·萨瓦莱塔·梅尔卡多　René Zavaleta Mercado

理查德·班尼斯特·休斯·米尔斯　Richard Bannister Hughes
　　Mills

理查德·尼克松　Richard Nixon

理查德·休斯　Richard Hughes

里卡多·波萨斯　Ricardo Pozas

里卡多·卡帕尼　Ricardo Carpani

里卡多·马塞蒂　Ricardo Masseti

里卡多·莫利纳里　Ricardo Molinari

里卡多·皮格里亚　Ricardo Piglia

利奥·胡贝尔曼　Leo Huberman

林肯·席尔瓦　Lincoln Silva

利利　Lily

莉莉亚娜·埃克尔　Liliana Heker

利韦尔·塞雷尼　Líber Seregni

利西亚·埃斯特·加莱亚诺·穆尼奥斯　Licia Esther Galeano
　　Muñoz

鲁本斯·巴尔克斯　Rubens Barcos

鲁伯特·默多克　Rupert Murdoch

鲁道夫·奥尔特加·培尼亚　Rodolfo Ortega Peña

鲁道夫·特拉格诺　Rodolfo Terragno

鲁道夫·沃尔什　Rodolfo Walsh

鲁文·布拉德斯　Ruben Blades

鲁伊·格拉　Ruy Guerra

路易斯·阿尔韦托·德·埃雷拉　Luis Alberto De Herrera

路易斯·阿尔韦托·拉卡列　Luis Alberto Lacalle

路易斯·奥古斯托·图西奥斯·利马　Luis Augusto Turcios Lima

路易斯·巴特列·贝雷斯　Luis Batlle Berres

路易斯·德·奥尔纳　Luis De Horna

路易斯·卡洛斯·本韦努托　Luis Carlos Benvenuto

路易斯·萨维尼·费尔南德斯　Luis Sabini Fernandez

路易斯·伊纳西奥·卢拉·达席尔瓦（卢拉）　Luiz Inácio Lula Da Silva
　　（Lula）

罗伯特·麦克纳马拉　Robert Mcnamara

罗伯托·菲尔波　Roberto Firpo

罗伯托·费尔南德斯·雷塔马尔　Roberto Fernandez Retamar

罗伯托·马塞洛·利文斯顿　Roberto Marcelo Levingston

罗伯托·桑图乔　Roberto Santucho

罗伯托·桑托罗　Roberto Santoro

罗德里格斯·拉列塔　Rodríguez Larreta

罗德尼·阿里斯门迪　Rodney Arismendi

罗多尔福·库恩　Rodolfo Kuhn

罗赫尔·普拉　Roger Plá

罗赫利亚·科鲁兹　Rogelia Cruz

罗赫略·加西亚·卢波　Rogelio Garcia Lupo

罗克·达尔顿　Roque Dalton

罗克·里韦罗　Roque Rivero

罗慕洛·贝当古　Romulo Betancourt

罗纳德·里根　Ronald Reagan

罗萨尔瓦·奥桑达巴拉特　Rosalba Oxandabarat

罗西塔·法因戈尔德·德·比利亚格拉　Rosita Faingold De Villagra

M

马丁·菲耶罗　Martin Fierro

马丁内斯·德·胡斯　Martínez De Hoz

马丁内斯·特鲁埃瓦　Martínez Trueba

马尔科·安东尼奥·容·索萨　Marco Antonio Yon Sosa

马尔科姆·X　Malcolm X

马尔塔·林奇　Marta Lynch

马尔塔·斯卡巴克　Marta Scavac

马克西米利亚诺·埃尔南德斯·马丁内斯　Maximiliano Hernández
　　Martínez

马科斯·安娜　Marcos Ana

马里奥·贝内德蒂　Mario Benedetti

马里奥·汉德勒　Mario Handler

马里奥·卡普兰　Mario Kaplan

马里奥·卡西诺尼　Mario Cassinoni

马里奥·奎瓦　Mario Cueva

马里奥·马克塔　Mario Mactas

马里奥·特拉杰滕伯格　Mario Trajtenberg

马里奥·希赫曼　Mario Szichmann

马里纳·罗西　Marina Rossi

马里亚诺　Mariano

马龙·白兰度　Marlon Brando

马罗内　Marrone

马塞多尼奥·费尔南德斯　Macedonio Fernandez

马塞洛·佩雷拉　Marcelo Pereyra

玛蒂尔德　Matilde

玛蒂尔德·罗森·雷加利亚　Matilde Roosen Regalía

玛法达　Mafalda

玛格丽特·希尔达·撒切尔　Margaret Hilda Thatcher

玛加丽塔·德·利拉　Margarita De Lira

玛丽·海琳　Marie Helene

玛丽娅·埃斯特尔·吉利奥　María Esther Gilio

玛丽亚·巴内尔　Maria Vaner

玛丽亚·费力克斯　María Félix

玛丽亚·梅塞德斯·罗维拉·图雷尔　María Mercedes Rovira Turell

玛丽亚·欧亨尼娅·桑切斯·迪亚斯·德·里韦拉　María Eugenia
　　Sanchez Dias De Rivera

玛丽亚·萨拉·罗德里格斯·拉雷塔　María Sara Rodríguez Larreta

玛丽亚娜　Mariana

曼略·阿格塔　Manlio Argueta

曼努埃尔·奥里韦　Manuel Oribe

曼努埃尔·加利奇　Manuel Galich

曼努埃尔·利拉　Manuel Lira

曼努埃尔·罗哈斯　Manuel Rojas

曼努埃尔·普伊格　Manuel Puig

曼努埃尔·伊迪戈拉斯·富恩特斯　Manuel Ydigoras Fuentes

梅伦德斯　Meléndez

米格尔·安赫尔·阿斯图里亚斯　Miguel Angel Asturias

米格尔·安赫尔·巴斯特涅尔　Miguel Angel Bastenier

米格尔·安赫尔·布斯托斯　Miguel Angel Bustos

米格尔·博纳索　Miguel Bonasso

米格尔·拉瓦尔卡　Miguel Labarca

米格尔·利丁　Miguel Littin

米格尔·伊迪戈拉斯·富恩特斯　Miguel Ydígoras Fuentes

米哈伊尔·巴枯宁　Miguel Bakunin

米诺·基斯　Minor Keith

米歇尔·巴切莱特　Michelle Bachelet

莫利纳　Molina

莫里西奥·富内斯　Mauricio Funes

莫里西奥·罗森考夫　Mauricio Rosencof

N

纳迪娅·芬克　Nadia Fink

耐莉·拉莫斯　Nelly Ramos

内斯托尔·基什内尔　Nestor Kirchner

尼古拉斯·马杜罗　Nicolás Maduro

尼基塔·赫鲁晓夫　Nikita Jruschev

涅韦斯·伊莎贝尔·戈伊托　Nieves Isabel Coito

牛顿·卡洛斯　Newton Carlos

努门·比拉里尼奥　Numen Vilariño

诺姆·乔姆斯基　Noam Chomsky

O

欧内斯特·海明威　Ernest Hemingway

P

帕基塔·阿马斯·丰塞卡　Paquita Armas Fonseca

裴伯内　Peppone

佩德罗·阿兰布鲁　Pedro Aramburu

佩德罗·奥尔加比德　Pedro Orgambide

佩德罗·恩里克斯·乌雷尼亚　Pedro Henriquez Ureña

佩德罗·菲加里　Pedro Figari

佩德罗·迈尼尼·里奥斯　Pedro Mainini Ríos

佩佩·巴特列　Pepe Batlle

佩佩·比翁迪　Pepe Biondi

皮埃尔·维奥克斯　Pierre Wyaux

皮埃尔·约瑟夫·蒲鲁东　Pierre Joseph Proudhon

皮耶罗　Pierrot

普利莫·莱维　Primo Levy

普利尼奥·阿普莱约·门多萨　Plinio Apuleyo Mendoza

Q

奇科·布阿尔克　Chico Buarque

乔万尼诺·瓜雷斯奇　Giovannino Guareschi

乔治·霍治斯金　George Hodgskin

乔治·凯南　George Kennan

乔治·马歇尔　George Marshall

琼波·费雷蒂　Chombo Ferreti

R

让-保罗·萨特　Jean-Paul Sartre

若昂·弗朗西斯科·佩雷拉·德索萨　Joao Francisco Pereira De Souza

若昂·古拉特　Joao Goulart

若昂·吉马朗埃斯　Joao Guimaraes

S

萨尔兰加　Sarlanga

萨尔瓦多·阿连德　Salvador Allende

萨尔瓦多·桑切斯·塞伦　Salvador Sanchez Ceren

萨兰迪·卡布雷拉　Sarandy Cabrera

萨穆埃尔·布利塞恩　Samuel Blixen

萨穆埃尔·列支敦士登　Samuel Lichtensztejn

塞巴斯蒂安·巴克拉诺　Sebastian Vaquerano

塞巴斯蒂安·萨拉萨尔·邦迪　Sebastián Salazar Bondy

塞尔马·米切利尼　Zelmar Michelini

塞尔西奥·巴古　Sergio Bagu

塞尔西奥·拉米雷斯　Sergio Ramirez

塞萨尔·巴列霍　César Vallejo

塞萨尔·迪·坎迪亚　César Di Candia

塞萨尔·蒙特斯　César Montes

斯蒂格·达格曼　Stig Dagerman

苏马兰　Zumarán

索菲·托农　Sophie Thonon

索菲亚·罗兰　Sofía Loren

索里利亚·德·圣马丁　Zorrilla De San Martín

圣地亚哥·阿尔瓦雷斯·罗曼　Santiago Alvarez Roman

圣地亚哥·科瓦多罗夫　Santiago Kovadloff

圣地亚哥·劳里　Santiago Lowry

T

塔瓦雷·巴斯格斯　Tabare Vazquez

堂卡米洛　Don Camilo

特奥多罗·富克斯　Theodoro Fuchs

特迪　Teddy

特里斯坦·纳瓦哈　Tristan Narvaja

托马斯·埃洛伊·马丁内斯　Tomás Eloy Martinez

托马斯·贝雷塔　Tomás Berreta

托马斯·博尔赫　Tomás Borge

托马斯·曼　Thomas Mann

W

瓦尔多·弗兰克　Waldo Frank

威尔逊·费雷拉·阿尔杜纳特　Wilson Ferreira Aldunate

威廉·福克纳　William Faulkner

威廉·海克罗夫　William Haycroff

威廉·克莱顿　William Clayton

威廉·沃克　William Walker

维多利亚·奥坎波　Victoria Ocampo

维克托·劳尔·阿亚·德拉托雷　Víctor Raúl Haya De La Torre

维克托·马努埃尔·托雷多　Víctor Manuel Toledo

维克托·马苏　Víctor Massuh

维克托·乌戈·莫拉雷斯　Víctor Hugo Morales

维罗妮卡　Verónica

温斯顿·丘吉尔　Winston Churchill

乌戈·阿尔法罗　Hugo Alfaro

乌戈·查韦斯　Hugo Chávez

乌戈·乌利韦　Ugo Ulive

乌尼韦辛多·罗德里格斯　Universindo Rodriguez

乌伊尔卡　Huillca

X

西奥多·罗斯福　Theodore Roosevelt

西尔维亚·布兰度　Silvia Brando

西尔维纳·奥坎波　Silvina Ocampo

夏加尔　Chagall

休伊·朗　Huey Long

Y

雅各布·阿文斯　Jacobo Arbenz

亚历杭德罗·阿古斯丁·拉努塞　Alejandro Agustin Lanusse

亚历杭德罗·霍洛维兹　Alejandro Horowicz

叶夫根尼·叶夫图申科　Evgeni Evtushenko

伊波利托·索拉里奥·伊里戈延　Hipolito Solario Yrigoyen

伊德阿·比拉里尼奥　Idea Vilariño

伊尔达·加德亚　Hilda Gadea

伊尔玛·卡佩利诺·德·莫亚诺　Irma Capellino De Moyano

伊夫·孔加尔　Yves Congar

伊格纳西奥·波特拉　Ignacio Portela

伊格纳西奥·拉莫内特　Ignacio Ramonet

伊鲁雷塔·戈耶纳　Irureta Goyena

伊曼纽尔·沃勒斯坦　Immanuel Wallerstein

伊萨克·罗哈斯　Isaac Rojas

伊斯梅尔·比尼亚斯　Ismael Viñas

伊莎贝尔·马丁内斯　Isabel Martinez

伊塔洛·卢德尔　Italo Luder

伊韦尔·孔特里斯　Hiber Conteris

伊韦里科·圣琼　Iberico Saint Jean

伊沃内·特里亚斯　Ivonne Trias

伊西德罗·费雷尔　Isidro Ferrer

约翰·保罗二世　Juan Pablo Ii

约翰·厄普代克　John Updike

约翰·肯尼迪　John Kennedy

约瑟夫·斯大林　José Stalin

约瑟普·布罗兹·铁托　Josip Broz Tito

Z

祖贝布勒甚至布尔里奇　Zuberbühler

朱里奥·佩莱斯德斯　Julio Prestes

地　名

阿雷纳雷斯　Arenales

阿蒂加　Artigas

埃尔马斯诺　El Masnou

埃尔蒂格雷岛　El Tigre

埃塞萨　Ezeiza

安的列斯群岛　Antillas

巴勒莫　Palermo

贝纳多图埃托　Venado Tuerto

贝亚乌尼翁　Bella Unión

博内特湖　Rincón Del Bonete

布隆涅叙尔梅尔　Boulogne Sur Mer

蒂宾根　Tubinga

查马卡尔　Chamical

达尔米罗·科斯塔　Dalmiro Costa

弗赖本托斯　Fray Bentos

弗洛雷斯塔　Floresta

瓜莱瓜伊丘　Gualeguaychu

瓜尼亚莫　Guaniamo

胡胡伊省　Jujuy

卡莱利亚　Calella De La Costa

卡洛斯·佩列格里尼　Carlos Pellegrini

坎加略大街　Cangallo

科连特斯　Corrientes

科洛尼亚德尔萨克拉门托市　Colonia Del Sacramento

科恰班巴　Cochabamba

拉博卡　La Boca

拉蒙迪奥拉　La Mondiola

拉莫斯　Ramos

拉特哈　La Teja

雷科莱塔　Recoleta

林孔　Rincon

内格罗河　Río Negro

马埃斯特拉山脉　Sierra Maestra

马尔宾　Malvin

马古多　Macuto

马拉比亚　Malabia

马那瓜　Managua

马提尼克岛　Martinica

门多萨　Mendoza

蒙卡达　Moncada

南里奥格兰德　Río Grande Do Sul

派桑杜　Paysandú

蓬塔阿雷纳斯　Punta Arenas

三十三人省　Departamento De Treinta Y Tres

萨尔托　Salto

萨缅托　Sarmiento

圣达菲　Santa Fe

圣多明戈　Santo Domingo

圣路易斯　San Luis

圣洛伦索　San Lorenzo

圣米格尔　San Miguel

圣托马斯岛　La Isla De Saint Thomas

特雷利乌　Trelew

图库曼　Tucuman

维尔京群岛　El Archipiélago De Las Islas Vírgenes

维拉德沃托　Villa Devoto

维拉马尔泰利　Villa Martelli

维斯特布拉德半岛　Westerplatte

西斯普拉丁省　*Cisplatina*

雅拉　Yala

伊瓜苏　Foz Do Iguacu

书籍报刊名

《埃雷拉——乌拉圭联合政府》　*Herrera. El Colegiado En Uruguay*

《爱与战争的日日夜夜》　*Dias Y Noches De Amor Y De Guerra*

《巴特列——乌拉圭的民主》　*Batlle. La Democracia Uruguaya*

《百年孤独》　*Cien Años De Soledad*

《办公室诗集》　*Poemas De La Oficina*

《报社》　*La Prensa*

《贝哈》　*Veja*

《被埋葬者的眼睛》　*Los Ojos De Los Enterrados*

《被枪决的祖国》　*La Patria Fusilada*

《笔杆和枪杆之间》　*Entre La Pluma Y El Fusil*

《壁垒》　*Ramparts*

《编年史学》　*Historiografía*

《博物馆危机》　*La Crisis Del Museo*

《布宜诺斯艾利斯记者》　*El Periodista De Buenos Aires*

《采访与文章(1962—1987)》　*Entrevistas Y Artículos*（*1962 - 1987*）

《成为他们以及其他故事》　*Ser Ocmo Ellos Y Otros Articulos*

《创世纪》　*Los Nacimientos*

《达马索·拉腊尼亚加中学周刊》　*Instituto Damaso Larrañaga*

《当代乌拉圭散文选集》　*Antología Del Ensayo Uruguayo*

《红岩》 *La Esfigie Roja*

《虎口》 *La Boca Del Tigre*

《怀旧街的春天》 *Primavera*

《黄色列车》 *El Tren Amarillo*

《活着》 *En Vida*

《火的记忆》 *Memoria Del Fuego*

《将军,将军》 *General，General*

《军营日记》 *Diario Del Cuartel*

《卡莱罗》 *Calero*

《拉丁美洲被切开的血管》 *Las Venas Abiertas De América Latina*

《雷蒙谈话录,沉默改写成歌》 *Conversacion Con Raimon，Y El Silencio Se Hizo Canto*

《历史的重建:爱德华多·加莱亚诺〈火的记忆〉的文学分析》 *Reconstruccion De La Historia. Un Análisis Literario De Memoria Del Fuego De Eduardo Galeano*

《历史的转角:乌拉圭革命左翼(1955—1973)》 *A La Vuetla De La Esquina. La Izquierda Revolucionaria Uruguaya 1955 - 1973*

《连衣裙》 *La Robe*

《流浪者》 *Vagamundo*

《流行团体俱乐部》 *El Club Del Clan*

《龙虾》 *Los Bogavantes*

《笼围》 *Alrededor De La Jaula*

《轮廓》 *Contorno*

《绿色教皇》 *El Papa Verde*

《马斯卡洛:美洲猎人》 *Mascaró，El Cazador Americano*

《漫歌集》 *Canto General*

《曼努埃尔之书》 *Libro De Manuel*

《每月评论:国际政治研究月刊》 *Monthly Review. Revista Mensual De Investigación Política Internacional*

《美洲历史》 *Historia De América*

《蒙得维的亚人》 *Montevideanos*

《面孔与面具》 *Las Caras Y Las Mascaras*

《民族日报》 *El Nacional*

《南方》 *Sur*

《尼加拉瓜,美帝国主义的一场试验》 *Nicaragua，Un Ensayo Sobre El Imperialismo De Los Estados Unidos*

《年年夏日》 *Todos Los Veranos*

《帕哈利托·戈麦斯》 *Pajarito Gómez*

《〈前进〉周刊大事记》 Cuadernos De Marcha

《强风》 *El Viento Fuerte*

《切》 *Che*

《权杖仆人,宝剑骑士》 *Sota De Bastos Caballo De Espadas*

《缺口》 *Brecha*

《人民报》 *El Popular*

《人与齿轮》 *Hombres Y Engranajes*

《塞雷尼:次日晨》 *Seregni. La Mañana Siguiente*

《颠倒看世界》 *Patas Arriba Escuela Del Mundo Al Reves*

《隧道》 *El Túnel*

《莎西在地下铁》 *Zazie Dans Le Métro*

《使用它并丢弃它》 *Uselo Y Tirelo*

《时代报》 *Época*

《社会主义独立报》 *Revista Socialista Independiente*

《社会主义问题》 *Problemi Del Socialismo*

《太阳报》 *El Sol*

《堂卡米洛》 *Don Camilo*

《天天日报》 *El Día*

《头版》 *Primera Plana*

《危地马拉,拉丁美洲的喉舌》 *Guatemala , Clave De Latinoamerica*

《危机》 *Crisis*

《〈危机〉大事记》 *Cuaderno De Crisis*

《未来几日》 *Los Dias Siguientes*

《文字:个人选集》 *Palabras , Antologia Personal*

《我们的歌》 *La Canción De Nosotros*

《我们时代的声音》 *Voces De Nuestro Timepo*

《我们说不》 *Nosotros Decimos No*

《西班牙语快车》 *Revista Expres Español*

《西班牙语美洲大事记》 *Cuadernos Hispanoamericanos*

《拉丁美洲完美白痴手册》 *Manual Del Perfecto Idiota Latinoamericano*

《喜利比亚》 *La Jiribilla*

《先锋》 *La Vanguardia*

《先驱报》 *Herald*

《新观察家》 *Le Nouvel Observateur*

《新世界报》 *Mundo Nuevo*

《行动周刊》 *Acción*

《行星》 *Planeta*

《行走的话语》 *Las Palabras Andantes*

《雄狮日幽灵》 *Los Fantasmas Del Dia Del Leon*

《牙买加飓风》 *High Wind In Jamaica*

《雅努斯》 *Janus*

《夜的构建——胡安·卡洛斯·奥内蒂的一生》 *Construcción De La Noche. La Vida De Juan Carlos Onetti*

《英雄与坟墓》　*Sobre Heroes Y Tumbas*

《拥抱之书》　*El Libro De Los Abrazos*

《永久》　*Siempre*

《尤纳依妈妈》　*Mamita Yunai*

《远程快讯》　*Tele Expres*

《战后艺术：豪尔赫·罗梅罗·布雷斯特和他的〈观察和品鉴〉杂志》　*Arte De Posguerra：Jorge Romero Brest Y La Revista Ver Y Estimar*

《这里》　*Aquí*

《政治选集》　*Colección Politica*

《致 60 亿公民的一封信》　*Carta Al Ciudadano Seis Mil Millones*

《中国 1964》　*China 1964*

《灼热的石头》　*La Piedra Arde*

电视电影名

《巴拉米西那》　*Balamicina*

《悲伤的年轻人》　*Los Jóvenes Viejos*

《电视滑稽》　*Telecómicos*

《坏女孩》　*Lástima Que Sea Tan Canalla*

《精彩别错过》　*Que Nunca Falte*

《烈焰焚币》　*Plata Quemada*

《面对面》　*Frente A Frente*

《燃烧》　*Queimada*

《我是古巴》　*Soy Cuba*

其他专有名词

阿蒂加斯糖业工人联合会　Unión De Trabajadores Azucareros De Artigas

阿尔法出版社　Editorial Alfa

阿根廷反共联盟（三 A 联盟）　Triple A, Alianza Anticomunista Argentina

阿根廷工人革命党　Partido Revolucionario De Los Trabajadores

阿根廷人民革命陆军　Ejercito Revolucionario Del Pueblo

阿根廷正义自由阵线　Frente Justicialista De Liberación

埃梅塞出版社　Emece

巴西通讯社　Agencia Brasil

布宜诺斯艾利斯图形联盟　Federacion Grafica Bonaerense

稻农唯一联合组织　Sindicato Único De Arroceros

东北出版社　Editorial De Noroeste

东岸出版社　Ediciones De La Banda Oriental

东方革命运动　Movimiento Revolucionario Oriental

独立出版社股份有限公司　Editorial Independencia S.A.

法拉本多·马蒂民族解放阵线　Frente Farabundo Marti

反共产主义民族运动准备军　Movimiento Anticomunista Nacionalista Organizado

革命武装力量　Fuerzas Armadas Revolucionarias

公民联盟　Unión Cívica

共产主义青年团　Juventudes Comunistas

广泛阵线　Frente Amplio

国家民族解放阵线　Frente Nacional De Liberación

赫迪萨出版社　Gedisa

基层基督教团体　Comunidad Eclesiales De Base

基督教家庭运动协会　Movimiento Familiar Cristiano

基督教民主党　Partido Demócrata Cristiano

激进公民联盟　Unión Cívica Radical

伽利玛出版社　Gallymard

解放革命　Revolucion Libertadora

拉丁美洲出版中心　Centro Editor De America Latina

拉丁美洲通讯社　Prensa Latina

拉丁美洲学生总会　Asociación General De Estudiantes Latinoamericanos

劳工党　El Partido De Los Trabajadores

联合国粮食及农业组织　La FAO

目录出版社责任有限公司　Catalogos Srl Srl

南锥体　Cono Sur

派多斯出版社　Paidos

前进派　Avanzar

人民联盟　Unión Nacional Y Popular

人民阵线　Frente Del Pueblo

桑蒂诺国家民族解放阵线　Frente Sandinista De Liberación Nacional

社会党　Partido Socialista

社会主义先锋派　Vanguardia Socialista

秃鹰计划　Operativo Cóndor

图帕马罗斯　Tupac Amaru/ Tupamaro/Tupamara

危地马拉劳动党　Partido Guatemalteco De Los Trabajadores

乌拉圭地区工人联盟　Federación Obrera Regional Uruguaya

乌拉圭无政府主义联盟　Federación Anarquista Uruguaya

小猪崽出版社　Ediciones Del Chanchito

新基地派　Nuevas Bases

新尼加拉瓜通讯社　Agencia Nueva Nicaragua

伊比利亚青年自由主义联盟　Federación Ibérica De Juventudes Libertarias

革命左派运动　Movimiento de Izquierda Revolucionaria

左翼解放阵线　Frente Izquierda De Liberación

争取进步联盟　Agency For International Development

图书在版编目(CIP)数据

加莱亚诺传 /(阿根廷)法维安·科瓦西克著;鹿
秀川,陈豪译. —南京:南京大学出版社,2019.7
ISBN 978 - 7 - 305 - 21639 - 8

Ⅰ.①加… Ⅱ.①法… ②鹿… ③陈… Ⅲ.①爱德华
多·加莱亚诺—传记 Ⅳ.①K837.825.6

中国版本图书馆 CIP 数据核字(2019)第 018076 号

江苏省版权局著作权合同登记 图字:10 - 2016 - 343 号

出版发行 南京大学出版社
社　　址 南京市汉口路 22 号　　　　邮　编 210093
出 版 人 金鑫荣

书　　名 加莱亚诺传
著　　者 (阿根廷)法维安·科瓦西克
译　　者 鹿秀川 陈 豪
责任编辑 甘欢欢 陈蕴敏

照　　排 南京紫藤制版印务中心
印　　刷 江苏扬中印刷有限公司
开　　本 880×1230 1/32 印张 12.25 字数 285 千
版　　次 2019 年 7 月第 1 版 2019 年 7 月第 1 次印刷
ISBN 978 - 7 - 305 - 21639 - 8
定　　价 68.00 元

网　　址 http://www.njupco.com
官方微博 http://weibo.com/njupco
官方微信 njupress
销售咨询 (025)83594756